리얼리스트를 위한
유토피아 플랜

우리가 바라는 세상을 현실에서 만드는 법

UTOPIA FOR REALISTS
by Rutger Bregman

리얼리스트를 위한
유토피아 플랜

우리가 바라는 세상을 현실에서 만드는 법

뤼트허르 브레흐만

안기순 옮김

김영사

리얼리스트를 위한 유토피아 플랜

1판 1쇄 발행 2017. 9. 15.
1판 5쇄 발행 2021. 10. 10.

지은이 뤼트허르 브레흐만
옮긴이 안기순

발행인 고세규
편집 성화현 | 디자인 이경희
발행처 김영사
등록 1979년 5월 17일 (제406-2003-036호)
주소 경기도 파주시 문발로 197(문발동) 우편번호 10881
전화 마케팅부 031)955-3100, 편집부 031)955-3200, 팩스 031)955-3111

값은 뒤표지에 있습니다.
ISBN 978-89-349-7891-6 03320

홈페이지 www.gimmyoung.com   블로그 blog.naver.com/gybook
인스타그램 instagram.com/gimmyoung 이메일 bestbook@gimmyoung.com

좋은 독자가 좋은 책을 만듭니다.
김영사는 독자 여러분의 의견에 항상 귀 기울이고 있습니다.

이 도서의 국립중앙도서관 출판시도서목록(CIP)은 서지정보유통지원시스템 홈페이지
(http://seoji.nl.go.kr)와 국가자료공동목록시스템(http://www.nl.go.kr/kolisnet)에서
이용하실 수 있습니다.(CIP제어번호 : CIP2017022256)

이 책에 쏟아진 찬사

"내용이 탁월하면서 포괄적이고, 우리에게 진정한 깨달음을 주며, 대단히 읽기 쉽다. 현대 사회의 잘못된 행태를 염려하고 사회를 치유하는 데 기여하고 싶은 사람들의 필독서다."

    – 지그문트 바우만Zygmunt Bauman, 세계 최고의 사회 이론가, 50권 이상 저서의 집필자

"진부한 논쟁과 케케묵은 좌우파의 상투적 주장에 지쳤다면 이 책이 펼치는 대담한 사고, 신선한 개념, 생생한 산문, 증거에 기초한 이 위대한 논쟁을 즐겨 보라."

    – 스티븐 핑커Steven Pinker, 하버드대학교 존스톤 심리학과 교수, 《빈 서판The Black Slate》, 《우리 본성의 선한 천사The Better Angles of Our Nature》의 저자

"탁월한 책이다. 누구나 읽어야 한다. 우리가 그동안 세상을 뒤집어보고 있었다는 사실을 일깨워준다. 관점을 바꾸면 완전히 새 길이 불현듯 눈에 띄기 시작한다. 많은 사람이 이 책을 읽을 수 있다면 세상은 더욱 살기 좋은 곳으로 바뀔 것이다."

    – 리처드 윌킨슨Richard Wilkinson, 《평등이 답이다The Spirit Level》의 저자

"저자 뤼트허르 브레흐만은 풍부한 자료를 참고하고, 자본주의의 정치적·지적 역사에 관한 예리한 이해를 바탕으로 보편적인 기본소득 개념을 감동적으로 설명한다. 또 인간의 진보가 어떤 방식을 거쳐 유토피아(Utopia, 이 세상에 없는 곳을 뜻하는 outopia와 이상향을 뜻하는 eutopia의 합성어— 옮긴이)를 이상향 Eutopia으로 변화시키는지 다양하게 제시한다. 이때 이상향은 우리가 올바른 정책을 수행해 달성할 수 있는 긍정적인 미래이다."

　　─ 앨버트 웽어Albert Wenger, 사업가이자 유니온 스퀘어 벤처스의 파트너, 트위터·텀블러·포스퀘어·엣시·킥스타터의 초기 후원자

"역사와 최신 사회과학에서 교훈을 배우면 심하게 일그러져 있는 환상을 산산이 깰 수 있다. 이른바 유토피아적 제안을 분명한 상식으로 바꿀 수 있고, 전례 없는 열정으로 미래를 마주할 수 있다. 방법을 알고 싶다면 유려하게 써내려간, 통찰력이 돋보이는 이 책을 읽기 바란다."

　　─ 필리페 판 파레이스Philippe van Parijs, 하버드대학교 교수이자 기본소득 지구 네트워크Basic Income Earth Network 공동 설립자

"소득과 주당 근로시간에 관한 멋진 유토피아적 사고를 피력하고, 인간에게서 일자리를 빼앗아가는 로봇을 둘러싼 비관주의에 대항하는 반가운 수단을 제시한다."

　　─ 찰스 케니Charles Kenny, 글로벌개발센터Center for Global Development 선임연구원이자 《혼란 The Upside of Down》의 저자

"패배주의와 야망 없는 시대에 더더욱 필요한 유토피아적 사고와 노동 없는 세상을 대담하게 주장한다. 강력하게 추천한다!"

　　─ 닉 스니첵Nick Srnicek, 《미래 창조Inventing the Future》의 공동 저자

"네덜란드에서 이 책의 영향력은 대단하다. 뤼트허르 브레흐만은 언론에서 토론을 장기간 성공적으로 이끌었을 뿐 아니라 전국에 자신의 아이디어를 실천

하는 운동이 펼쳐지는 데 영감을 제공했다. 이제 나머지 세계가 운동에 가담할 때다."

– 요리스 라위언데이크Joris Luyendijk, 《상어와 헤엄치기Swimming with Sharks》의 저자

"뤼트허르 브레흐만은 보기 드문 목소리로 글을 쓴다. 기본소득의 역사와 기술적인 측면에 대한 깊은 지식, 완전한 문외한의 마음까지 사로잡을 뿐 아니라 유의미한 방식으로 토론하는 능력을 발휘한다."

– 칼 와이더퀴스트Karl Widerquist, 카타르대학교와 조지타운대학교 부교수, 기본소득 지구 네트워크의 공동 회장

"《리얼리스트를 위한 유토피아 플랜》은 중요한 의미가 있는 책으로, 읽고 있자면 이해하기 쉽고 신선한 공기를 마시는 듯 상쾌하다. 정치인과 경제학자가 생산성을 증가시키고, 완전고용을 보장하고, 정부의 크기를 축소하는 방식을 묻듯 브레흐만은 이렇게 묻는다. '무엇이 삶을 살 만한 가치가 있게 만들고, 어떻게 그것을 달성할 수 있는가?' 대답은 이미 나와 있다. 브레흐만은 심도 있는 연구와 재치를 결합해 앞으로 어떻게 살고 싶은지, 어떤 사람이 되고 싶은지 다시 생각해보라고 권한다. 반드시 읽어야 하는 책이다."

– 필립 블롬Philipp Blom, 《현기증 시대The Vertigo Years》, 《서구의 변화와 문화Change and Culture in the West》, 《사악한 무리A Wicked Company》, 《유럽 계몽주의의 잊힌 급진주의The forgotten Radicalism of the European Enlightenment》의 저자이자 역사가

"에너지, 열정, 격언이 세상을 더욱 살기 좋은 곳으로 만들 수 있다면, 뤼트허르 브레흐만의 책도 그럴 것이다. 네덜란드어에서 영어 번역으로 새로 탄생한 글은 강력하고 유창하며 수월하게 읽힌다."

– 〈인디펜던트Independent〉

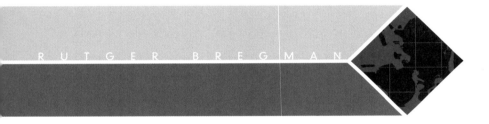

RUTGER BREGMAN

차례

유토피아가 없는 세계지도는 잠깐이라도 들여다볼 가치가 없다. 인류가 늘 지향하는 국가를 제외했기 때문이다. 그곳에 발을 디딘 인류는 다시 밖을 보고 더 나은 국가를 찾아 항해를 떠난다. 진보는 유토피아를 깨닫는 과정이다.

– 오스카 와일드Oscar Wilde(1854~1900년), 아일랜드 출생의 극작가이자 소설가

유토피아의 귀환

1

RUTGER BREGMAN

역사에서 배우는 교훈을 짧게 소개하면서 글을 시작해보려 한다.

과거에는 무엇이나 지금보다 열악했다.

세계 역사의 99%를 차지하는 기간 동안 인류의 99%는 가난했고 굶주렸을 뿐 아니라 더러웠다. 두려움에 떨었고, 어리석었고, 질병에 시달렸으며, 못생겼다. 17세기 프랑스 철학자 블레즈 파스칼Blaise Pascal(1623~1662년)은 삶을 거대한 눈물의 골짜기로 묘사하면서 "인류는 비참해질 줄 알기 때문에 위대하다"고 썼다. 영국 철학자 토머스 홉스Thomas Hobbes(1588~1679년)는 인간의 삶이 근본적으로 "외롭고 가난하고 추잡하고 잔인하며 짧다"고 주장했다.

하지만 지난 200년 동안 모두 변했다. 인류가 지구에 존재해온 기나긴 세월 중 짧은 기간 동안 수십억 인구가 갑자기 부를 쌓고 영양분을 풍부하게 섭취할 뿐 아니라 안전해졌다. 말끔해지고 똑똑해지고 건강해졌으며 외모가 준수해지기까지 했다. 1820년에는 세계 인구의 94%

가 극도의 빈곤에 빠져 허덕였지만 1981년에 들어서면서 그 비율은 44%까지 떨어졌고, 수십 년이 지났을 뿐인데도 현재는 10% 미만이다.[1]

이러한 추세가 계속된다면 인간의 삶을 끝없이 지배했던 극도의 빈곤은 조만간 영원히 사라질 것이다. 현재 가난하다고 불리는 사람들까지도 역사상 유례없이 풍요로운 생활을 누릴 것이다. 내가 살고 있는 네덜란드에서 현재 노숙자가 받는 사회복지 보조금은 1950년 평균 네덜란드인의 소비 가능 액수보다 많고, 과거 네덜란드가 칠대양을 통치한 황금기에 살았던 국민의 소비 가능 액수보다 4배나 많다.[2]

몇백 년 동안 시간은 거의 정지해 있었다. 역사책을 메운 사건은 많이 발생했지만 인간의 삶은 나아지지 않았다. 1300년에 살던 이탈리아 농부를 타임머신에 태워 1870년대 토스카나Tuscany 지방에 데려다 놓더라도 별반 차이를 알아채지 못할 것이다.

잠시 시간을 내서 그래프를 들여다보자. 원은 국가를 나타내고 원이 클수록 인구가 많다. 그래프 하단에는 1800년에 존재한 국가들이 있고, 상단에는 2012년에 존재한 국가들이 있다. 예를 들어 네덜란드와 미국처럼 1800년 당시 가장 부유한 국가조차도 기대수명은 2012년 건강 지표상 최저인 시에라리온보다 짧았다. 다시 말해 현재와 비교했을 때 1800년에 존재한 국가는 부와 건강 분야에서 열악했다. 요즈음 사하라 사막 이남의 아프리카조차도 1800년 가장 부유했던 국가들보다 생활형편이 낫다(물론 콩고의 소득은 지난 200년 동안 거의 변하지 않기는 했다). 그래프의 오른쪽 위에 있는 "풍요의 땅"에 도달하는 국가가 훨씬 많아지고 있다. 풍요의 땅은 기대수명이 75세 이상이고 평균 소득이 2만 달러가 넘는 곳이다.

역사가들은 1300년경 이탈리아 국민의 평균 연간소득을 약 1,600달러로 추정한다. 그 후 600여 년에 걸쳐 콜럼버스 · 갈릴레오 · 뉴턴이

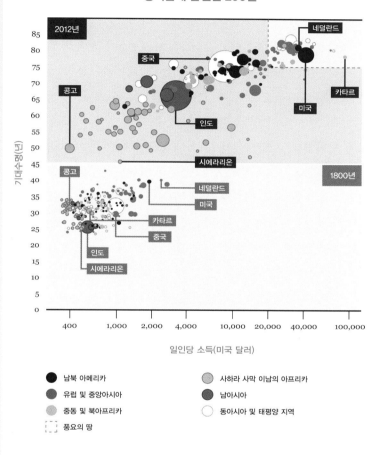

경이롭게 발전한 200년

일인당 소득(미국 달러)

기대수명(년)

- 남북 아메리카
- 유럽 및 중앙아시아
- 중동 및 북아프리카
- 풍요의 땅
- 사하라 사막 이남의 아프리카
- 남아시아
- 동아시아 및 태평양 지역

활약하고, 과학혁명·종교개혁·계몽주의가 휩쓸고 지나가고, 화약·인쇄술·증기기관이 발명되었지만 평균 연간소득은 여전히 1,600달러에 머물렀다.[3] 600년 동안 문명이 발전했는데도 보통 이탈리아인의 삶은 언제나 제자리였던 것이다.

급기야 이탈리아 농부가 발전의 물결을 타기 시작한 것은 1880년경으로 알렉산더 그레이엄 벨Alexander Graham Bell이 전화를 발명하고, 토머스 에디슨이 전구를 발명해서 특허를 받고, 카를 벤츠Carl Benz가 최초로 자동차를 만들고, 조세핀 코크런Josephine Cochrane이 식기 세척기라는 매우 눈부신 아이디어를 구상할 때였다. 그 후 세상은 발전의 급물살에 휩싸였다. 지난 2세기 동안 세계 인구와 부는 폭발적으로 성장했다. 현재 세계 1인당 소득은 1850년의 10배에 이른다. 평균 이탈리아인의 부는 1880년보다 15배 증가했다. 세계 경제는 어떨까? 거의 전 인구가 여전히 가난하고, 굶주리고, 두려움에 떨고, 어리석고, 병들고, 못생겼던 산업혁명 이전보다 250배 성장했다.

중세의 유토피아

과거는 생활하기에 확실히 가혹한 시대였으므로 사람들은 상황이 개선되는 날이 오기를 꿈꾸며 살았다.

사람들이 가장 선명하게 꿈꿨던 곳은 젖과 꿀이 흐르는 무릉도원 "코케뉴Cockaigne"였다. 코케뉴에 도달하려면 먼저 5킬로미터나 깔려 있는 쌀 푸딩을 먹어야 한다. 하지만 그렇게 노력할 만한 가치는 충분하다. 코케뉴에 도착하면 강에는 포도주가 흐르고, 구운 거위가 공중을 날아다니고, 팬케이크가 나무에서 자라고, 하늘에서는 뜨거운 파이와 빵이 비처럼 내리기 때문이다. 농부나 수공업자, 성직자 할 것 없이 모두 평등하고 근심 걱정이 없다.

풍요의 땅인 코케뉴에서 사람들은 서로 다투지 않고, 파티를 열어 춤을 추고 술을 마시며, 졸리면 아무 곳에나 쓰러져 잤다.

네덜란드 역사가 헤르만 플레이Herman Pleij는 이렇게 썼다. "중세인에게 현대 서구 유럽은 진정한 코케뉴에 매우 가깝다. 1년 365일 하루 24시간 내내 패스트푸드를 먹고, 실내 온도를 알맞게 조절할 수 있고, 자유롭게 사랑하고, 굳이 일하지 않아도 돈이 굴러 들어오고, 성형수술을 받아 젊음을 연장할 수 있기 때문이다."[4] 요즘 세상에는 굶주려 고통 받는 사람보다 비만으로 괴로워하는 사람이 더 많다.[5] 서구 유럽에서 살인율은 중세보다 평균 40배 낮아졌고, 특정 국적일 경우 감동적인 사회 안전망을 보장받는다.[6]

그렇다면 현대인이 직면한 최대 문제는 무엇일까? 과거 중세인이 꿈꿨던 유토피아는 빛을 잃었다. 현대인의 늘어난 소비와 안보 문제는 관리가 가능하지만 오염과 비만, 빅 브라더Big Brother(조지 오웰의 소설 《1984년》에서 비롯된 용어로 정보의 독점으로 사회를 통제하는 권력이나 사회 체계를 가리킨다―옮긴이) 등 역효과가 어느 때보다 심각하게 나타나기 시작했다. 중세 몽상가가 꿈꿨던 풍요의 땅은 공상 속 낙원이었고, 헤르만 플레이가 말한 대로 "세속의 고통에서 벗어나는 도피처"였다. 하지만 1300년 이탈리아 농부에게 현재 세상을 묘사해보라고 하면 틀림없이 코케뉴를 가장 먼저 떠올릴 것이다.

사실 현대인은 성서에 등장하는 예언이 실현된 시대를 살고 있다. 맹인이 눈을 뜨고, 절름발이가 걷기 시작하고, 죽은 자가 살아 돌아오는 등 중세였다면 기적이었을 현상들이 지금 주변에서 흔히 일어난다. 아르구스 2Argus Ⅱ는 유전 질환을 앓아 시력을 잃은 사람에게 일부 시력을 회복시켜주는 뇌 이식 장비다. 리워크Rewalk는 하반신마비 환자를 다시 걷게 해주는 로봇 다리다. 레오바트라쿠스Rheobatrachus는 1983년 멸종한 위부화개구리인데, 오스트레일리아 과학자들 덕택에 과거 DNA 를 활용해 다시 태어날 수 있었다. 해당 연구팀은 신약성서에서 죽었다 가 살아난 사람의 이름에서 따온 "라자루스 프로젝트Lazarus Project"의 일환으로 다음에는 태즈메이니아 호랑이를 부활시킬 계획을 세웠다.

아울러 과학소설이 과학적 사실로 바뀌고 있다. 자율주행 자동차가 이미 거리를 활보하고 있다. 심지어 3D 프린터가 등장해 배아줄기세 포 구조를 인쇄하고, 뇌에 칩을 이식해서 생각으로 로봇 팔을 작동한다. 일반적으로 사실로 인정받고 있는 현상의 예를 더 들어보자. 1980년 이후 태양에너지 1와트의 가격은 99%나 곤두박질쳤다. 오타가 아니 다. 운이 따른다면, 대중이 모든 생산수단을 통제해야 한다는 카를 마 르크스의 이상을 유혈이 낭자한 혁명을 치르지 않고 3D 프린터와 태 양 전지판만 갖고 실현할 수 있을지 모른다.

오랫동안 풍요의 땅은 부유한 서구의 소수 엘리트 집단의 전유물이 었다. 하지만 그러한 시대는 끝났다. 중국이 자본주의에 문호를 개방 하고 나서 자국민 7억 명이 극도의 빈곤 상태에서 벗어나고 있다.[7] 아 프리카 대륙도 경제 황폐 지역이라는 오명을 신속하게 벗어버리고 지 금은 세계에서 가장 빠른 경제 성장세를 보이는 10개국 중 6개국을 보유하고 있다.[8] 2013년에는 세계 70억 인구 중 60억 명이 휴대전화 를 소유했다. 참고로 당시 화장실을 갖춘 인구는 45억 명에 불과했다.[9] 1994~2014년 인터넷에 접속할 수 있는 인구는 0.4%에서 40.4%로 크게 증가했다.[10]

아마도 조상들이 자유분방하게 상상했던 꿈을 오늘날 실현시키고 있 는 분야는, 풍요의 땅이 주는 최고의 약속인 건강일 것이다. 부유한 국가의 평균 수명은 매주 주말만큼 늘어나는 데 만족해야 하지만, 아프리카는 매주 4일씩 늘어나고 있다.[11] 세계적으로 기대수명은 1990년 64세에서 2012년 70세로 늘어나 1900년의 2배가 넘었다.[12]

굶주리는 인구도 감소하고 있다. 풍요의 땅에서처럼 구운 거위 고기를 허공에서 낚아챌 수는 없지만 영양실조로 고통을 겪는 사람이 1990년 이후 3분의 1 이상 줄었다. 하루 2,000칼로리 이하를 섭취하며 살아가는 세계 인구의 비율은 1965년 51%에서 2005년 3%로 감소했다.[13] 1990~2012년 사이에는 인구 21억 명 이상이 깨끗한 물을 마실 수 있게 됐다. 왜소 성장으로 고통을 겪는 아동의 수는 같은 기간 동안 3분의 1 줄었고, 아동 사망률은 놀랍게도 41%나 감소했으며, 산모의 사망률도 절반으로 떨어졌다.

질병은 어떨까? 역사상 인류의 최대 사망 원인이었던 무시무시한 두창은 완전히 사라졌다. 소아마비도 거의 사라져서 1988년을 기준으로 2013년에는 환자가 99% 감소했다. 과거에 흔했던 질병에 대해 면역력을 갖춘 아동이 계속 늘어나는 추세다. 예를 들어 세계적으로 홍역 예방접종률이 1980년 16%에서 요즈음은 85%로 껑충 뛰었고, 사망자 수는 2000~2014년 4분의 3 이상 감소했다. 결핵으로 인한 사망률은 1990년 이후 거의 절반으로 줄었다. 말라리아로 인한 사망자 수는 2000년 이후 4분 1 줄었고, 에이즈로 인한 사망자수도 2005년 이후 그만큼 줄었다.

일부 수치는 사실이라고 믿기 어려울 정도로 좋다. 예를 들어 50년 전만 해도 아동 5명 중 1명은 다섯 번째 생일을 맞이하기 전에 사망했다. 요즘은 어떨까? 20명 중 1명으로 줄었다. 1836년 세계 최고 부자였던 나탄 메이어 로스차일드Nathan Meyer Rothschild는 단순히 항생제가 없어서 죽었다. 그러나 최근 수십 년 동안 홍역, 파상풍, 백일해, 디프

테리아, 소아마비를 예방하는, 엄청나게 가격이 저렴한 백신은 20세기 세계 평화가 구하는 것보다 많은 인명을 매년 구하고 있다.[14]

물론 암을 비롯해 현대인을 괴롭히는 질병은 여전히 많지만 우리는 그 분야에서도 진전을 보이고 있다. 2013년 권위 있는 잡지 〈사이언스Science〉는 종양과 싸우도록 면역 체계를 구축하는 방법을 찾았다고 보고하면서 그해 과학 분야에서 이룩한 최대 진보라고 환호했다. 같은 해 세계 최초로 인간 줄기세포를 복제하는 데 성공하면서 당뇨병의 한 형태를 포함해 미토콘드리아 병의 치료에 진전을 이룩했다.

일부 과학자들은 살아서 1,000세 생일을 맞이할 사람이 이미 태어났다고까지 주장한다.[15]

게다가 인간은 더욱 똑똑해지고 있다. 학교에 가지 않는 아동의 비율은 1962년 41%였지만 지금은 10% 미만이다.[16] 대부분의 국가에서 국민의 평균 지능지수는 주로 영양 섭취와 교육이 향상된 덕택에 10년마다 3~5점 증가하고 있다.

아마도 인류가 세계 역사를 통틀어 지난 10년 동안 가장 평화로운 시기를 누리는 동시에 과거보다 훨씬 문명화되었기 때문일 것이다. 오슬로 소재 평화연구소Peace Research Institute는 연간 전쟁 사망자 수가 1946년 이후 90% 급감했다고 보고했다. 살인이나 강도, 기타 형태의 범죄 행위가 발생한 건수도 줄어들고 있다.

얼마 전 〈이코노미스트The Economist〉는 "부유한 세계에서 범죄 발생 수가 점차 줄고 있다. 범죄자는 여전히 있지만 더욱 적어지는 동시에 나이 들어가고 있다"라고 보도했다.[17]

예방접종의 승리

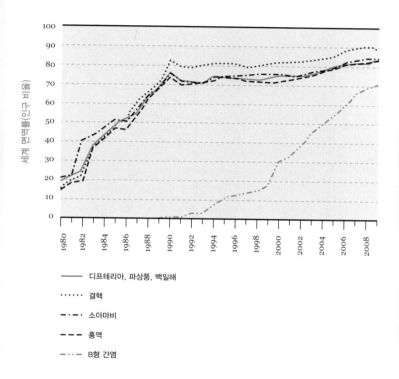

세계 면역률(인구 비율)

100
90
80
70
60
50
40
30
20
10
0

1980 1982 1984 1986 1988 1990 1992 1994 1996 1998 2000 2002 2004 2006 2008

——— 디프테리아, 파상풍, 백일해

······ 결핵

─·─·─ 소아마비

─ ─ ─ 홍역

─··─ B형 간염

출처: 세계보건기구World Health Organization

전쟁이 감소하고 있다

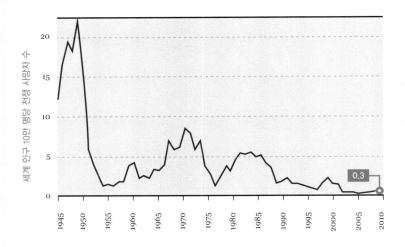

출처: 평화연구소

리얼리스트를 위한
유토피아 플랜

황량한 낙원

풍요의 땅에 온 것을 환영한다.

멋진 삶을 누리고, 거의 모든 사람이 부유하고 안전하고 건강하게 생활하는 무릉도원에 발을 디딘 것을 환영한다. 이곳에서 유일하게 찾아볼 수 없는 것은 아침에 잠자리에서 일어날 이유이다. 결국 낙원에서는 자신을 향상시키려 애쓸 필요가 없다. 1989년 미국 철학자 프랜시스 후쿠야마Francis Fukuyama는 이렇게 주장했다. "인간의 삶이 경제적인 셈, 기술 문제의 끊임없는 해결, 환경에 대한 우려, 까다로운 소비자 요구에 맞추는 것으로 전락했다."[18]

구매력을 약간 높이거나 탄소 배출량을 약간 낮추는 새로운 정책은 우리가 추구하는 비전의 정도와 관계가 있다. 현재 우리가 살고 있는 부와 과잉 풍요의 시대는 정말 황량하지 않은가! 후쿠야마는 이 시대에 "예술도 없고 철학도 없다"고 주장한다. 남은 것이라고는 "인류 역사 박물관을 영구적으로 돌보는 일"뿐이다.

아일랜드 작가 오스카 와일드에 따르면, 인간은 풍요의 땅에 도달하자마자 다시 한 번 머나먼 수평선에 시선을 고정하고 닻을 끌어 올려 항해를 떠나야 한다. 와일드는 "진보는 유토피아를 깨달아가는 과정이다"라고 썼다. 하지만 저 멀리 수평선은 텅 비었고 풍요의 땅은 안개에 싸여 있다. 우리는 이 풍요롭고 안전하고 건강한 장소에 의미를 부여해야 하는 역사적 임무를 수행해야 하는데도 오히려 유토피아를 매장시켰다. 여태껏 누려온 것보다 나은 세계를 상상할 수 없으므로 지금까지 꾸어온 꿈을 대체할 새 꿈이 없다. 실제로 부유한 국가의 국민은 대부분 자녀 세대가 부모 세대보다 잘 살지 못하리라 확신한다.[19]

하지만 현 시대와 세대가 직면한 진정한 위기는 우리가 현 세계를 영원히 유지할 수 없다거나 심지어 더 나빠질 수도 있다는 데 있지 않다. 그것보다는 현 세계보다 더 나은 세계를 실현할 수 없다는 데 있다.

청사진

이 책은 미래를 예측하려고 시도하지 않는다.

오히려 미래로 향하는 문을 열고, 아울러 정신으로 통하는 문을 활짝 열어젖히려 한다. 물론 유토피아가 말해주는 것은 실제 모습이 아니라 이를 상상한 시대이다. 유토피아적 풍요의 땅은 중세의 삶이 어땠는지 알려준다. 한마디로 냉혹했다. 아니 거의 모든 곳에 사는 거의 모든 인간의 삶은 거의 언제나 냉혹했다. 따라서 문화를 불문하고 인간은 나름대로 풍요의 땅을 꿈꾼다.[20]

단순한 욕망은 단순한 유토피아 개념을 낳는다. 굶주림에 시달리는 사람은 음식이 흘러넘치도록 풍부한 연회를 꿈꾼다. 추위에 떠는 사람은 따뜻한 모닥불을 꿈꾼다. 건강이 나빠진 사람은 영원한 젊음을 꿈꾼다. 모든 욕망은 삶이 여전히 무겁고 잔인하고 짧았던 시절에 꿈꿨던 오랜 유토피아 개념에 반영된다. 기원전 5세기 그리스 시인 텔레시데스Telecides는 "세상은 무서운 것도 질병도 만들어내지 않는다"라고 상상했고, 필요하다면 무엇이든 저절로 생겨날 것이었다. "시내에는 포도주가 넘쳐흐르고, … 물고기가 집으로 찾아 들어와 저절로 구워져 식탁에 누울 것이다."[21]

내용을 더 전개하기 전에 두 가지 형태의 유토피아적 사고를 살펴보자.[22] 첫째는 가장 친숙한 형태로 유토피아를 청사진으로 생각하는 것이다. 칼 포퍼Karl Popper, 한나 아렌트Hannah Arendt 같은 위대한 사상가들과 심지어 현대 철학을 대변하는 한 갈래인 포스트모더니즘도 이러한 유토피아 유형에 영향을 미치려 했다. 이와 같은 시도는 대부분 성공을 거둬 그들의 주장은 청사진처럼 펼쳐진 유토피아에 관한 결론적인 주장으로 남았다.

청사진을 구성하는 것은 추상적인 이상이 아니라 어떤 불일치도 용납하지 않는 불변의 법칙이다. 이탈리아 시인 토마소 캄파넬라Tommaso Campanella가 발표한《태양의 나라The City of the Sun(1602년)》가 좋은 예다. 캄파넬라가 주장한 유토피아 아니 디스토피아는 개인의 소유권을 엄격하게 금지하고 누구에게나 타인을 사랑할 의무를 지우고, 다투는 사람을 죽음으로 처벌한다. 출산을 포함해 모든 사생활은 국가가 통제한다. 예를 들어 똑똑한 사람은 어리석은 사람하고만, 뚱뚱한 사람은 마른 사람하고만 잠자리를 함께 할 수 있다. 호의적인 중립을 형성하기 위해 총력을 기울인다. 게다가 시민은 누구나 방대한 정보망으로 감시당한다. 죄를 지으면 악행을 저질렀다고 자백하는 동시에 사람들이 던지는 돌멩이에 맞아 죽겠다고 선선히 굴복할 때까지 언어로 위협을 당한다.

나중에 세상에서 벌어진 상황을 알고 나서 캄파넬라의 책을 읽으면 파시즘이나 스탈린주의, 집단 학살 등을 암시하는 대목에서 소름이 끼치는 경험을 할 것이다.

유토피아의 귀환

지금은 거의 잊힌 다른 형태의 유토피아적 사고도 있다. 청사진이 해상도가 높은 사진이라면 이 형태의 유토피아는 흐릿한 윤곽일 뿐이다. 이 유토피아는 해결책이 아닌 길잡이를 제공한다. 사람들에게 정해진 틀에 맞추라고 강요하지 않고 바꾸라고 자극한다. 18세기 프랑스 계몽사상가 볼테르Voltaire가 말했듯 "완벽한 것은 좋은 것의 적"으로 이해한다. 한 미국 철학자는 "진지한 유토피아적 사상가라면 청사진 개념에 틀림없이 심기가 불편할 것이다"[23]라고 주장했다.

영국 철학자 토머스 모어Thomas More는 이러한 맥락에서 유토피아라는 용어를 만들고 그에 관한 책을 썼다. 모어가 주장한 유토피아는 무자비하게 적용되는 청사진이 아니라, 극도로 빈곤하게 생활하는 보통 사람들에게 사치품을 더 많이 바치라고 요구하는 탐욕스러운 귀족을 기소하는 곳이다.

모어는 유토피아 개념을 지나치게 진지하게 받아들이면 위험하다고 이해했다. 철학자이자 선도적인 유토피아 전문가 라이먼 타워 사전트Lyman Tower Sargent는 이렇게 주장했다. "인간은 유토피아의 존재를 열정적으로 믿을 수 있어야 하고, 아울러 자기 신념에 깃든 부조리를 꿰뚫어보고 거부할 수 있어야 한다." 유머나 풍자와 마찬가지로 유토피아는 정신으로 들어가는 문을 열어젖힌다. 사람이든 사회든 점차 나이 들어가며 현상에 익숙해지므로 자유는 감옥으로 진실은 거짓으로 탈바꿈할 수 있다. 현대 신조나 더욱 안타깝게는 믿을 것이 전혀 남아 있지 않다는 신념 탓에 우리는 여전히 주변을 매일 에워싸고 있는 근시안적 사고와 불공정성을 보지 못한다.

몇 가지 예를 들어보자. 어째서 우리는 1980년대 이후 어느 때보다 부유해졌는데도 점점 더 열심히 일하고 있을까? 어째서 빈곤을 완전히 퇴치하고도 남을 만큼 부유한데도 인구 수백만 명이 여전히 빈곤에 허덕일까? 어째서 개인소득의 60% 이상이 자신이 어쩌다 태어나게 됐을 뿐인 국가가 어딘지에 따라 결정될까?[24]

유토피아는 해결책은 고사하고 미리 재단한 대답을 제공하지도 않지만, 옳은 질문을 던진다.

대서사의 파괴

하지만 대단히 서글프게도 오늘날 좀 더 나은 세상을 바라는 꿈은 제대로 싹도 틔우지 못했다. 진부한 상투적 표현을 빌리자면 꿈은 악몽으로 바뀌기도 한다. 유토피아는 불화와 폭력, 심지어 대량 학살의 온상으로 결국 역逆 유토피아를 뜻하는 디스토피아로 탈바꿈한다. "인간의 진보는 허구다"라는 상투적 표현도 있다. 그렇기는 해도 지금까지 우리는 중세식 낙원을 그럭저럭 구축해왔다.

모든 종교가 광신적 종파를 낳듯 역사를 보더라도 파시즘과 공산주의, 나치즘을 비롯해 끔찍한 형태의 공상적 유토피아주의로 가득하다. 하지만 특정 종교를 믿는 급진주의자가 폭력을 선동한다고 해서 그 종교를 모두 무시해야 할까? 마찬가지 이유로 유토피아주의를 무시해야 할까? 더욱 나은 세상이 실현되기를 꿈꾸는 것조차 그만둬야 할까?

물론 아니다. 하지만 그러한 현상이 실제로 일어나고 있다. 낙관주의와 비관주의는 소비자의 신뢰와 신뢰 부족과 같은 뜻으로 쓰여왔다. 다른 세상을 꿈꾸는 급진적 사고는 말 그대로 생각조차 할 수 없다. 사회가 달성할 수 있는 성취에 대한 기대가 극적으로 잠식당하면서 결국 유토피아가 없는 기술관료제technocracy라는 차갑고 냉혹한 진실만 남는다. 정치의 임무는 문제 관리 정도로 전락하고 있다. 유권자는 정당이 달라서가 아니라 정당들을 거의 구분할 수 없어서 매번 지지하는 당을 바꾼다. 요즈음은 소득세율 1~2퍼센트 포인트를 놓고 좌파와 우

파로 나뉜다.[25]

저널리즘도 마찬가지여서 정치를 이상이 아니라 경력에 판돈을 거는 게임으로 묘사한다. 학계도 글을 쓰느라 너무 바빠서 글을 읽지 않고, 글을 발표하느라 너무 바빠서 토론하지 않는다. 사실 21세기 대학은 병원이나 학교나 텔레비전 네트워크와 마찬가지로 공장에 훨씬 가깝다. 목표 달성이 중요하다. 목표가 경제 성장이든 시청률 상승이든 출간이든 질은 서서히 그러나 확실하게 양으로 대체된다.

이러한 현상을 부채질하는 것은 거의 허울뿐인 "자유주의" 이념이다. 오늘날은 "너 자신이 돼라"와 "네 일을 하라"가 중요하다. 자유는 우리가 추구하는 최고의 이상일지 모르나 공허해지고 있다. 어떤 형태로든 도덕적 고찰은 두려움의 대상이므로 공공 토론에서 일종의 금기가 되었다. 결국 공공의 장은 "중립적"이어야 하지만 지금은 어느 때보다 온정주의적이다. 거리마다 진탕 마시고 떠들고, 빌리고, 사고, 힘써 일하고, 스트레스에 짓눌리고, 부정을 저지르라고 유혹하는 덫이 널려 있다. 사상 표현의 자유에 대해 스스로 무엇이라 말하든 우리의 가치는 황금시간대에 광고를 내보낼 수 있는 재력을 갖춘 기업이 과대 선전하는 가치에 가깝다.[26] 광고 산업이 우리와 자녀에게 미치는 영향의 손톱만큼이라도 어느 정당이나 종교 단체가 영향력을 갖는다면 우리는 반기를 들 것이다. 하지만 대상이 시장이므로 "중립"을 지키고 있는 것이다.[27]

이때 정부에 남은 유일한 임무는 현재의 삶을 대강 손보는 것이다. 시민이 전형적인 모습대로 고분고분하지 않고 불만을 품으면 권력 기관은 강압적으로 힘을 행사할 것이다. 그렇다면 어떤 도구를 사용할까? 바로 통제와 감시, 탄압이다.

한편 복지국가는 정책의 초점을 시민이 품은 불만의 원인에서 증상으로 차츰 옮기고 있다. 몸이 아프면 의사를 찾고, 기분이 우울하면 심리치료사를 찾고, 과체중이면 영양사를 찾는다. 유죄를 선고 받으면 교도소에 가고, 일자리를 잃으면 직업코치를 만난다. 이러한 서비스를 받으려면 돈이 많이 들지만 효과는 거의 없다. 세계에서 의료비가 가장 비싼 미국에서 많은 사람의 기대수명이 실제로 낮아지는 현상을 보아도 알 수 있다.

그동안 시장과 상업적 이해집단은 내내 무제한의 자유를 누리고 있다. 식품 산업은 소금과 설탕, 지방을 가득 함유한 값싸고 허접한 음식을 소비자에게 공급해 빠른 시일 안에 의사와 영양사를 찾아가게 만든다. 첨단기술은 일자리를 계속 파괴해 우리를 직업코치에게 다시 보낸다. 광고 산업은 가뜩이나 없는 돈을 써서 자신에게 필요도 없는 허접 스레기를 구매하라고 부추긴다.[28] 그러고 나서 우리는 심리치료사를 찾아가 그 어깨에 얼굴을 파묻고 운다.

이것이 오늘날 우리가 살고 있는 디스토피아의 모습이다.

과보호 세대

확실히 강조하지만 우리가 혜택 받지 못하고 있다는 뜻이 아니다. 오히려 현대 아이들은 과보호라는 부담에 눌려 괴로워한다. 현재 청년과 과거 청년의 태도를 세밀하게 연구하고 있는 샌디에이고 주립대 심리학과 교수 진 트웬지Jean Twenge는 1980년대 이후 청년들의 자존감이 급격하게 향상하고 있다고 발표했다. 젊은 세대는 자신들이 과거 어느 때보다 똑똑하고 책임감 있고 매력적이라 생각한다.

트웬지의 설명에 따르면, "현재 아동 세대는 '너는 원한다면 무엇이든 될 수 있어. 너는 특별해'라는 말을 들으며 성장했다."²⁹ 나르시시즘을 계속 주입 받으며 성장했지만 기회가 무제한으로 펼쳐지는 거대한 세계에 던져지기 무섭게 지쳐 쓰러지는 사람이 점차 늘어나고 있다. 결국 우리가 사는 세상은 차갑고 냉혹하며 경쟁과 실업이 만연한 곳이다. 하늘에 떠 있는 별을 쳐다보며 소원을 빌면 모든 꿈이 실현되는 디즈니랜드가 아니라, 성공하지 못하면 자신을 탓할 수밖에 없는 극심한 생존 경쟁의 장이다.

당연히 나르시시즘은 불확실성의 바다를 보지 못하게 한다. 트웬지는 사람들이 느끼는 두려움이 지난 수십 년 동안 훨씬 커졌다고 주장했다. 1952~1993년 실시된 연구 269가지를 비교하고 나서 1990년대 초 북아메리카에 거주한 평균 아동이 느낀 불안이 1950년대 초 정신병 환자가 느낀 불안보다 컸다는 결론을 내렸다.³⁰ 세계보건기구에 따르면 우울증은 십대가 겪는 최대 건강 문제로 부상했고, 2030년에 이르면 세계 최대 질병 원인으로 자리를 잡을 것이다.³¹

세상은 악순환의 굴레에서 벗어나지 못하고 있다. 과거 어느 때보다 많은 청년이 정신과 진료를 받고, 경력 초기에 몸과 마음이 탈진하고, 항우울제를 상용한다. 사회는 실업과 불만, 우울증 같은 집단적 문제가 일어나는 것은 개인 탓이라고 거듭 비난한다. 성공이 선택이라면 실패도 선택이다. 일자리를 잃었는가? 더욱 열심히 일했어야 했다. 몸이 아픈가? 건강한 생활방식을 실천하지 않은 것이 분명하다. 불행한가? 약을 복용하라.

1950년대에 "나는 특별한 사람이다"라는 말에 수긍하는 청년은 12%에 불과했다. 요즈음은 80%가 그렇다고 대답하고 실제로 사람들은 모두 비슷해져간다.³² 누구나 같은 베스트셀러를 읽고, 같은 흥행 성공 영화를 보고, 같은 신발을 신고 다닌다. 조부모 세대는 가족과 교회, 국가가 부여한 의무를 수행했지만 우리 세대는 미디어와 마케팅, 온정주의적 국가에 둘러싸여 옴짝달싹 못 한다. 하지만 우리는 점점 비슷해져가는 와중에도 거대한 집단주의 시대를 통과했다. 교회 신도들과 노조 조합원들이 급감했고, 좌파와 우파를 가르는 전통적인 선은 이제 의미를 잃었다. 마치 정치 문제까지도 경영 컨설턴트에게 외주를 줄 수 있다는 듯 우리는 "문제 해결"에 온 신경을 기울인다.

물론 진보를 향한 오랜 믿음을 부활시키려고 노력하는 사람들이 있다. 우리 세대의 문화적 원형이 너드The Nerd(지적·기술적으로 어느 한 가지에 좁고 깊게 빠져 있는 사람—옮긴이)이고, 그들이 만든 앱과 기기가 경제 성장의 희망을 상징한다는 말은 놀랍지 않다. 페이스북에서 활동했던 수학 전문가는 최근 이렇게 한탄했다. "우리 세대 최고의 인재들은 소비자들이 광고를 클릭하게 만들 방법을 궁리하고 있다."[33]

하지만 오해하지 말기를 바란다. 자본주의가 풍요의 땅으로 들어가는 문을 연 것은 확실하지만 자본주의만으로는 풍요의 땅을 유지할 수 없다. 진보는 경제 번영과 동의어로 여겨지지만 21세기를 사는 우리에게는 삶의 질을 높이는 다른 방법들을 찾아야 하는 난제가 있다. 서구의 청년은 무정치적 테크노크라시 시대에서 대부분 성년을 맞이하고 있지만 다시 정치로 돌아가 새 유토피아를 찾아야 한다.

그러한 의미에서 볼 때 우리가 세상에 불만을 품고 있다는 사실을 깨달아서 나는 기운이 난다. 불만은 무관심과 완전히 다른 세계이기 때문이다. 실제로 존재하지 않았던 과거에 대한 향수가 만연해 있다는 사실은 설사 우리가 생매장시켰더라도 여전히 이상이 살아 있다는 증거이다.

진정한 진보의 실마리는 잘 사는 것의 의미를 아는 지혜로서 어떤 지식 경제로도 획득할 수 없다. 우리는 존 스튜어트 밀John Stuart Mill,

버트런드 러셀Bertrand Russell, 존 메이너드 케인스John Maynard Keynes 같은 위대한 사상가들이 이미 100년 전에 주장했듯 "수단보다 목적에 가치를 두고, 유용한 것보다 바람직한 것을 선호해야 한다."[34] 정신의 방향을 미래에 맞춰야 한다. 인정사정없이 나쁜 소식을 전달하는 미디어와 여론 조사를 수단으로 삼아 자신의 불평을 쏟아내는 행동을 멈춰야 한다. 대안을 생각해내고 새 집단을 결성해야 한다. 한계가 있는 시대정신을 뛰어넘어 시민이 공통으로 믿는 이상주의를 인식해야 한다.

그러면 다시 자신을 넘어서서 세상을 바라볼 수 있다. 과거의 훌륭한 진보가 여전히 쾌활한 발걸음으로 행진하고 있다는 사실을 목격할 것이다. 우리는 굶주림과 전쟁이 감소되고 번영과 기대수명이 늘어난 멋진 세대를 살고 있다는 사실을 깨달을 것이다. 그러나 동시에 상위 1%, 5%, 10%에 해당하는 부유층이 해야 할 일이 얼마나 많이 남아 있는지 또한 알게 될 것이다.

청사진

이제 유토피아적 사고로 돌아갈 때다.

우리에게는 새 북극성이 필요하고, 지도에 없는 머나먼 대륙인 유토피아를 포함한 새 세계지도가 필요하다. 그렇다고 해서 유토피아 광신자들이 신권정치나 5년 계획 등을 도구처럼 휘두르며 억지로 떠맡기는 엄격한 청사진이 있어야 한다는 뜻은 아니다. 그들은 열렬한 꿈에 우리를 종속시킬 뿐이다. 유토피아utopia는 "좋은 장소"와 "없는 장소"를 동시에 가리킨다. 이제 상상력을 자극하는 대안적 관점이 필요하다. 이 관점은 복수이므로 서로 충돌하는 유토피아 개념들은 결국 민주주의를 지탱하는 생명선이다.

언제나 그렇듯 우리의 유토피아는 작은 규모로 시작할 것이다. 오늘날 문명의 토대를 쌓은 것은 자신의 드럼 소리에 맞춰 행진한 몽상가들이었다. 스페인 수사 바르톨레메오 데 라스카사스Bartolomé de Las Cacas(1484~1566년)는 라틴 아메리카의 원주민과 식민주의자가 동등하다고 강조하면서 누구나 편안하게 생활할 수 있는 도시를 건설하려고 시도했다. 공장 소유주인 로버트 오언Robert Owen(1771~1858년)은 영국 근로자의 해방을 지지하고, 고용인에게 정당한 임금을 지불하고 체벌을 금지시키면서 방적공장을 성공적으로 운영했다. 철학자 존 스튜어트 밀(1806~1873년)은 남녀가 동등하다고까지 믿었다(이러한 믿음은 아내가 그의 작품을 절반 이상 집필한 사실과 어느 정도 관련이 있을 수 있다).

하지만 한 가지는 확실하다. 세대를 내려오는 동안, 각성한 몽상가가 없었다면 인류는 여전히 가난하고 굶주리고 더러울 것이고, 두려움에 벌벌 떨고 어리석을 것이며, 질병에 시달리고 추할 것이다. 유토피아가 없다면 우리는 길을 잃고 어디로 가야 할지 갈피를 잡지 못한다. 현재가 엉망이기 때문이 아니라 오히려 그 반대이기 때문이다. 하지만 더 나은 미래를 구축하겠다는 희망을 품지 않는다면 현재는 황량하다. 영국 철학자 버트런드 러셀은 "인간이 스스로 행복하려면 이런저런 즐거움뿐 아니라 희망과 진취적인 기상과 변화가 필요하다"[35]고 말했으며, 다른 글에서는 이렇게 주장했다. "우리가 원해야 하는 것은 완성된 유토피아가 아니라, 상상과 희망이 살아 있고 꿈틀거리는 세상이다."[36]

돈은 가난보다 낫다.
오직 금전적인 이유로만 그렇다.

– 우디 앨런Woody Allen(1935~)

모든 국민에게 현금을 무상으로 지급해야 하는 이유

2

RUTGER BREGMAN

2009년 5월 런던에서 노숙자 13명을 대상으로 실험이 진행됐다. 실험 대상자는 노숙생활이라면 이력이 난 사람들이었다. 일부 노숙자는 유럽 금융센터인 스퀘어 마일Square Mile의 차가운 길바닥에서 40년 동안 생활하고 있었다. 경찰 동원 경비, 법정 비용, 사회복지 서비스 등의 명목으로 노숙자 13명에게 소요되는 비용은 연간 40만 파운드(65만 달러) 이상으로 추정됐다.[1]

도시 서비스 단체와 지역 자선 단체에서 감당해야 하는 경제적 부담이 지나치게 컸으므로 이런 상황을 계속 끌고 갈 수는 없었다. 그래서 런던에 본부를 둔 원조 기구 브로드웨이Broadway에서는 노숙자 13명을 VIP로 대우하겠다는 급진적인 결정을 내렸다. 이것은 푸드 스탬프를 지급하고, 무료 급식소를 운영하고, 보호소를 마련하는 등 매일 제공하던 서비스를 중단한다는 뜻으로, 과감하고 즉각적인 응급조치를 실시하겠다는 뜻이었다.

이제부터 실험 대상자들은 무상으로 현금을 받을 것이었다.

정확히 말하자면 노숙자 13명은 각자 3,000파운드를 소비할 수 있고 그 돈에 대한 대가로 어떤 것도 할 필요가 없다.[2] 돈을 어디에 쓸지는 각자 결정할 몫이었다. 원한다면 상담자를 활용할 수도 있으며, 뒤에서 조종하는 사람도 없고 돈을 수령하는 데 따르는 조건도 없고 질문도 없다.[3]

다만 "자신에게 무엇이 필요하다고 생각하나요?"라는 질문에만 대답하면 된다.

정원 가꾸기 수업

나중에 한 사회복지사는 "나는 기대가 크지는 않았습니다"라고 회상했다.[4] 실험 대상 노숙자들의 희망사항은 매우 소박했다. 전화나 사전, 보청기 등 각자 자신에게 어떤 물건이 필요한지 나름대로 생각했다. 실제로 대부분의 노숙자는 상당히 검소해서 1년 동안 소비한 금액은 평균 800파운드에 불과했다.

20년 동안 마약에 중독되었던 사이먼의 예를 보자. 무상 지원금이 사이먼의 삶을 반전시켰다. 그는 마약을 끊고 정원 가꾸기 수업에 출석했다. 나중에 그는 이렇게 진술했다. "생전 처음 모든 일이 순조롭게 풀렸어요. 나는 자신을 돌보고 몸을 씻고 면도를 하기 시작했습니다. 이제 집으로 돌아갈까 생각하고 있어요. 자식이 둘 있거든요."

실험을 시작하고 1년 반이 지나자 노숙자 13명 중 7명에게 잠자리가 생겼다. 그 외 2명은 아파트를 얻어 이사할 예정이었다. 13명 전원이 자립과 개인적인 성장을 향해 중요한 발걸음을 내디뎠다. 수업에 등록해 요리를 배우고, 재활 과정을 겪고, 가족을 찾아가고, 미래를 위한 계획을 세웠다.

한 사회복지사는 개인이 마음대로 쓸 수 있는 돈을 지급하는 방법에 대해 "사람들에게 권한을 주고 선택권을 줍니다. 이 방법이 사람들을 바꿀 수 있다고 생각합니다"라고 말했다. 수십 년 동안 사회가 밀어붙이기도 하고, 끌어당겨보기도 하고, 설득하거나 벌주고, 기소하기도 하고, 보호하기도 했지만 아무 성과도 거둘 수 없었던 악명 높은 부랑자 9명이 마침내 거리를 떠났다. 이렇게 하기까지 비용은 얼마나 들었을까? 사회복지사의 급여를 포함해 연간 5만 달러 정도였다. 달리 말해 현금 무상 지급 프로젝트는 노숙자 13명을 도왔을 뿐 아니라 비용도 상당히 절약했다.[5] 〈이코노미스트〉조차도 "노숙자에게 가장 효율적으로 돈을 쓰는 방법은 돈을 주는 것이다"라고 결론을 내렸다.[6]

확실한 자료

가난한 사람은 돈을 다룰 능력이 없다. 이 말은 사회에 만연한 정서이고 진부한 표현이다. 결국 빈곤층이 돈을 관리하는 방법을 안다면 애당초 어떻게 빈곤할 수 있겠는가? 사람들은 빈곤층이 돈을 내고 신선한 과일과 책을 사는 대신, 패스트푸드와 소다를 산다고 추측한다. 그래서 빈곤층을 돕기 위해 "누구든지 일하기 싫어하거든 먹지도 말게 하라(〈데살로니가 후서〉 3장 10절)"는 성서의 원칙을 토대로 다량의 서류 작업, 등록 시스템, 조사관이 투입되는 정교한 지원 프로그램을 많이 만들어낸다. 최근 정부 지원의 방향은 점차 고용으로 옮겨가서 수혜자들에게 구직 활동을 하고, 직장 복귀 프로그램에 등록하고, 의

무적으로 "자원 봉사"를 하라고 강제한다. "복지에서 근로복지로(from welfare to workfare)"라는 슬로건의 이면에 담긴 메시지는 명확하다. 무상으로 돈을 지급하면 사람들이 나태해진다는 것이다.

하지만 여러 증거를 보더라도 그렇지 않다.

버나드 오먼디Bernard Omondi를 예로 들어보자. 그는 서부 케냐의 가난한 지역에 있는 채석장에서 일당 2달러를 받으며 몇 년 동안 일했다. 그러던 어느 날 아침 약간 별난 내용의 문자를 받았고, 나중에 "문자를 받고 너무나 기뻐 펄쩍 뛰었습니다"라고 회상했다. 자신의 은행 계좌에 500달러가 입금되었다는 내용이었다. 오먼디에게 500달러는 거의 1년 치 임금과 맞먹었다.

몇 개월이 지나고 〈뉴욕 타임스〉 기자가 오먼디가 사는 마을을 찾아왔다. 마을 전체가 복권에 당첨된 것처럼 들썩였다. 마을에 현금이 넘쳐났지만 사람들은 무상으로 받은 돈으로 술을 사먹지 않고, 집을 수리하거나 작은 사업을 시작했다. 오먼디는 받은 돈으로 인도산 오토바이를 사서 사람들을 실어 날라주며 하루에 6~9달러를 벌고 있다. 이렇게 해서 그의 소득은 3배 이상 늘었다.

오먼디에게 횡재를 안긴 조직은 직접 주자는 뜻을 지닌 기브다이렉틀리GiveDirectly였다. 기브다이렉틀리의 설립자 마이클 페이Michael Faye는 이렇게 말했다. "현금지원 방식은 빈곤층의 손에 선택권을 쥐여줍니다." "솔직히 나는 빈곤층에게 무엇이 필요한지 제대로 몰라요."[7] 페이는 물고기를 주지도 않고 물고기를 잡는 방법도 가르쳐주지 않는다. 빈곤층에게 무엇이 필요한지 제대로 아는 전문가는 그들 자신이라고 확신하기 때문에 현금을 직접 지급하는 것이다. 기브다이렉틀리의 웹사이트에 동기를 부여하는 영상이나 사진이 거의 없는 이유를 문자 페이는 사람들의 감정을 과도하게 이용하고 싶지 않기 때문이라고 설명했다. "우리가 보유한 자료만으로 충분합니다."

그의 말이 옳다. 매사추세츠공과대학교에서 수행한 연구에 따르면, 기브다이렉틀리가 현금지원 정책을 실시하고 나서 주민 소득은 38% 증가했고, 주택과 가축의 소유는 58%까지 늘었으며, 아동이 굶주리는 일수는 42% 감소했다. 더욱이 전체 기부금의 93%가 수혜자의 수중에 직접 들어갔다.[8] 기브다이렉틀리가 이러한 수치를 제시하자 구글은 즉시 250만 달러를 기부했다.[9]

그런데 행운을 맞은 사람은 오먼디와 마을 사람들만이 아니었다. 2008년 우간다 정부는 16~35세 1만 2,000여 명에게 약 400달러씩 나눠주기로 결정했다. 수혜자들은 거의 무상으로 돈을 받는 대신 사업 계획서를 제출하기만 하면 됐다. 5년이 지나면서 계획은 상당한 효과를 발휘하고 있다. 무상 지원 받은 현금을 자신의 교육과 창업에 투자하면서 수혜자들의 소득은 거의 50% 증가했으며 고용 가능성은 60% 증가했다.[10]

아울러 우간다 정부는 북부에 거주하는 빈곤층 여성 1,800명 이상에게 150달러씩 분배해 역시 긍정적 결과를 거뒀다. 수혜자들의 소득이 거의 100% 치솟은 것이다. 350달러가 비용으로 드는 고용 보조자에게 도움을 받은 여성들의 소득은 약간 더 늘어났고, 연구자들은 나중에 계산을 해보고 나서 프로그램 예산에 고용 보조자의 임금을 처음부터 포함시켰다면 효과가 훨씬 컸으리라고 강조했다.[11] 보고서가 담담하게 정리했듯 프로그램의 결과는 "아프리카와 전 세계에서 실시되는 빈곤 완화 프로그램에 막대한 변화를 초래할 수 있을 것이다."[12]

남쪽에서 시작한 혁명

전 세계에서 실시된 연구들은 '무상 현금지원이 효과가 있다'는 긍정적 증거를 산출하고 있다.

조건 없는 현금지원은 범죄, 아동 사망률, 영양실조, 십대 임신, 무단결석은 물론, 학교 성적 향상, 경제 성장, 성 평등과 관계가 있다는 사실이 이미 밝혀졌다.[13] 경제학자 찰스 케니Charles Kenny는 이렇게 주장했다. "빈곤층이 가난에서 벗어나지 못하는 원인은 돈이 충분히 없기 때문이다. 따라서 빈곤층에게 돈을 제공하는 것이 빈곤 문제를 줄이는 훌륭한 방식이라는 것은 충분히 예측할 만하다."[14]

맨체스터대학교 소속 학자들은 공동 저서 《가난한 사람에게 그냥 돈을 쥐라Just Give Money to the Poor(2010년)》에서 거의 또는 아무 조건을 달지 않고 현금을 지원하는 정책의 수많은 성공 사례를 들었다. 나미비아에서는 영양실조가 42%에서 10%로 급락했고, 무단결석은 40%에서 0%, 범죄는 42% 곤두박질쳤다. 말라위에서는 조건 유무와 상관없이 현금지원을 받은 여학생의 학교 출석률이 40% 치솟았다. 현금지원 프로그램으로 혜택을 가장 많이 받는 계층은 아동이었다. 굶주림과 질병으로 고통을 겪는 수가 줄었고, 평균 신장이 증가했고, 학교 성적이 향상했으며, 아동 노동에 강제로 투입되는 확률이 감소했다.[15]

브라질에서 인도까지, 멕시코에서 남아프리카까지, 현금지원 프로그램은 글로벌사우스Global South 국가 전역에서 인기를 끌고 있다. 국제연합이 2000년 새천년개발목표Millennium Development Goals를 채택했을 당시만 해도 현금지원 프로그램은 전혀 주목을 받지 못했지만, 2010년에는 이미 45개국 1억 1,000만 이상의 가정이 혜택을 누렸다.

맨체스터대학교 연구자들은 현금지원 프로그램의 혜택을 네 가지로 열거했다. 첫째, 수혜 가구는 돈을 좋은 용도로 사용한다. 둘째, 빈곤율이 감소한다. 셋째, 소득과 건강, 조세수입 등 다양한 이익이 장기적으로 발생한다. 넷째, 다른 대안보다 비용이 적게 든다.[16] 따라서 빈곤층에게 직접 임금을 건네주면 되는데, SUV를 타고 다니는 임금이 높은 백인을 구태여 많은 비용을 감수하면서까지 보낼 이유가 없지 않은가? 엉뚱한 곳으로 돈이 새어 나가는 행정 서비스를 배제시킬 수 있다면 더욱 그렇다. 게다가 무상 현금지원은 경제 전체를 돌리는 윤활유가 될 수 있다. 사람들의 소비가 늘어나면 고용과 소득을 끌어올릴 수 있기 때문이다.

수많은 원조기구와 정부는 빈곤층에게 무엇이 필요한지 안다고 확신하면서 학교나 태양전지나 가축에 투자하고, 암소가 전혀 없는 것보다는 한 마리라도 있는 편이 낫다고 생각한다. 그런데 비용을 따져 보았는가? 르완다에서 실시한 한 연구의 추산에 따르면, 임신한 암소를 기증하는 비용은 우유 짜기 워크숍을 포함해 약 3,000달러이다. 이 금액은 르완다 국민 한 사람의 5년 치 임금에 해당한다.[17] 아니면 빈곤층에게 중구난방으로 제공되는 수업을 예로 들어보자. 여러 연구 결과를 살펴보더라도 수업 목적이 낚시하는 것이든 글자를 읽는 것이든 가게를 운영하는 것이든, 비용은 많이 드는 반면에 효과는 거의 없다.[18] 경제학자 조지프 핸론Joseph Hanlon은 이렇게 강조했다. "빈곤은 근본적으로 현금이 부족하기 때문에 발생한다. 부츠가 없는데 부츠 끈을 당겨 몸을 일으킬 수는 없지 않은가?"[19]

현금지원의 장점은 자칭 전문가들이 빈곤층에게 필요하다고 생각하는 물건을 사주는 대신, 빈곤층이 필요한 물건을 스스로 살 수 있다는 점이다. 물론 빈곤층이 무상 지원 받는 현금으로 사지 않는 제품군이 있다. 바로 술과 담배이다. 실제로 세계은행이 실시한 주요 연구에 따르면 아프리카와 라틴 아메리카, 아시아에서 수집한 전체 연구 사례의 82%에서 술과 담배의 소비가 줄었다.[20]

하지만 상황은 훨씬 예상하지 못한 양상을 띠었다. 라이베리아에서 빈곤층 중에서도 가장 신뢰할 수 없는 사람들에게 200달러를 주면 어떤 현상이 발생할지 알아보려는 실험을 했다. 빈민가에서 알코올중독자와 마약중독자, 잡범을 동등한 비율로 선정해 조사했다. 3년 후 나타난 결과에 따르면 과연 그들은 돈을 어디에 썼을까? 음식과 옷, 약을 구입하고 소규모 사업을 창업하느라 썼다. 한 연구자는 이렇게 물었다. "이 사람들조차 무상 지원 받은 돈을 함부로 쓰지 않았는데 누가 함부로 쓰겠습니까?"[21]

하지만 "가난한 사람은 게으르다"는 케케묵은 주장이 사람들 입에서 떠날 줄 모른다. 이러한 주장이 수그러들지 않고 사회에 널리 퍼져 있으므로 과학자들은 사실 여부를 조사하기 시작했다. 불과 몇 년 전 저명한 의학 저널 〈란셋Lancet〉은 과학자들이 발견한 사실을 "빈곤층은 조건 없이 현금을 제공 받았을 때 사실 더욱 열심히 일하는 경향을 보인다"[22]라고 정리했다. 나미비아에서 실시한 실험의 최종 결과를 간추린 보고서에서도 한 가톨릭 주교는 성서 내용에 빗대어 결과를 설명했다. "〈출애굽기〉 16장을 깊이 들여다보라. 노예 신분에서 탈출해 오랜 여행길에 오른 이스라엘 사람들은 하늘에서 만나를 받아먹었다. 그렇지만 그들은 나태해지지 않았고 만나 덕택에 계속 앞으로 나아갈 수 있었다."[23]

유토피아

    무상 현금지원은 과거에 일부 선도적 사상가들이 이미 주장했던 개념이다. 토머스 모어는 1516년 자신의 저서 《유토피아》에서 무상 현금지원을 실시하는 꿈을 펼쳤다. 노벨상 수상자들을 포함해 수많은 경제학자와 철학자가 그 뒤를 따른다.[24] 무상 현금지원을 주장하는 인물들을 살펴보면 좌파부터 우파를 아우르고, 신자유주의 사고를 창시한 프리드리히 하이에크Friedrich Hayek와 밀턴 프리드먼Milton Friedman을 포함한다.[25] 1948년 채택된 세계인권선언Universal Declaration of Human Rights 25조는 앞으로 무상 현금지원을 실행할 날이 오리라고 약속한다.

    무상 현금지원은 세계가 보증하는 기본소득이다.

    단 몇 년 동안만 실행하는 것도 아니고, 개발도상국에서만 실행하는 것도 아니며, 빈곤층을 위해서만 실행하는 것도 아니다. 앞서 이 장의 제목이 가리키듯 누구나 수혜를 받아야 한다. 일종의 호의가 아니라 권리여야 한다. 따라서 무상 현금지원을 "공산주의에 이르는 자본주의적 길capitalist road to communism"이라 부르자.[26] 이것은 손가락 하나 까딱하지 않고도 생활할 수 있을 정도의 수당을 매달 지급하는 제도이기 때문이다. 엄밀하게 말해 유일한 조건이라면 "맥박이 뛰는 것"이다.[27] 무상으로 지원 받은 현금을 현명하게 사용하는지 어깨너머로 감시하는 사람도 없고, 지원 받을 만한 자격이 있는지 색안경을 쓰고 보는 사람도 없다. 특별 혜택을 추가로 제공하지도 않고, 다른 지원 프로그램을 가동하지도 않는다. 기껏해야 노령자, 실업자, 일할 수 없는 사람들에게 추가로 수당을 지불할 뿐이다.

    이제 기본소득의 시대가 다가오고 있다.

캐나다의 민컴 프로그램

캐나다 위니펙에 있는 창고 다락에 상자 2,000여 개가 먼지를 뒤집어쓴 채 쌓여 있다. 상자에는 2차 세계대전 이후 역사상 가장 흥미진진한 사회 실험으로 산출된 그래프, 표, 보고서, 인터뷰 등 자료가 가득 들어 있다.

민컴Mincome 프로그램의 자료들이다.

마니토바대학교 교수 에블린 포르제Evelyn Forget는 2004년 해당 자료에 대해 처음 들었다. 나중에 그녀는 이렇게 회고했다. "공간을 많이 차지하는 데다가 아무도 관심이 없는 것 같았으므로 기록 보관 담당자들은 자료를 폐기할 방법을 찾고 있었어요."[28] 포르제는 장장 5년간 자료를 찾아 헤맸고, 2009년에 드디어 캐나다 국립문서보관소에서 자료를 발견했다. 다락에 들어선 포르제는 자신의 눈을 믿을 수 없었다. 500년 전 토머스 모어가 꾸었던 꿈을 현실에서 실행하고 관련 정보를 수집해놓은 보물 상자였던 것이다.

상자에 차곡차곡 담긴 1,000여 건에 이르는 인터뷰 자료 중에는 휴 헨더슨Hugh Henderson과 도린 헨더슨Doreen Henderson 부부를 인터뷰한 기록도 들어 있었다. 35년 전 실험을 시작할 당시 휴 헨더슨은 고등학교 청소부였고 도린 헨더슨은 두 자녀를 돌보는 전업주부였다. 헨더슨 부부는 생활 형편이 어려웠다. 아내는 식량을 얻으려고 텃밭을 가꾸고 닭을 키웠으며, 단 1달러도 벌벌 떨며 썼다.

평소와 다르지 않은 어느 날, 단정한 옷차림을 한 두 사람이 현관에 모습을 드러냈다. 도린은 "우리는 양식을 작성했고, 두 사람은 영수증을 주었습니다"[29]라고 회상했다. 헨더슨 부부를 괴롭혔던 돈 문제가 그날 이후 사라졌다. 부부가 참여하겠다고 서명한 것은 민컴 프로젝트

리얼리스트를 위한
유토피아 플랜

였다. 이것은 캐나다 최초의 대규모 사회 실험이자 세계 최대의 기본소득 실험이었다.

1973년 3월, 마니토바 주 주지사는 현재 미국 달러가치로 8,300만 달러를 투입하는 프로젝트를 출범시켰다.[30] 그러면서 위니펙 북서부에 위치한 인구 1만 3,000명의 소도시 도핀Dauphin을 실험 대상지로 선택했다. 도핀의 전체 주민에게는 빈곤선 이상으로 생활할 수 있도록 기본소득을 보장했다. 실제로 주민의 30%에 해당하는 1,000가구가 달마다 수표를 우편으로 받았다. 지금 가치로 환산하면 4인 가구가 아무 조건 없이 연간 약 1만 9,000달러를 받았다.

실험 초기에 연구자들은 도핀으로 내려갔다. 경제학자는 주민이 노동량을 줄이는지 관찰하고, 사회학자는 가정생활에 어떤 변화가 나타나는지 조사했다. 인류학자는 지역사회에 숨어 들어가 주민의 반응을 직접 관찰했다.

실험은 4년 동안 순조롭게 진행됐지만 선거가 재를 뿌렸다. 보수주의 정부가 선거에서 승리하고 권력을 잡았기 때문이다. 새 내각은 중앙 정부가 총비용의 4분의 3을 지원하는 값비싼 실험을 지속할 이유가 거의 없다고 판단했다. 새 행정부가 실험 결과를 분석할 자금을 지원하지 않는 것이 분명해지자 연구자들은 그동안 수집한 자료를 상자 2,000여 개 상자에 담아 보관하기로 결정했다.

도핀 주민은 엄청나게 실망했다. 1974년 출범 당시 민컴은 조만간 전국으로 확대될 시험용 프로그램이었지만 이제 사람들의 기억에서 사라질 운명에 놓였다. 한 연구자는 이렇게 설명했다. "민컴 프로그램에 반대하는 정부 관리들은 자료를 분석하더라도 결국 자신들이 추측한 대로 프로그램이 효과가 없었다는 사실이 입증될 텐데 구태여 돈을 더 쓸 필요가 없다고 믿었다. 그리고 민컴 프로그램에 찬성하는 사람들이 우려했던 상황은 100만 달러씩이나 들여서 결과를 분석했는데 부정적 결과가 나올 경우 비용만 날리고 자신들은 얼굴이 서지 않는 것이었다."[31]

포르제가 민컴 프로젝트에 관해 처음 들었을 당시만 해도 실험이 실제로 무엇을 입증했는지 아무도 몰랐다. 하지만 우연히도 1970년 비슷한 시기에 캐나다에는 노인의료 보험 제도인 메디케어 프로그램 Medicare program이 도입됐다. 메디케어 기록 보관소는 근처 도시와 통제집단과 도핀을 비교한 많은 자료를 포르제에게 제공했다. 그는 3년 동안 온갖 방법을 동원해 해당 자료를 통계적으로 분석했고, 어떤 방법을 사용하더라도 결과는 한결 같았다.

민컴 프로그램은 완전히 성공을 거뒀던 것이다.

실험에서 입법으로

포르제는 이렇게 언급했다. "정계에는 연간 소득을 보장해주면 사람들이 일하지 않고 대가족을 형성하기 시작하리라는 우려의 목소리가 있었습니다."[32]

하지만 실제로는 정반대 상황이 나타났다. 젊은이들은 결혼을 미뤘고 출산율은 떨어졌다. 아이들의 학교 성적은 매우 향상되었다. '민컴 집단'의 학생들은 더욱 열심히 빠르게 공부했다. 최종적으로 총 근로시간이 감소한 경우는 남성 1%, 기혼여성 3%, 미혼여성 5%에 불과했다. 자녀를 출산한 여성은 몇 개월 동안 출산 휴가를 받고 학생은 재학기간을 늘리느라 현금지원을 사용했지만, 가정의 가장인 남성의 근로시간은 전혀 줄어들지 않았다.[33]

포르제가 발견한 무엇보다 놀라운 사실은 입원율이 8.5% 감소했다는 것이다. 선진국이 의료비에 지출하는 공적 자금의 규모를 고려할 때 현금지원이 내포하는 재정적 의미는 상당히 컸다. 실험을 진행하는 몇 년 동안 정신 건강 문제와 가정 폭력이 감소했다. 민컴 프로그램은 도핀 시 전체 시민을 더욱 건강하게 만들었던 것이다. 포르제는 이렇게 소득과 건강 측면에서 기본소득이 다음 세대에 미치는 영향을 추적했다.

빈곤이 사라진 도핀은 기본소득을 보장받는 실험에 참여한 다섯 개의 북미 도시 중 하나였다. 나머지 네 곳은 모두 미국 도시였다. 미국이 최소한 대부분의 서구 유럽 국가들만큼 사회 안전망을 광범위하게 확대하기 직전까지 갔었다는 사실을 알고 있는 사람은 거의 없다. 1964년 린든 존슨Lyndon B. Johnson 대통령이 "빈곤 퇴치 전쟁"을 선포했을 당시에는 민주당과 공화당 모두 근본적인 사회복지 개혁을 주장하며 규합했었다.

그러려면 우선 어느 정도 시험 가동이 필요했다. 실험집단과 통제집단을 구분해 실시하는 대규모 사회 실험이 뉴저지, 펜실베이니아, 아이오와, 노스캐롤라이나, 인디애나, 시애틀, 덴버에서 최초로 실시되면서 미국인 8,500명 이상에게 기본소득을 제공하기 위해 수천만 달러가 예산으로 책정됐다. 연구자들은 세 가지 의문에 대한 대답을 찾고 싶어 했다. 첫째, 기본소득을 보장받은 사람들이 근로시간을 대폭 줄일까? 둘째, 현금지원 프로그램을 실행하는 비용은 과도하게 비쌀까? 셋째, 해당 프로그램은 정치적으로 실행하기 어려울까?

셋째 질문에 대한 대답만 '그렇다'였다.

전반적으로 근로시간의 단축은 제한적으로 나타났다. 덴버 실험의 자료 분석 책임자는 이렇게 주장했다. "우리가 실행한 실험에서 '나태'

주장을 뒷받침할 만한 증거는 나타나지 않았다. 파멸의 예언자가 예측했던 대규모 태만 사태는 전혀 없다." 유급 노동이 감소한 사례는 가구당 평균 9%였고, 모든 주를 통틀어 노동량을 줄인 사람은 20대와 어린 자녀를 양육하는 여성이었다.[34]

나중에 산출된 연구 결과에 따르면 9%도 과장된 수치일 가능성이 있다. 원래 연구에서 이 수치는 스스로 보고한 소득을 기준으로 산출됐는데 실험 대상자들이 소득의 상당 부분을 보고하지 않았다는 사실이 드러났기 때문이다. 이때 발생한 차이를 결과에 반영한 연구자들은 총 근로시간이 전혀 감소하지 않았다는 사실을 밝혀냈다.[35]

시애틀 실험을 정리한 보고서는 이렇게 설명했다. "유급 근로시간의 감소는 더 나은 직장을 찾거나 집에서 일하는 등 다른 유용한 활동으로 어김없이 보충되었다." 예를 들어 고등학교를 중퇴했던 기혼 여성은 심리학으로 학위를 받고 연구자로 경력을 쌓기 위해 근로시간을 줄였다. 다른 여성은 연기 수업을 수강하고 남편은 음악을 작곡하기 시작했다. 해당 여성은 연구자들에게 "이제 우리 부부는 소득을 벌어 자급자족할 수 있는 예술가가 되었습니다"[36]라고 말했다. 실험에 참여했던 일부 청년은 유급 노동에 쓰지 않는 시간을 전부 학업에 쏟았고, 뉴저지 실험 대상자의 고등학교 졸업률은 30% 증가했다.[37]

세계 청년들이 시위에 참가하며 거리로 나선 혁명이 일어난 1968년, 다섯 명의 유명한 경제학자 존 케네스 갤브레이스John Kenneth Galbraith, 해럴드 와츠Harold Watts, 제임스 토빈James Tobin, 폴 새뮤얼슨Paul Samuelson, 로버트 램프먼Robert Lampman은 의회에 공개서한을 보냈다. 그들은 〈뉴욕 타임스〉 1면 기사에서 "국가가 책임을 완수하려면 공식적으로 인정된 빈곤선 이상의 소득을 국민 누구나 받을 수 있도록 보장해야 한다"고 역설하면서 이렇게 덧붙였다. "비용은 막대하겠지만 국가의 경제와 재무 능력으로 감당할 만하다."[38]

해당 공개서한에는 동료 경제학자 1,200여 명이 서명했다.

공개서한은 무시되지 않았다. 다음 해 8월 닉슨 대통령은 적정 생활 수준을 유지하는 데 필요한 기본소득을 제공하자는 법안을 의회에 제출하면서 "우리 국가 역사상 가장 의미심장한 사회 입법"이라 불렀다. 닉슨에 따르면 베이비붐 세대는 이전 세대가 불가능하다고 생각했던 두 가지 업적을 달성할 것이다. 즉, 그해 7월 인간을 달에 착륙시키고 최종적으로는 빈곤을 근절할 것이다.

백악관이 실시한 조사에 따르면 전체 신문의 90%가 해당 계획을 열렬히 찬성했다.[39] 〈시카고 선타임스〉는 "미래를 향해 전진하는 거대한 도약"이라 불렀고, 〈로스앤젤레스 타임스〉는 "대담한 새 청사진"이라 칭찬했다.[40] 전미 기독교 교회협의회The National Council of Churches가 지지 의사를 밝혔고 노동조합과 심지어 기업도 찬성했다.[41] 백악관에는 "프로그램을 재정적으로 지원할 중상위층 공화당원 2명이 만세를 외칩니다"라는 내용의 전보가 도착했다.[42] 전문가들은 빅토르 위고 Victor Hugo의 말을 인용하며 다녔다. "때가 도달한 아이디어보다 강력한 것은 없다."

기본소득을 구현할 시기가 마침내 도달한 것 같았다.

〈뉴욕 타임스〉는 1970년 4월 16일자 신문에서 "복지 계획이 의회를 통과하다. …개혁 운동의 승리"라고 대서특필했다. 닉슨 대통령이 발의한 가족부조계획Family Assistance Plan(FAP)은 찬성 243표 반대 155표로 압도적인 득표차를 거두며 하원에서 승인됐다. 대부분의 전문가는 하원보다 진보적 성향의 의원이 더 많은 상원에서도 계획이 무사히 통과하리라 예상했다. 하지만 상원재정위원회Senate Finance Committee가 의문을 제기하고 나섰다. 한 공화당 상원의원은 "상원에서 여태껏 다뤘던 법안 중 가장 광범위하고 비용이 많이 들고 확장적인 복지 법안"[43]이라고 언급했다. 하지만 누구보다 민주당 의원들이 가장 강력하게 반대했다. 가족부조계획의 제공 범위가 충분하지 않다고 생각하고 기본소득 수준을 훨씬 높이려고 밀어붙였던 것이다.[44] 상원과 백악관 사이에 몇 달 동안 공방이 오가다가 결국 법안은 부결되었다.

다음 해 닉슨은 약간 수정한 법안을 의회에 제출했다. 하원은 더욱 큰 개혁의 일부로서 해당 법안을 찬성 288표 반대 132표로 다시 통과시켰다. 1971년 신년 국정연설에서 닉슨은 자신이 상정한 법안을 가리켜 자신이 추진하는 의제에서 가장 중요한 입법 행위로서 "자녀가 있는 모든 미국 가정의 소득 아래 바닥을 까는 것"이라고 설명했다.[45]

하지만 법안은 다시 상원에서 침몰했다.

1978년까지는 기본소득 계획이 최종적으로 보류되지 않았었다. 하지만 시애틀 실험의 최종 결과가 발표되면서 상황이 달라졌다. 특히 한 가지 결정적인 사실에 모든 사람이 주목했다. 이혼율이 50% 이상 증가한 것이다. 따라서 학교 성적 향상과 건강 개선 등 다른 결과를 향한 관심은 이혼율 상승이라는 통계가 나오자 순식간에 묻혔다. 기본소득이 여성들에게 지나치게 많은 독립을 안긴 것이 분명했기 때문이다.

하지만 10년 후 자료를 재분석한 결과에 따르면 당시 통계상 오류가 있었을 뿐 실제로 이혼율에는 전혀 변화가 없었다.[46]

헛되고 위험하고 사악하다

1967년 노벨상 수상자 제임스 토빈은 자신만만하게 "가능하다! 1976년까지 미국은 빈곤을 정복할 수 있다"고 썼다. 당시 미국인의 거의 80%가 기본소득 보장 제도를 지지했다.[47] 몇 년 후 로널드 레이건Ronald Reagan이 다음처럼 비꼰 일화는 유명하다. "1960년대 우리는 빈곤과 전쟁을 벌였지만 결국 빈곤이 승리했다."

문명을 선도하는 위대한 사건은 초기에 예외 없이 유토피아적 분위기를 풍기기 마련이다. 저명한 사회학자 앨버트 허시먼Albert Hirschman에 따르면 유토피아는 초기에 세 가지, 즉 헛되다(futility, 가능하지 않다), 위험하다(리스크가 지나치게 크다), 사악하다(perversity, 디스토피아를 초래할 것이다)는 이유로 공격을 받는다. 하지만 유토피아는 현실이 되기가 무섭게 완전히 흔해 보인다고도 썼다.

그리 멀지 않은 과거만 해도 민주주의는 훌륭한 유토피아처럼 보였다. 철학자 플라톤(기원전 427~347년)부터 정치가 에드먼드 버크Edmund Burke(1729~1779년)까지 많은 위대한 지성인들이 민주주의는 헛되고(대중은 너무 어리석어 민주주의를 제대로 다룰 수 없다), 위험하고(대다수의 규칙이 불을 가지고 노는 것과 비슷하다), 사악하다고('공공 이익'은 일부 교활한 대중의 이익 때문에 이내 부패할 것이다) 경고했다. 이러한 주장을 기본소득에 반대하는 주장에 견주어보자. 기본소득은 정부가 지불할 수 없으므로 헛되고, 수혜자들이 일을 그만둘 것이므로 위험하고, 결국 소수가 다수를 부양하려고 더욱 열심히 일해야 하므로 사악하다고 생각할 것이다.

하지만 잠시 멈춰 서서 생각해보자.

헛될까? 현 사회는 역사상 최초로 상당한 액수의 기본소득을 제공할 수 있을 정도로 부유하다. 어떤 경우로든 공공부조 수혜자들을 생산성 낮은 일자리로 내몰도록 설계된 관료주의 절차를 제거할 수 있다. 소득공제와 세액공제라는 미로를 중단시키고 단순화시킨 제도에 자금을 지원하고, 더 필요한 자금은 자산·폐기물·원자재·소비 등에 과세

해 마련할 수 있다.

수치를 살펴보자. 경제학자 맷 브뤼니흐Matt Bruenig는 불과 1,750억 달러면 미국에서 가난을 근절할 수 있다고 계산했다.[48] 이 금액은 미국이 소비하는 군사비의 약 4분의 1이다. 하버드대학교가 실시한 연구에서는 미국이 아프가니스탄과 이라크에서 벌인 전쟁에 자그마치 4~6조 달러를 썼다고 추산했다.[49] 빈곤 퇴치 전쟁에서 승리하는 데 드는 비용은 군사 전쟁에 비해 훨씬 적다. 실제로 세계 모든 선진국은 빈곤을 퇴치할 경제력을 이미 수년 전에 갖췄다.[50]

하지만 빈곤층만을 지원하는 제도는 빈곤층과 나머지 인구 사이에 더욱 깊은 골을 남긴다. 영국을 복지국가로 만들기 위해 헌신했던 위대한 이론가 리처드 티트머스Richard Titmuss는 "가난한 사람을 위한 정책은 빈약한 정책"이라고 주장했다. 모든 계획과 공제, 혜택을 소득에 따라 결정하는 것은 좌파들의 인식에 새겨져 있는 아이디어였다. 문제는 그러한 경향이 역효과를 낳는다는 데 있다.

1990년대 말 출간돼 지금은 유명해진 글에서 두 스웨덴 사회학자는 가장 보편적인 정부 프로그램을 가동하는 국가가 가장 성공적으로 빈곤을 퇴치하고 있다고 주장했다.[51] 기본적으로 국민은 개인에게 이익이 될 때 결속에 더욱 개방적인 태도를 취한다. 따라서 자신이나 가족이나 친구가 복지국가에서 혜택을 많이 받을수록 더욱 기꺼이 결속에 기여할 것이다.[52] 따라서 논리적으로 무조건적이고 보편적인 형태의 기본소득을 제공하면 지지기반을 훨씬 넓힐 수 있다. 결국 누구나 자신에게 이로운 계획을 지지하기 마련이기 때문이다.[53]

위험할까? 물론 노동량을 줄이는 사람도 있겠지만 정확하게 이 점이 중요하다. 버트런드 러셀이 묘사한 대로 살아 있는 동안 증오를 받다가 죽고 나서야 경의의 대상이 되는 예술가와 작가 중에는 실제로 유급 노동 자체를 그만둔 사람도 있을 것이다. 하지만 사람들은 대부분 필요 여부와 상관없이 실제로 일하고 싶어 한다는 강력한 증거가 있다.[54] 실제로 직업이 없으면 사람들은 심각하게 불행해진다.[55]

기본소득이 부여하는 특권의 하나는 빈곤층을 복지의 덫에서 해방시켜 스스로 발전하고 성장할 수 있는 진정한 기회를 잡아 유급 직업을 구하도록 격려할 수 있는 것이다. 기본소득은 조건 없이 받을 뿐 아니라 유급 직업을 구하더라도 빼앗기거나 줄어들지 않으므로 빈곤층의 경제 상황은 향상된다.

사악할까? 통제와 굴욕이라는 사악한 괴물에게 빈곤층을 던지는 것은 오히려 복지제도이다. 관리들은 페이스북을 사용해 공공부조 수혜자를 주시하면서 지원금을 현명하게 쓰는지 감시한다. 자격, 신청, 승인, 자격 회복 등의 절차를 밟으려면 빈곤층을 안내해줄 사회 서비스 복지사 집단이 필요하고, 서류들을 정밀하게 조사해 자격 여부를 가려내려면 조사관 집단이 있어야 한다.

국민의 안전 의식과 자부심을 북돋워야 하는 복지국가가 국민을 의심하고 수치심을 안기는 체제로 전락하고 있다. 이것은 좌파와 우파가 맺은 끔찍한 협정의 결과이다. 캐나다 마니토바대학교 교수 에블린 포르제는 이렇게 탄식했다. "우파는 국민이 더 이상 일하지 않을까 봐 두려워한다. 좌파는 국민에게 스스로 선택할 수 있는 능력이 있다고 믿지 않는다."[56] 기본소득 제도가 더욱 바람직한 타협안이 될 수 있다. 소득 재분배를 실시하면 좌파가 요구하는 공정성을 충족할 것이다. 간섭하고 수치심을 안기는 체제와 관련해서는, 기본소득 제도로 인해 우파는 그 어느 때보다도 제한적인 정부를 가지게 될 것이다.

다르게 말하고 생각하라

이 점은 앞서 이미 강조했다.

우리가 복지국가를 물려받은 과거 시대에는 남성이 대부분 가장이고 사람들은 평생 같은 회사에서 일했다. 연금제도와 고용 보호 규칙은 안정된 직업을 유지할 만큼 운 좋은 사람들에게 초점이 맞춰져 있고, 공공부조는 경제에 의존해 일자리를 창출할 수 있다는 잘못된 개념에 뿌리를 내리고 있으며, 복지 혜택은 도움닫기 발판이 아니라 덫인 경우가 많다.

무조건적이고 보편적인 기본소득을 제공하는 제도를 도입하기에 지금만큼 분위기가 무르익은 적은 없었다. 주위를 둘러보자. 직업의 유연성을 늘리려면 안정성을 증가시켜야 한다. 세계화가 중산층의 임금을 잠식하고 있다. 대학 학위가 있는 사람과 없는 사람의 소득 격차가 계속 벌어지고 있으므로 대학 학위가 없는 사람을 지원하는 정책이 필요하다. 게다가 어느 때보다 똑똑해진 로봇이 등장하면서 대학 학위 소유자들의 직업조차 빼앗길 수 있다.

최근 수십 년 동안 중산층은 돈을 빌려 어느 때보다 깊은 부채의 늪으로 빠져들면서 소비력을 유지해왔다. 하지만 지금 잘 알려졌듯 이러한 모델로는 앞으로 살아남을 수 없다. "일하기 싫은 사람은 먹지도 말게 하라"는 옛 격언은 이제 불평등 허가증으로 악용되고 있다.

내 말을 오해하지 말기 바란다. 자본주의는 번영을 달성시키는 환상적인 동력이다. 카를 마르크스와 프리드리히 엥겔스Friedrich Engels가 《공산당 선언Communist Manifesto》에서 주장했듯 "자본주의는 이집트의 피라미드, 로마의 송수로, 고딕 성당을 훨씬 뛰어넘는 경이로운 성공을 거뒀다." 우리는 과거 어느 때보다 부유해졌기 때문에 진보의 역사에서 다음 단계, 즉 모든 사람에게 기본소득을 제공할 여력이 생겼다. 기본소득 제공은 자본주의가 내내 추구했어야 했던 과업이다. 이것을 과거 세대가 피와 땀과 눈물을 흘려 이룩한 진보에 따른 배당금이라 생각하자. 따지고 보면 현재 누리는 번영 중에서 자력으로 이룩한 것은 일부에 지나지 않는다. 풍요의 땅에 사는 우리는 조상이 쌓아올린 사회 자본과 지식과 제도 덕택에 풍요롭게 살고 있다. 이러한 부는 모두의 공동 소유이므로 기본소득을 제공하는 방식으로 소유를 공유해야 한다.

물론 기본소득 제공이라는 꿈을 아무 계획 없이 실천해야 한다는 뜻은 아니다. 그러면 재앙을 초래할 수 있다. 유토피아는 늘 실험을 거쳐 작은 규모로 시작해 세상을 매우 서서히 바꾼다. 유토피아는 몇 년 전 런던 거리에서 노숙자 13명에게 아무 조건 없이 3,000파운드를 주었을 때 구현됐다. 한 구호 단체 직원이 말했듯 "사회가 항상 빈곤 문제에 접근해온 방식을 하루아침에 바꾸기는 매우 힘듭니다. 하지만 이러한 실험을 시행해보면 달리 말하고 달리 생각하고 문제를 달리 서술할 기회가 생기지요……."

모든 진보는 이렇게 시작한다.

따라서 우리에게는 조사자를 조사하는 사람이 있고, 조사자를 조사할 수 있도록 조사자에게 도구를 만들어주는 사람이 있다. 사람과 관련된 일을 제대로 하려면 교육이 필요하다. 이를 통해 생계를 위한 일을 해야만 한다는 말을 듣기 전에 사람들의 머릿속에 어떤 생각이 들어 있었는지 고민해보아야 한다.

— 리처드 버크민스터 풀러Richard Buckminster Fuller(1895~1983년), 미국 건축가

빈곤의 종말

3

RUTGER BREGMAN

빈곤의
종말

1997년 11월 13일 노스캐롤라이나 주 그레이트 스모키 산맥Great Smoky Mountains 남쪽에 카지노가 문을 열었다. 음침한 날씨에도 사람들이 입구에 길게 줄을 서고 수백 명씩 속속 도착하자 지배인은 사람들에게 집에 있으라고 조언하기 시작했다.

폭넓게 관심을 끌리라는 것은 예상했었다. 그날 문을 연 것은 수단 좋은 마피아가 운영하는 카지노가 아니었다. 해라스 체로키Harrah's Cherokee는 과거와 마찬가지로 지금도 체로키 인디언 동부연맹이 소유하고 운영하는 대형 호화 카지노로서 그날 개업하면서 10년에 걸쳐 일었던 정치적 주도권 다툼은 종지부를 찍었다. 심지어 한 부족 지도자는 "도박은 체로키 인디언에게 내린 저주가 되리라"[1]고 예언했고, 노스캐롤라이나 주지사는 어떻게 해서든 카지노 개업을 막으려 했다.

문을 열자마자 면적 3,250제곱미터에 이르는 도박장, 객실 1,000개와 스위트룸 100개, 무수히 많은 상점·레스토랑·수영장·스포츠 센

3장
빈곤의 종말

61

터는 체로키 인디언에게 저주가 아니라 구원을 안겨줄 것이 분명해 보였다. 게다가 카지노는 조직적인 범죄의 온상이 되지도 않았고 오히려 수익이 2004년 1억 5,000만 달러에서 2010년 들어 거의 4억 달러로 늘어나면서[2] 학교·병원·소방서를 새로 짓는 재원이 되었다. 수익에서 가장 큰 몫은 체로키 인디언 동부연맹에 속한 남녀노소 3,000명에게 직접 돌아갔다. 그들이 카지노에서 벌어들이는 연간 소득은 처음에는 500달러였다가 2001년 6,000달러까지 급증하면서 평균 가정 소득의 4분의 1에서 3분의 1을 차지했다.[3]

우연하게도 듀크대학교 교수 제인 코스텔로Jane Costello는 1993년부터 그레이트 스모키 산맥 남쪽에 거주하는 아동의 정신 건강을 연구하고 있었다. 매년 연구 대상 아동 1,420명에게 정신의학 시험을 치르게 했다. 축적된 결과에 따르면 빈곤 가정에서 성장하는 아동은 그렇지 않은 아동보다 행동 문제를 일으킬 가능성이 훨씬 컸다. 하지만 이것은 새삼스러운 사실이 아니었다. 학자인 에드워드 자비스Edward Jarvis가 1855년 발표한 유명한 논문 〈광기에 대한 보고서Report on Insanity〉에서 빈곤과 정신 질환의 상관관계를 이미 밝혔기 때문이다.

하지만 여전히 의문이 남았다. 무엇이 원인이고 결과일까? 코스텔로가 연구를 실시했을 당시에는 정신 문제가 개인의 유전적 요인 때문에 발생한다는 주장이 더욱 설득력을 발휘했다. 본성이 근본 원인이라면 매년 돈다발을 건네는 것은 증상을 치료할 뿐 질병은 무시하는 조치이기 때문이다. 반면에 정신의학적인 문제가 빈곤의 원인이 아니라 결과라면 연간 6,000달러는 정말 경이로운 효과를 발휘할 수 있다. 코스텔로는 카지노가 문을 열자 이러한 의문을 분명하게 해결할 절호의 기회가 생겼다고 인식했다. 자신이 연구하는 아동의 4분의 1이 체로키 부족이고, 그중 절반 이상이 빈곤선 아래에서 생활했기 때문이다.

코스텔로는 카지노가 영업을 시작하자마자 연구 대상자들에게서 엄청난 향상을 목격했다. 빈곤에서 벗어난 아동이 보이는 행동 문제는 40% 감소해서 빈곤을 겪어본 적이 없는 동년배와 같은 범위에 들어갔다. 체로키 부족의 청소년 범죄율도 마약 사용과 알코올 사용과 마찬가지로 감소했다. 학교 성적도 눈에 띄게 좋아져서,[4] 비체로키 부족 연구 대상자와 같은 수준을 보였다.

카지노가 문을 열고 10년이 지난 시점에서 코스텔로가 내린 결론에 따르면, 아동이 빈곤을 벗어나는 나이가 어릴수록 십대가 되었을 때 정신 건강은 좋아졌다. 최연소 집단의 범죄 행동은 "극적으로 감소"했다. 실제로 코스텔로가 실행하는 연구의 대상인 체로키 부족 아동의 행실은 통제집단보다 좋았다.

자료를 보는 순간 처음에 믿을 수 없었던 코스텔로는 나중에 "사회적 개입의 영향이 상대적으로 작으리라 예상했지만 실제로는 정말 컸다"[5]고 말했다. 그러면서 연간 4,000달러를 추가로 벌면 21세까지 교육을 1년 더 받고, 16세까지 범죄를 저지를 확률이 22% 감소한다고 계산했다.[6]

하지만 가장 의미 있는 향상은 부모에게 나타났다. 카지노가 문을 열기 전까지 부모들은 여름 내내 열심히 일했으나 겨울에는 대부분 일자리가 없어 심한 스트레스에 시달렸다. 하지만 소득원이 새로 생기면서 돈을 저축하고 청구서를 지불할 수 있었다. 빈곤에서 벗어나자 자녀와 함께 보내는 시간이 많아졌다고 보고했다.

카스텔로는 그렇다고 부모들이 근로시간을 줄이지도 않았다고 밝혔다. 부모들은 카지노가 문을 열기 전과 똑같이 일했다. 부족의 일원인 비키 브레들리Vickie Bradley는 돈을 벌자 경제적 압박이 줄어들었으므로 돈 문제로 걱정하느라 쏟았던 에너지를 자녀에게 돌릴 수 있어서

"더욱 바람직한 부모가 되는 데 유용했다고" 설명했다.[7]

그렇다면 빈곤층에게서 목격할 수 있는 정신건강 문제의 원인은 무엇일까? 본성일까 문화일까? 코스텔로는 두 가지 모두라는 결론을 내렸다. 빈곤하기 때문에 받는 스트레스가 질병이나 이상 증상을 유발할 가능성을 유전적으로 증가시키기 때문이다.[8] 하지만 이 연구는 더욱 중요한 성과를 거뒀다.

유전자는 무효화할 수 없지만 빈곤은 무효화할 수 있다는 것이다.

가난한 사람이 어리석게 행동하는 이유

빈곤이 없는 세상은 가장 역사가 깊은 유토피아 개념일 것이다. 하지만 그러한 세상을 진지하게 꿈꾸는 사람이라면 누구나 몇 가지 어려운 의문에 직면한다. 가난한 사람이 범죄를 저지를 가능성이 큰 까닭은 무엇일까? 가난한 사람이 비만할 가능성이 큰 까닭은 무엇일까? 가난한 사람이 알코올과 마약을 더 많이 사용하는 까닭은 무엇일까? 간추려 말해서 가난한 사람이 그토록 어리석은 결정을 많이 내리는 까닭은 무엇일까?

대답하기 어려운가? 아마도 그럴 것이다. 통계를 살펴보자. 가난한 사람은 그렇지 않은 사람보다 빚이 많으면서 저축액이 적고, 흡연량이 많으면서 운동량이 적고, 건강한 음식의 섭취량도 적다. 돈 관리 교실을 열어도 가난한 사람은 좀처럼 등록하지 않는다. 구직 광고를 보고 최악의 이력서를 쓰고 장소에 어울리지 않는 복장으로 면접을 보러 나타난다.

전직 영국 총리 마거릿 대처Margaret Thatcher는 빈곤을 "인격 결함"이라고 칭하기도 했다.[9] 이 정도까지 혹독하게 말하지 않더라도, 빈곤의 해결은 예외 없이 개인의 몫이라고 생각하는 정치인이 많을 것이다. 오스트레일리아에서 영국, 스웨덴에서 미국에 이르기까지, 빈곤은 스스로 극복해야 한다는 개념이 확고히 뿌리를 내리고 있다. 확실히 정부는 의식을 고양하는 정책, 처벌, 무엇보다 교육을 활용해 국민을 올바른 방향으로 유도할 수 있다. 빈곤에 대항하는 실질적인 '묘책'은 고등학교 졸업장이나 더욱 바람직하게는 대학교 학위이다.

하지만 그것이 전부일까?

가난한 사람들이 실제로 혼자 설 수 없다면 어떡할까? 모든 인센티브, 온갖 정보와 교육이 오리 등에 떨어지는 물처럼 전혀 효과가 없다면 어떡할까? 좋은 의도로 사용한 유인책이 상황을 더욱 악화시키면 어떡할까?

맥락의 힘

이러한 질문들은 프린스턴대학교 심리학자 엘다 샤퍼Eldar Shafir가 던진 것으로, 대답하기 쉽지 않다. 최근 엘다 샤퍼와 하버드대학교 경제학자 센딜 멀레이너선Sendhil Mullainathan은 빈곤에 관한 혁신적인 새 이론을 발표했다.[10] 이론의 요지는 바로 맥락이다.

샤퍼의 열망은 수수하지 않다. 그는 과학에서 완전히 새 분야인 결핍의 과학을 확립하고 싶어 한다. 하지만 결핍의 과학은 경제학에 이미 존재하지 않는가? 암스테르담 소재의 호텔에서 만났을 때 샤퍼는 웃으며 이렇게 설명했다. "그런 이야기를 많이 듣습니다. 내가 관심이 있는 분야는 결핍의 심리학인데 의외로 거의 연구가 이루어지지 않았습니다."

경제학자들에게 모든 현상은 결핍을 중심으로 발생한다. 아무리 큰 손이라도 자신이 원하는 제품을 모두 살 수는 없다. 하지만 결핍을 인식하는 것은 다르다. 일정이 텅 비었을 때와 빽빽할 때 느끼는 감정이 다른 것과 마찬가지다. 결핍은 정신을 침범하므로 무해하고 사소한 감정이 아니다. 사람들은 스스로 결핍되었다고 느낄 때 다르게 행동한다.

결핍된 대상이 무엇인지는 그다지 중요하지 않다. 지나치게 없는 것이 시간이든, 돈이든, 우정이든, 음식이든 모두 "결핍 사고방식"을 부추긴다. 결핍 사고방식에는 나름대로 이점도 있다. 결핍을 인식해본 사람들은 자신에게 닥친 단기 문제를 능숙하게 다룬다. 일에 미친 CEO가 필사의 노력을 기울여 거래를 성사시키듯 가난한 사람은 단기간에 예산 범위 안에서 소비하는 엄청난 능력을 발휘한다.

빈곤에서 벗어날 수 없다

그렇지만 "결핍 사고방식"의 불리한 점이 이로운 점보다 무겁다. 결핍은 시야를 좁혀 자신의 즉각적인 부족함, 5분 안에 시작하는 회의, 내일 지불해야 하는 청구서에만 초점을 맞추게 한다. 장기적 관점이 사라지는 것이다. 샤퍼는 이렇게 설명했다. "결핍은 우리를 소진시켜 자신에게 역시 중요한 다른 요소에 초점을 맞추지 못하게 만든다."

용량이 큰 프로그램 열 개를 한꺼번에 구동하는 새 컴퓨터를 예로 들어보자. 컴퓨터는 구동 속도가 계속 느려지면서 오류를 내다가 결국 멈춰버린다. 컴퓨터의 성능이 나빠서가 아니라 용량이 지나치게 큰 프로그램을 한꺼번에 돌렸기 때문이다. 빈곤층의 문제도 이와 비슷하다. 그들이 어리석은 결정을 내리는 것은 어리석기 때문이 아니라, 누구라도 어리석은 결정을 내릴 수밖에 없는 맥락에 살고 있기 때문이다.

당장 저녁은 어떻게 해결해야 할지, 주말까지 어떻게 버틸지에 대한 문제로 중요한 능력은 제한된다. 샤퍼와 멀레이너선은 이러한 능력을 "정신적 대역폭mental bandwidth"이라 부른다. "가난한 사람을 이해하고 싶다면 자신의 정신이 다른 곳에 쏠려 있다고 상상해보라. 자기통제가 어려운 과제처럼 느껴진다. 정신이 산만해지고 쉽게 혼란스러워진다. 이러한 현상이 매일 일어나는 것이다." 대상이 시간이든 돈이든 결핍은 이러한 방식으로 현명하지 못한 결정을 유도한다.

바쁘게 생활하는 사람과 가난하게 생활하는 사람 사이에는 주요 차이가 있다. 빈곤에서는 자유로울 수가 없다.

두 가지 실험

그렇다면 구체적으로 빈곤은 사람을 얼마나 어리석게 만들까? 샤퍼는 "그 영향력은 지능지수 13~14점으로, 하룻밤 잠을 설치거나 알코올을 섭취했을 때와 비슷하다"고 주장했다. 이 모든 현상을 30년 전에 이미 계산할 수 있었다니 놀랍다. 샤퍼와 멀레이너선은 뇌 주사 사진 같은 복잡한 과정을 거치지 않았다. 샤퍼는 이렇게 설명했다. "경제학자들은 여러 해 동안 빈곤을 연구하고, 심리학자들은 여러 해 동안 인지적 한계를 연구해왔다. 우리는 두 가지를 합쳤을 뿐이다."

해당 연구의 출발점은 몇 년 전 전형적인 미국 쇼핑몰에서 실시한 일련의 실험이었다. 연구자들은 쇼핑객들에게 자동차가 고장 나서 수리비를 지불해야 한다면 어떻게 하겠느냐고 물었다. 쇼핑객에 따라 수리비가 150달러이거나 1,500달러라고 말해주었다. 수리비를 일시불로 지불하겠는가, 수리비를 충당하려고 대출을 받겠는가? 초과 근무를 하겠는가, 아니면 수리를 미루겠는가?

질문을 받은 쇼핑객들은 방법을 생각하는 동안 일련의 인지 검사를 받았다. 수리비가 비싸지 않은 경우에 저소득층의 검사 점수는 고소득층과 거의 같았다. 하지만 수리비로 1,500달러를 지불해야 하는 경우에 저소득층은 상당히 낮은 점수를 기록했다. 재정적인 문제가 저소득층의 인지 능력을 손상시킨 것이다.

샤퍼와 동료 연구자들은 쇼핑몰에서 조사를 실시하면서 발생 가능한 변수를 모두 제거했지만, 질문을 받은 부유층과 빈곤층이 같은 사람이 아니라는 요인만큼은 제거할 수 없었다. 이상적으로는 한때 가난했다가 부유해진 사람들을 대상으로 조사를 반복할 수 있을 것이다.

샤퍼는 약 1만 3,000킬로미터 떨어진 인도의 시골 빌루푸람Vilupuram과 티루반나말라이Tiruvannamalai 지역에서 자신이 원하는 조건을 발견했다. 조건은 완벽했다. 이곳의 사탕수수 농부는 추수 직후에 연간 소득의 60%를 한꺼번에 손에 넣는다. 1년 중 일정 기간에는 풍족하고 나머지 기간에는 빈곤하다는 뜻이다. 그러면 농부들은 실험에서 어떤 반응을 보였을까? 상대적으로 빈곤한 시기 동안 농부들의 인지 검사 점수는 상당히 낮아졌다. 그렇다고 더욱 어리석어진 것이 아니라 단지 정신적 대역폭이 좁아졌기 때문이다.

국내 총 정신적 대역폭

샤퍼는 "빈곤을 퇴치하기 위해 싸우면 지금까지 인식하지 못한 엄청난 혜택을 누릴 수 있다"고 지적한다. 따라서 국내총생산 말고도 국

리얼리스트를 위한
유토피아 플랜

내 총 정신적 대역폭을 고려해야 한다. 정신적 대역폭이 넓을수록 자녀를 잘 키우고, 더욱 건강하고, 직장에서 더욱 생산성을 발휘한다. 샤퍼는 "결핍에 대항하면 비용도 줄일 수 있다"고 주장한다.

이러한 현상은 그레이트 스모키 산맥 남쪽에서 정확히 발생했다. 로스앤젤레스대학교 경제학자 랜들 아키Randall Akee는 체로키 부족 아동에게 카지노 현금을 분배하면서 궁극적으로 지출을 절감할 수 있었다고 계산해냈다. 아키의 보수적인 추정에 따르면 빈곤을 퇴치했을 때 실질적으로 범죄 감소, 복지 시설의 사용, 학교 점수의 향상의 형태로 지출을 능가하는 수입이 창출되었다.[11]

이제 이러한 영향을 사회 전체에 적용해 추정해보자. 영국에서 실시한 연구에 따르면 빈곤층 아동에게 들어가는 비용은 440억 달러가 넘는다.[12] 연구자들은 빈곤을 퇴치하는 정책을 펼치면 "그 비용까지도 충당할 수 있다"고 주장한다.[13]

아동 5명 중 1명 이상이 빈곤 가정에서 성장하는 미국에서는 이미 수없이 많은 연구가 실시되어, 빈곤 퇴치 수단이 실제로 비용절감 도구로 작용한다는 사실이 밝혀졌다.[14] 캘리포니아대학교 교수 그레그 던컨Greg Duncan은 미국 가정을 빈곤에서 구제하는 데 소요되는 평균 비용은 체로키 카지노가 지불하는 금액보다 적은 연간 약 4,500달러라고 계산했다. 결국 따져 보면 빈곤을 퇴치할 목적으로 아동 한 명에게 투자하는 금액에 대한 수익은 다음과 같을 것이다.

- 근로시간 12.5% 증가
- 복지수당 연간 3,000달러 절감
- 평생 소득 5만~10만 달러 추가
- 국가 조세 수입 1만~2만 달러 추가

던컨은 "빈곤층 아동이 중년에 도달하면 빈곤 퇴치 전쟁을 치르느라 쓴 비용이 저절로 상쇄되리라"고 결론을 내렸다.[15]

이렇게 심각한 빈곤 문제를 해결하려면 대규모 프로그램을 가동해야 한다. 2013년 실시된 연구에서는 미국에서 아동 빈곤을 퇴치하는 비용이 연간 5,000억 달러에 이르리라 추산했다. 가난하게 성장한 아동은 부유한 가정에서 성장한 아동보다 평균 학력이 2년 적고, 연간 근로시간은 450시간 적으며, 전반적으로 건강이 나쁠 위험성은 3배 높다. 연구자들은 교육에 투자하더라도 빈곤층 아동에게 크게 이익이 돌아가지 않는다고 주장한다.[16] 빈곤층 아동은 무엇보다 빈곤선을 넘어서야 한다.

최근 들어 경제 교육의 효과에 관해 실시한 201가지 연구의 결과를 메타 분석한 결과, 경제 교육이 거의 효과가 없다고 밝혀졌다.[17] 그렇다고 경제 교육을 받아도 배울 것이 없다는 뜻이 아니고, 실제로 빈곤층도 교육을 받아서 더욱 현명해질 수 있다. 하지만 경제 교육만으로는 충분하지 않다. 샤퍼는 "사람에게 수영을 가르쳐주고 폭풍우가 몰아치는 바다에 던지는 것과 같다"고 탄식한다.

사람을 교육시키는 일이 전적으로 무의미하지는 않지만 무엇보다 복지국가의 관료주의적 진흙탕에서 견디도록 정신적 대역폭을 통제할 수 있게 도와야 한다. 온갖 규정을 마련하고 서류작업을 거치게 하면 비빈곤층을 걸러낼 수 있으리라 생각할지 모르겠다. 하지만 실제 나타나는 결과는 정반대이다. 빈곤층은 최대 빈곤 수준에 도달해서 이미 정신적 대역폭에 과부하가 걸려 있기 때문에 정부에 도움을 요청하지 않을 가능성이 크다.

따라서 원래 혜택을 받아야 하는 빈곤층이 오히려 복지 프로그램을 사용하지 못하는 사태가 벌어진다. 샤퍼는 이렇게 주장한다. "연구를 거듭한 결과 장학금이 변화를 일으킬 수 있다고 입증되었는데도 일부 장학금을 신청하는 학생은 유자격자의 30%에 불과하다." 한 경제학자는 이러한 장학금 신청 현상에 관해 다음과 같은 의견을 내놓았다. "신청하는 것이 합리적이므로 빈곤층 학생은 신청할 것이다. 하지만 장학금 신청은 이러한 방식으로 작용하지 않는다. 장학금의 열매는 결핍 사고방식에 따른 제한된 시야 훨씬 바깥에 떨어지기 때문이다."

무상 현금지원

그렇다면 어떤 대책을 세워야 할까?

샤퍼와 멀레이너선은 나름대로 비장의 해결책 몇 가지를 제시한다. 예를 들어 빈곤층 학생이 경제적 지원을 받을 수 있도록 서류작성 작업을 도와주거나, 사람들이 약을 제때 먹을 수 있도록 약 복용시간에 맞춰 불이 들어오는 약통을 배포하는 것 따위이다. 이러한 유형의 해결책을 "넛지nudge"라고 부른다. 넛지는 대부분 비용이 거의 들지 않으므로 현대 풍요의 땅에서 정치인에게 크게 인기를 끈다.

하지만 솔직히 넛지가 어떤 변화를 달성할 수 있을까? 넛지는 일반적으로 정치가 주로 증상 퇴치에 관심을 기울이는 시대의 산물이다. 빈곤을 아주 약간 더 견딜 만하게 만들어줄 수는 있지만 시야를 넓혀보면 무엇 하나 해결하지 못한다. 나는 컴퓨터 비유를 다시 사용해 샤퍼에게 "메모리를 추가해 문제를 쉽게 해결할 수 있는데 굳이 소프트웨어를 계속 만지작거리는 이유는 무엇인가요?"라고 물었다.

샤퍼는 무덤덤한 표정으로 "그냥 돈을 더 많이 건네주라는 말인가요? 그러면 좋겠네요"라고 웃으며 말하고는 이렇게 덧붙였다. "하지만 분명히 한계가 있어서… 이곳 네덜란드에 있는 것 같은 좌파 정치가 미국에는 존재하지도 않습니다."

하지만 돈만 지원해서는 문제를 해결하기에 충분하지 않다. 분배의 문제이기도 하기 때문이다. 샤퍼는 이렇게 설명한다. "결핍은 상대적인 개념입니다. 결핍이 발생하는 근거는 소득 부족일 수 있지만 과잉 기대이기도 하죠." 이 말의 의미는 간단하다. 돈, 시간, 친구, 음식을 더욱 많이 소유하고 싶은 마음이 있다면 결핍의식을 경험할 가능성이 커진다. 주변 사람이 소유한 대상에 따라 자신이 원하는 대상이 대부분 결정되기 때문이다.

샤퍼가 말하듯 "서구 세계에서 불평등이 점차 증가하는 현상은 이러한 측면에서 주요 장애이다." 주변에서 최신 스마트폰을 구입하는 사람이 많으면 자신도 사고 싶기 마련이다. 이렇게 불평등이 계속 증가하다 보면 국내 총 정신적 대역폭은 지속적으로 수축할 것이다.

불평등의 저주

하지만 돈은 행복하고 건강한 삶을 영위하게 해주는 열쇠여야 한다. 그렇지 않은가?

맞다. 하지만 한 국가를 전체로 보고 생각하면 어느 정도까지만 그렇다. 기대수명이 자동적으로 늘어나는 추세를 보이는 시기는 일인당 국내총생산이 연간 약 5,000달러까지일 때다.[18] 하지만 일단 충분한 양의 음식, 비가 새지 않는 주택, 깨끗한 식수가 확보되고 난 후라면 경제 성장은 더 이상 행복을 보장해주지 못한다. 이때부터 행복 정도를 훨씬 정확하게 가리키는 지표는 불평등이다.

다음 표를 살펴보자. 세로축은 사회문제 지수이고, 가로축은 각 국가의 1인당 국내총생산이다. 두 가지 변수 사이에는 상관관계가 전혀 없다. 게다가 사회문제가 가장 많이 발생하는 순위에서 세계 최대 부유국인 미국은 일인당 국내총생산이 절반 미만인 포르투갈과 거의 비슷하다.

영국 연구자 리처드 윌킨슨은 이렇게 결론을 내렸다. "선진국에서 경제는 물질적 조건을 향상시킬 수 있는 한도까지 성장했다. 어떤 것이든 더욱 많이 소유할수록 행복해지는 정도는 점점 작아진다."[19] 하지만 가로축을 소득에서 소득 불평등으로 대체하면 도표의 모양은 극적으로 달라진다. 불현듯 상관관계가 뚜렷해지면서 미국과 포르투갈이 오른쪽 위에 밀집한다.

우울증, 피로, 마약 남용, 높은 고등학교 중퇴율, 비만, 불행한 어린 시절, 낮은 투표율, 사회적·정치적 불신 등의 사례를 보더라도 원인은 예외 없이 불평등이다.[20]

하지만 잠깐 기다려보라. 오늘날 가장 궁핍하게 사는 사람조차도 수백 년 전 왕보다 잘 살고 있는데 몇몇 사람들이 엄청 잘 사는 게 뭐가 대수란 말인가?

그렇지 않다. 사람은 상대적으로 빈곤을 느끼기 때문이다. 나라가 부유해지면 항상 불평등이 불행을 초래하기 마련이다. 부유한 국가에서 빈곤하게 사는 것은 200여 년 전 거의 전역에서 거의 모든 사람이 빈곤하게 사는 것과 완전히 다르다.

집단 따돌림을 예로 들어보자. 부의 불균형이 큰 국가에서는 집단 따돌림이 더욱 많이 발생한다. 그만큼 신분 차이가 커지기 때문이다. 아니면 윌킨슨이 사용한 용어대로 "심리 사회학적 결과"에 따르면 불

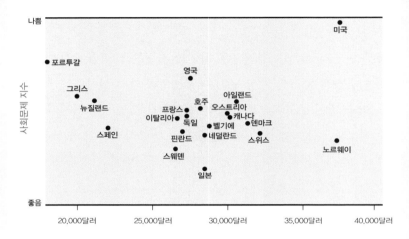

세로축이 가리키는 사회문제 지수는 기대수명, 문자해독 능력, 아동 사망률, 살인율, 수감자 수, 십대 임신, 우울증, 사회적 신뢰, 비만, 마약과 알코올 남용, 사회적 이동성 대 비이동성을 포함한다.

출처: 윌킨슨과 피켓Wilkinson and Pickett

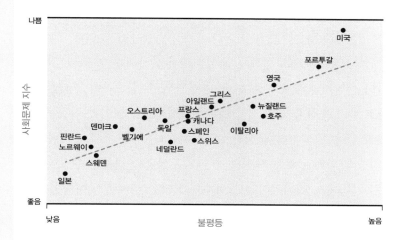

가로축이 나타내는 불평등은 각 국가에서 최고 부유층 20%와 최고 빈곤층의 20%가 보이는 차이를 반영한다.

출처: 윌킨슨과 피켓

평등한 사회에서 사는 사람은 다른 사람이 자신을 어떻게 볼지 걱정하느라 더욱 많은 시간을 보낸다. 이러한 현상은 관계의 질을 손상시켜, 예를 들어 낯선 사람을 불신하고 지위 불안을 느끼는 결과를 낳는다. 이렇게 해서 발생하는 스트레스는 질병과 만성적 건강 문제를 일으키는 요인이다.

그렇다면 동등한 부보다는 동등한 기회를 확대하는 것에 더욱 관심을 쏟아야 하지 않을까?

모두 중요한 두 가지 형태의 불평등은 복잡하게 얽혀 있다. 앞의 표에 나타난 국가들의 순위를 보라. 불평등 수준이 증가하면 사회 이동은 감소한다. 솔직히 말해 지구상에서 아메리칸 드림이 실현될 가능성이 가장 낮은 나라는 미국이다. 스웨덴에서는 빈곤에서 벗어나 부를 쌓으려고 열심히 일하는 사람은 누구라도 생활을 개선할 수 있으므로, 빈곤한 가정에서 태어났더라도 현재보다 밝은 미래를 맞이할 수 있다는 희망을 품을 수 있다.[21]

내 말을 오해하지 말기 바란다. 물론 사람들이 오로지 불평등 때문에 곤경을 겪는다는 뜻은 아니다. 불평등은 많은 사회 문제를 악화시키고 다른 요인과 복잡하게 뒤얽혀 있는 구조적 요인이다. 게다가 실제로 사회는 어느 정도 불평등이 존재하지 않고서는 기능할 수 없다. 일하고 노력하고 남보다 뛰어나도록 사회 구성원을 부추기려면 사회는 장려책을 써야 하는데, 이때 돈은 매우 효과적인 자극제이다. 구두 수선공과 의사의 돈벌이가 비슷한 사회에서 살고 싶은 사람은 없을 것이다. 아니, 그러한 사회에서는 몸이 아픈 것도 모두 피하고 싶은 위험이 될 것이다.

그런데도 오늘날 거의 모든 선진국에서 불평등은 합리적으로 바람직하다고 생각되는 수준을 훨씬 넘어선다. 최근 국제통화기금International

Monetary Fund은 지나친 불평등이 경제 성장을 억제한다는 내용의 보고서를 펴냈다.[22] 하지만 가장 흥미진진한 점은 불평등이 지나치게 커지면 부자조차도 고통을 겪어 우울증과 의심을 비롯해 수많은 사회적 어려움을 경험할 가능성이 커진다는 것이다.[23]

선진국 24개국을 연구해온 일류 과학자 두 명은 이렇게 주장한다. "소득 불평등은 우리가 상대적으로 잘 살 때조차도 행복의 양을 줄인다."[24]

여전히 빈곤이 흔했을 때

하지만 반드시 그런 것만은 아니다.

물론 2000여 년 전 나사렛 예수는 가난이 늘 우리와 함께 있으리라고 말했다.[25] 하지만 당시에는 인구 전체가 농업에 종사했다. 경제는 모든 인구가 편안하게 생활할 수 있을 정도로 생산적이지 않았다. 18세기에 들어섰을 때도 빈곤은 삶의 모습이었다. 프랑스 의사 필리프 헤쿠에트Philippe Hecquet(1661~1735년)는 "가난한 사람은 그림의 음영과 같다. 그림에 필요한 대조를 제공하기 때문이다"라고 썼다. 영국 작가 아서 영Arthur Young(1741~1820년)은 "낮은 계급은 계속 가난해야 한다. 그렇지 않으면 결코 부지런을 떨지 않는다는 사실은 바보 빼고 누구나 안다"[26]고 언급했다.

역사가들이 "중상重商주의"로 부르는 이러한 논리는, 한 사람의 손실이 다른 사람의 이득이 된다는 뜻이다. 초기 근대 경제학자들은 한 국가가 번성하려면 다른 국가의 희생이 밑거름이 되어야 한다고 믿었다. 수출량을 높은 수준으로 유지해야 하기 때문이다. 나폴레옹 전쟁이 펼쳐졌을 때 이러한 사고방식은 불합리한 상황을 낳았다. 예를 들어 영국은 프랑스로 식량은 기꺼이 실어 날랐지만 금의 수출은 금지했다. 적군에게 금이 없으면 식량이 없는 경우보다 빨리 무너지리라고 영국 정치인들이 생각했기 때문이다.

중상주의자가 해줄 수 있는 최고 조언은 임금을 낮추는 것이고 임금은 낮을수록 좋다. 값싼 노동력은 경쟁 우위를 창출해 수출을 증진시키기 때문이다. 유명한 경제학자 버나드 데 맨더빌Bernard de Mandeville (1670~1733년)의 말을 빌리자면 "노예가 허용되지 않는 자유 국가에서 가장 확실하게 부를 창출하는 것은 다수의 부지런히 일하는 빈곤층이다."[27]

맨더빌의 생각은 빗나가도 한참 빗나갔다. 지금까지 우리는 사람이든 국가든 부가 더욱 많은 부를 낳는다고 배웠다. 헨리 포드도 그렇게 생각했으므로 1914년 직원들의 임금을 대폭 인상했다. 그렇지 않으면 포드가 파는 자동차를 직원들이 어떻게 살 수 있겠는가? 영국 문학가 새뮤얼 존슨Samuel Johnson은 1782년 이렇게 주장했다. "빈곤은 인간의 행복을 가로막는 거대한 적이다. 확실하게 자유를 파괴하는 동시에, 미덕을 실행하지 못하게 만들거나 극도로 어렵게 만든다."[28] 많은 동시대 사람과 달리 존슨은 빈곤이 인격의 부족이 아니라 돈의 부족이라고 이해했다.

머리를 덮는 지붕

유타 주 노숙자 대책위원회Homeless Task Force를 이끄는 로이드 펜들턴Lloyd Pendleton은 2000년대 초반 불현듯 영감이 떠올랐다. 유타 주의 노숙자 문제는 통제가 불가능해 다리 아래, 공원, 거리 등에서 잠을 자는 사람이 수천 명에 이르렀다. 따라서 경찰과 사회 서비스 기관은 매우 바빴고 펜들턴은 기진맥진했다. 이때 그는 한 가지 계획을 생각해냈다.

2005년 유타 주는 자주 그랬듯 테이저 총과 최루액 분사기가 아니라 뿌리부터 문제를 공격하는 방식으로 노숙자 퇴치 전쟁을 시작했다. 목표는? 모든 노숙자를 거리에서 사라지게 한다. 전략은? 무상으로 아파트를 제공한다. 펜들턴은 목격한 노숙자들 중에서 가장 비루한 노숙자 17명을 선정했다.

2년 후 17명 모두 생활할 장소를 찾자 펜들턴은 아파트 무상 제공 프로그램을 적극 확대했다. 대상을 선정할 때는 범죄 기록, 구제 불가능할 정도의 중독, 막대한 부채 등도 문제 삼지 않았다. 이렇게 유타 주에서 생활할 장소가 있는 것은 권리가 되었다.

해당 프로그램은 눈부신 성공을 거두고 있다. 이웃인 와이오밍 주에서는 노숙자 수가 213%까지 급증한 반면에 유타 주의 만성적 노숙자 수는 74% 감소했다. 게다가 이것은 초보수적인 주에서 거둔 성과였다. 유타 주에는 여러 해 동안 티파티Tea Party(미국 정부의 건전한 재정 운영을 위한 세금 감시운동을 펼치는 보수단체─옮긴이) 추종자가 많고, 로이드 펜들턴도 정확히 말해 좌파는 아니었다. 그는 이렇게 기억한다. "나는 농장에서 성장했고, 그곳에서는 열심히 일해야 한다고 가르칩니다.[29] 나는 노숙자에게 일자리를 구하라고 자주 말하죠. 그들에게 필요한 것이라 생각하기 때문입니다."

과거 기업 중역이었던 펜들턴은 회의에서 경제적 측면의 의견을 모두 듣고 나서 방침을 바꿨다. 나중에 밝혀진 사실에 따르면, 무상으로 주거지를 제공하는 방법이 실제로 주 예산에 이익을 안겼다. 주 정부 소속 경제학자들은 거리를 전전하며 생활하는 사람들에게 정부가 지불하는 비용을 계산하면 사회 서비스, 경찰, 법정에 드는 비용을 포함해 연간 1만 6,670달러라고 말했다. 하지만 전문 상담과 아파트를 제공하는 데 드는 비용은 1만 2,000달러였다.[30]

수치를 보면 결론은 분명하다. 오늘날 유타 주는 많은 돈을 절약하면서도 만성적인 노숙자 문제에 성공적으로 대처하는 미국 최초의 주로서 노숙자 문제를 완전히 해소하는 과정에 있다.

훌륭한 명분을 상실하다

빈곤과 마찬가지로 노숙자 문제는 단순히 관리하기보다 해결하는 것이 낫다.[31] "주택 우선" 원칙은 이미 세계적으로 시행되고 있다. 2005년만 하더라도 네덜란드의 암스테르담이나 로테르담 시내를 걷다 보면 거리에서 생활하는 사람들을 볼 수 있었다.

노숙자는 특히 기차역 근처에서 문젯거리였고 그들에게 드는 비용도 만만치 않았다. 로이드 펜들턴이 유타 주에서 계획을 실행했듯 네덜란드의 주요 도시에서 활동하는 사회복지사, 공무원, 정치인이 한데 모여 네덜란드에서 노숙자 문제를 해결하는 방법을 논의하고 행동 계획을 세웠다.

예산: 2억 1,700만 달러.
목표: 노숙자들을 거리에서 없앤다.
장소: 암스테르담, 로테르담, 헤이그, 위트레흐트에서 먼저 실시하고 전국으로 확대 실시한다.

전략: 상담 제공, 모든 노숙자에게 무료 주택 제공.

기간: 2006년 2월부터 2014년 2월까지.

해당 계획은 완전히 성공을 거뒀다. 대도시에서 2년 만에 노숙자 문제가 65% 감소했고, 마약 사용은 절반으로 줄었다. 수혜자의 정신적·신체적 건강은 상당히 향상됐고, 공원 벤치가 비기 시작하면서 2008년 10월 1일까지 6,500여 명의 노숙자가 거리를 떠났다.[32] 게다가 사회는 원래 투자액의 두 배에 달하는 경제적 수익을 거뒀다.[33]

이때 금융 위기가 찾아왔다. 이내 예산이 삭감되면서 아파트에서 퇴거하는 노숙자가 늘어났다. 2013년 12월 활동 계획이 중단되기 3개월 전 네덜란드 통계국은 언론에 암울한 소식을 발표했다. 전국적으로 노숙자 수가 사상 최고를 기록한 것이다. 네덜란드 대도시의 노숙자 수는 프로그램이 출범했을 당시보다 많아졌다.[34] 그리고 이 문제를 관리하는 데는 돈이 든다.

돈은 정확히 얼마나 들까? 2011년에 비용을 산출하기 위해 네덜란드 보건성은 연구를 의뢰했다. 연구 결과를 알리는 보고서는 무료 보호소, 지원 프로그램, 무료 헤로인, 예방 서비스 등을 포함해 노숙자 구제 프로그램을 실시하는 비용을 산출하고, 노숙자에게 투자하면 투자에 대해 최고 수익을 거둘 수 있다는 결론을 내렸다. 네덜란드가 노숙자 문제를 해결하고 예방할 목적으로 투자한 자금은 결과적으로 사회 서비스, 경찰, 법정에 드는 비용을 절약시켜 2~3배의 수익을 거뒀다.[35]

연구자들은 "노숙자들을 구제하는 것은 바람직할 뿐 아니라 거리에서 생활하도록 방치하는 것보다 비용도 적게 든다"고 결론을 내렸다. 게다가 연구자들은 정부의 비용 절감 측면만 고려해서 수익을 계산했지만 노숙자 문제를 해소하는 것은 도시의 사업체와 주민에게도 이익을 안길 것이다.

간단하게 말해 노숙자를 구제하는 것은 국민 모두에게 유리한 정책이다.

귀중한 교훈

정치인들이 다른 의견을 주장하며 격렬하게 다투는 경우가 많지만 노숙자 문제에 관해서는 그러면 안 된다. 노숙자 문제는 해결할 수 있을 뿐 아니라 해결하면 실제로 예산을 절감할 수 있다. 빈곤층의 주요 문제는 돈이 없는 것이고, 노숙자의 주요 문제는 집이 없는 것이다. 유럽에서 빈집 수는 노숙자 수의 2배이다.[36] 미국에서 집이 없는 사람 한 명당 빈집은 5채이다.[37]

애석하게도 사회는 병을 치유하기 위해 노력하지 않고 끊임없이 증상과 싸우는 방식을 취한다. 경찰관은 부랑자를 추적하고, 의사는 노숙자를 치료한 후에 다시 거리로 내보내고, 사회복지사는 곪은 상처에 반창고를 붙이는 격으로 일시적인 해결 방법을 쓴다. 하지만 유타 주에서 로이드 펜들턴은 다른 방법이 있다는 것을 입증했다. 게다가 노숙자에게 주택을 제공하는 정책을 실시하라고 와이오밍 주를 설득하고 있다. 그는 와이오밍 주 캐스퍼에서 열린 회의에서 주장했다. "노숙자들은 내 형제자매이다. 그들이 다치면 공동체인 우리가 다치는 것이다. 우리는 하나로 연결돼 있기 때문이다."[38]

이러한 메시지가 우리의 윤리의식을 자극하기에 충분하지 않다면 경제의식을 생각해보라. 대상이 네덜란드 노숙자든, 미국 원주민 사탕

수수 농부든, 체로키 부족 아동이든, 빈곤 퇴치는 자신의 양심에 좋을 뿐 아니라 지갑에도 좋다. 코스텔로는 담담하게 "이것은 사회가 배워야 하는 매우 귀중한 교훈이다"[39]라고 말했다.

과거를 기억할 수 없는 사람은
과거를 반복하기 마련이다.

– 조지 산타야나George Santayana(1863〜1952년), 하버드대학교 철학 교수

닉슨 대통령에 얽힌
별난 이야기와 기본소득 법안

4

RUTGER BREGMAN

역사는 매일의 삶에 편리하고 문제를 쉽게 해결할 수 있는 교훈을 제공하는 과학이 아니다. 물론 과거를 돌아본다면 수도꼭지가 새는 문제부터 국가 채무에 이르기까지 여러 시련과 고뇌를 더욱 성숙한 관점으로 발전시키는 데 유용할 수 있다. 과거에는 거의 모든 상황이 현재보다 열악했다. 하지만 세계가 어느 때보다 빨리 변하고 있으므로 과거는 더욱 멀게 느껴진다. 과거는 우리가 거의 이해할 수 없는 이질적인 세계 같아서 현재와 과거의 격차는 계속 벌어지고 있다. 한 소설가는 "과거는 외국이다. 과거 사람들은 현재 사람과 다르게 행동한다"라고 썼다.[1]

그렇더라도 역사가는 현대인이 겪는 고통에 대해 단순히 의견을 제시하는 수준을 넘어서는 역할을 맡을 수 있다. 과거를 보면 현재의 지평을 넘어 앞날을 볼 수 있기 때문이다. 1970년대 기본소득 개념의 실질적인 부침을 추적할 수 있는데, 무조건적인 기본소득에 관한 이론을 장황하게 늘어놓을 필요가 없지 않을까? 새 꿈을 찾든 옛 꿈을 재발견하든 과거를 돌아보지 않고서는 앞으로 나아갈 수 없는 법이다. 과거는 추상적인 개념을 구체화하고, 우리가 이미 풍요의 땅에 살고 있다는 사실을 일깨워준다. '상황이 달라질 수 있었다'는 단순하지만 결정적으로 중요한 교훈을 가르친다. 세상은 분명한 진화의 결과에 따라 조직되지 않고, 현재의 상황은 역사에서 사소하지만 결정적으로 중요한 우여곡절의 결과일 수 있다.

역사가는 진보나 경제학의 엄격한 불변의 법칙을 믿지 않는다. 세상을 지배하는 것은 추상적인 힘이 아니라 자신이 걸어갈 경로를 계획하는 사람들이다. 결과적으로 우리는 과거를 발판으로 현재 상황을 이해하고 상상력을 키울 수 있다.

스핀햄랜드의 그림자

상황이 달라질 수 있었고, 빈곤이 필요악이 아니라는 사실을 입증하기 위해 영국의 스핀햄랜드 사례를 들어보자.

1969년 여름, 꽃의 혁명flower power(사랑과 평화를 부르짖던 1960년대와 1970년대 청년 문화―옮긴이), 우드스탁Woodstock(1969년 열린 록 페스티벌―옮긴이), 로큰롤, 베트남 전쟁, 마틴 루터 킹, 페미니즘의 물결이 미국을 휩쓸 때였다. 당시에는 어떤 꿈이든 실현할 수 있을 것 같았고 보수주의 대통령까지도 복지국가를 견고하게 구축하려 노력했다.

리처드 닉슨은 토머스 모어가 꿈꿨던 오랜 유토피아적 이상을 강력하게 추구하는 부류의 후보는 아니었지만 때로 역사는 야릇한 유머 감각을 발휘한다. 1974년 워터게이트 사건Watergate scandal(리처드 닉슨이 재선에 승리하기 위해 워싱턴의 워터게이트 빌딩에 있는 민주당 전국위원회 본부에 도청장치를 설치한 일이 발각된 사건—옮긴이)으로 대통령직을 불명예스럽게 내려놓아야 했던 인물이 1969년 빈곤 가정 전체에 조건 없이 소득을 제공하는 법안을 거의 통과시킬 뻔했기 때문이다. 이때 법안이 통과되었다면 4인 가정에 연간 1,600달러, 2016년 가치로 1만 달러를 지급해 미국은 빈곤 퇴치 전쟁에서 승리하는 데 성큼 다가섰을 것이다.

마틴 앤더슨Martin Anderson은 기본소득 정책이 어디로 향할지 인식하기 시작했다. 결국 돈이 기본 권리로 여겨지는 미래를 향할 것이었다. 대통령 자문이었던 앤더슨은 기본소득 정책에 격렬하게 반대했다. 그가 높이 평가하는 작가 아인 랜드Ayn Rand가 생각하는 유토피아는 자유시장을 중심으로 돌아가는 곳이었고, 기본소득 정책은 앤더슨이 소중하게 생각하는 개인의 책임과 작은 정부라는 이상에 어긋났다.

그래서 앤더슨은 공격 태세를 취했다.

닉슨이 대중에게 기본소득 계획을 발표하려 했던 날에 앤더슨은 대통령에게 간단한 보고서를 건넸다. 150년 전 영국에서 발생했던 사례를 보고하는 6쪽짜리 문서가 그 후 몇 주 동안 어느 누구도 상상할 수 없었던 영향을 미쳤다. 닉슨의 마음을 완전히 바꿔놓았을 뿐 아니라 그 과정에서 역사의 경로를 바꿨던 것이다.

〈'가정 보장제도'의 짧은 역사〉라는 제목의 보고서는, 그 내용을 사회학자 칼 폴라니Karl Polanyi의 대표 저서 《거대한 전환The Great Transformation(1944년)》에서 거의 전적으로 인용했다. 7장에서 폴라니는 19세기 초 영국이 실시한 세계 최초 복지제도의 하나인 스핀햄랜드Speenhamland를 설명했다. 해당 제도는 믿기지 않을 정도로 기본소득 정책과 유사했다.

스핀햄랜드에 대한 폴라니의 판단은 통렬했다. 빈곤층의 나태를 한층 부추겼을 뿐 아니라 생산성과 임금을 둔화시켜 자본주의의 근본을 위협했다고 주장했다. 폴라니는 이렇게 썼다. "'생존권' 못지않게 사회적·경제적 혁신을 도입했지만, 1834년 폐지될 때까지 경쟁적 노동시장의 형성을 효과적으로 막았다." 결국 스핀햄랜드는 "인간의 형태를 잃은 대중의 궁핍화"를 낳았다. 그러면서 기본소득이 바닥이 아닌 천정을 도입했다고 주장했다.

닉슨에게 제출한 보고서의 서두에서는 스페인계 미국인 저자 조지 산타야나의 말을 인용했다. "과거를 기억할 수 없는 사람은 과거를 반복하기 마련이다."[2]

보고서를 읽고 깜짝 놀란 대통령은 주요 자문들에게 150년 전 영국에서 일어났던 상황의 원인을 철저히 규명하라고 지시했다. 자문들은 시애틀과 덴버에서 실험용 프로그램을 가동하고 획득한 초기 결과를 제시했다. 실험 대상자들이 근로시간을 줄이는 현상은 아직 결과에 반영되지 않았다. 그리고 스핀햄랜드는 닉슨이 물려받은 엉망진창인 사회복지 소비 상황과 비슷하고 사실상 국민을 빈곤의 악순환에 가뒀다고 지적했다.

닉슨의 자문으로 활동하던 사회학자이자 나중에 상원의원에 선출된 대니얼 모이니핸Daniel Moynihan과 경제학자 밀턴 프리드먼은 "사회가 그럼에도 비난했던 합법적 재정 지원 혜택이었지만" 소득에 대한 권리는 이미 존재했다고 주장했다.[3] 프리드먼에 따르면 빈곤은 돈이 궁하다는 뜻일 뿐 그 이상도 이하도 아니었다.

하지만 스핀햄랜드의 그림자는 1969년 여름을 넘어서까지 뻗어나갔다. 닉슨 대통령은 방침을 바꾸고 새 주장을 펼쳤다. 애당초 주장했던 기본소득 계획에는 수혜자에게 노동을 강제하는 조항이 거의 없었지만 이제 유급 일자리의 중요성을 강조하기 시작한 것이다. 존슨 대

리얼리스트를 위한
유토피아 플랜

통령의 집권기에 실업이 확산되고 있다는 신호를 전문가들이 보내자 기본소득을 둘러싸고 논쟁이 불거지기도 했지만, 이제 닉슨은 실업을 "선택"으로 거론하기 시작했다. 그리고 90%가 근로 빈곤층인 미국인 1,300만 명에게 현금을 지원하는 계획을 세웠으면서도 큰 정부가 부상하는 것을 유감으로 생각했다.

역사학자 브라이언 스틴스랜드Brian Steensland는 이렇게 썼다. "닉슨은 미국 대중에게 새로운 종류의 사회적 지원책을 제안했지만, 그 계획을 이해할 수 있는 개념적 틀은 새로 제공하지 않았다."[4] 닉슨은 자신의 진보적 개념을 보수적 수사법으로 표현했던 것이다.

그렇다면 대통령은 무엇을 했을까? 이 의문에 대한 대답을 알 수 있는 짧은 일화가 있다. 같은 해 8월 7일 닉슨은 영국 총리 벤저민 디즈레일리Benjamin Disraeli와 윈스턴 처칠의 아버지이자 정치인인 랜돌프 처칠의 전기를 읽고 있었다고 모이니핸에게 말했다. "토리당 인물과 자유주의 정책이 세상을 바꿨다."[5] 닉슨 대통령은 역사에 남을 업적을 쌓고 싶었다. 스스로 과거 제도를 폐기하고, 근로 빈곤층 수백만 명을 자립시키고, 빈곤 퇴치 전쟁에서 결정적인 승리를 거둘 수 있는 흔치 않는 기회를 얻었다고 생각했다. 간단하게 말해 기본소득 정책이 보수주의와 진보주의 정치의 궁극적 결합이라 보았다.

이제 하원과 상원을 설득하는 일만 남았다. 동료 공화당원을 안심시키고 스핀햄랜드의 선례를 둘러싼 우려를 종식시킬 목적으로 해당 법안에 추가 조항을 달기로 했다. 직업이 없는 기본소득 수혜자들은 노동부에 등록해야 한다는 것이었다. 백악관 인사들은 너나없이 해당 조항이 별반 효과가 없으리라 예측했다. 그러자 닉슨은 비공개 석상에서 이렇게 주장했다. "나는 직업의 자격요건 따위에는 관심이 없다. 이것은 1,600달러를 얻기 위해 치러야 하는 대가이다."[6]

다음날 닉슨 대통령은 텔레비전 연설에서 기본소득 법안을 제시했다. 의회에서 법안을 통과시키기 위해 "기존 복지welfare"를 "근로 복지workfare"로 포장해야 한다면 그럴 것이었다. 하지만 닉슨은 실직 빈곤층의 나태를 퇴치하자는 자신의 주장이 궁극적으로는 국가 전체를 기본소득과 복지국가에 등을 돌리게 만들 것이라는 사실을 예측하지 못했다.[7] 역사에 진보주의 지도자로 남는 꿈을 꿨던 보수주의 대통령은 19세기 영국에 뿌리를 내린 '가난한 사람은 게으르다'는 고정관념을 뒤엎을 절호의 기회를 박탈당했다.

이러한 고정관념을 떨쳐버리려면 다음과 같은 단순한 역사적 질문을 던져야 한다. "스핀햄랜드의 진정한 가치는 무엇이었을까?"

역사의 아이러니

1795년으로 시간을 되돌려보자.

프랑스 혁명이 일어나면서 6년 동안 유럽 대륙 전체가 충격의 물결에 휩싸였다. 영국에서도 사회적 불만이 끓어올랐다. 불과 2년 전 젊은 장군 나폴레옹 보나파르트가 프랑스 남부에서 일으킨 툴롱 포위전에서 영국을 짓밟았다. 게다가 영국은 유럽에서 곡식을 수입할 희망이 보이지 않는 와중에 연달아 흉작에 시달렸고, 곡물 가격이 쉬지 않고 오르면서 혁명이 발생할 위험이 점차 다가왔다.

영국 남부의 한 지역 사람들은 억압과 선전만으로는 쇄도하는 불만을 더 이상 저지할 수 없다고 깨달았다. 1795년 5월 6일 스핀햄랜드의 치안 판사들이 스핀speen 소재 마을 여관에 모여 빈곤층 지원 정책을 급진적으로 개혁하자는 데 동의했다. 구체적으로 "모든 근면한 빈곤충과 그 가족의 소득"을 최저 생활수준까지 보충해준다는 것이었다.[8] 가족이 많을수록 지원금액은 컸다.

스핀햄랜드 제도는 최초의 공공 구제 프로그램은 아니었고 심지어 영국에서도 최초는 아니었다. 엘리자베스 1세 여왕(1533~1603년)이 통치했던 시기에 구빈법救貧法이 실시되어 두 가지 형태의 지원을 제공했었다. 하나는 노인과 아동, 장애인처럼 자격 있는 빈곤층이 대상이고, 나머지 하나는 노동을 강제해야 하는 인구가 대상이었다. 자격 있는 빈곤층은 빈민 구호소에 수용했다. 다음 범주에 속한 사람은 토지 소유주에게 연결시키고 미리 동의한 최저 수준까지 지역 정부가 임금을 보충해줬다. 닉슨이 150년 후에 실시하고 싶었던 형태대로 스핀햄랜드는 이러한 구분을 없앴다. 이때부터 빈곤층은 그저 가난한 사람일 뿐으로 구제 받을 권리를 인정 받았다.

스핀햄랜드 제도는 영국 남부 전역에서 실시 즉시 인기를 끌었다. 총리 윌리엄 피트William Pitt the Younger는 국법으로 제정하려고 시도했다. 밖에서 보기에 스핀햄랜드는 크게 성공했다. 굶주림과 곤궁을 줄이고, 더욱 중요하게는 폭동을 예방할 수 있기 때문이다. 하지만 빈곤층을 돕는 방식에 일부 사람들이 의문을 제기했다. 1786년 사제인 조지프 타운센드Joseph Townsend는 〈구빈법에 대한 논문Dissertation on the Poor Law〉을 발표하고 스핀햄랜드 제도가 실시되기 거의 10년 전 이미 다음과 같이 경고했다. "빈민을 다그치고 자극해서 일하게 만들 수 있는 것은 굶주림뿐이다. 하지만 우리나라 법은 빈민이 결코 굶주려서는 안 된다고 말한다." 역시 성직자인 토머스 맬서스Thomas Malthus는 타운센드의 생각을 상세히 기술했다. 산업혁명이 일어나기 직전인 1798년 여름 맬서스는 진보로 향하는 길을 가로막는 "거대한 난관"이 "내게는 해결할 수 없는 것처럼 보인다"고 썼다. 그가 내세운 전제는 두 가지였다. 첫째, 인간은 생존하려면 식량이 필요하다. 둘째, 성별 사이에 싹트는 열정은 뿌리 뽑을 수 없다.

맬서스는 어떤 결론을 내렸을까? 인구 성장의 속도는 언제나 식량 생산의 속도를 초과할 것이다. 신앙심이 깊었던 맬서스는 〈요한계시록〉의 네 기사가 땅으로 내려와 전쟁과 기근, 질병, 죽음을 퍼뜨리는 사태를 막는 방법은 금욕뿐이라고 주장했다. 그리고 1349~1353년 전체 인구의 절반을 죽음으로 몰아넣었던 흑사병처럼 끔찍한 재앙이 영국에 곧 들이닥치리라고 진심으로 믿었다.[9]

어떤 경우이든 빈곤층을 지원하는 결과는 끔찍할 것이 분명했다. 스핀햄랜드 제도를 시행하면 결혼해서 가능한 한 빨리, 게다가 많이 아이를 낳으라고 부추기게 될 것이다. 맬서스의 친한 친구인 경제학자 데이비드 리카도David Ricardo는 기본소득 제도가 일을 적게 하도록 사람들을 꼬드겨 식량 생산량을 더욱 감소시키고, 결국 프랑스식 혁명의 불길을 영국에 번지게 하리라 믿었다.[10]

1830년 늦은 여름 예측했던 폭동이 일어났다. 전국의 농업 근로자 수천 명이 "빵 아니면 죽음을 달라!"고 외치면서 토지 소유주의 수확 기계를 파괴하고 최저생활임금을 달라고 요구했다. 정부는 반란자 2,000명을 엄중히 다스리고 체포하고 감금하고 강제 추방했으며 일부는 사형시켰다.

런던의 정부 관리는 조치를 취해야 할 필요성을 깨달았다. 따라서 농업 분야의 작업 환경, 지방의 빈곤, 스핀햄랜드 제도 자체에 대한 조사가 전국적으로 시작됐다. 국가 최대 규모의 정부 조사가 1832년 봄에 실시됐고, 조사관들은 수백 명을 인터뷰하고 다량의 자료를 수집해 궁극적으로 1만 3,000쪽에 이르는 보고서를 완성했다. 어쨌거나 결론은 한 문장으로 요약할 수 있었다. '스핀햄랜드는 재앙이었다.'

왕립위원회가 주관한 조사에 참여한 조사관들은 기본소득이 인구 폭발, 임금 감소, 비도덕적 행위의 증가 등에 효과적으로 원인을 제공하면서 노동계급을 완전히 타락시켰다고 비난했다. 하지만 다행히도 기본소득 정책이 폐기되자마자 다음과 같이 보고했다.

1. 빈민은 다시 부지런해졌다.
2. 빈민은 "검소한 습관"을 발전시켰다.
3. "빈민의 노동에 대한 요구"가 증가했다.
4. 빈민의 임금이 "일반적으로 상승했다."
5. "앞날을 생각하지 않고 끔찍한 결혼"을 하는 빈민이 줄어들었다.
6. 빈민의 "도덕적·사회적 조건이 모든 면에서 향상되었다."[11]

널리 유포되고 지지를 받은 왕립위원회 보고서는 부상하는 사회과학 분야에서 권위 있는 출처로 오랜 기간 인정을 받으면서, 정부가 복잡한 결정을 내리기 위해 자료를 체계적으로 수집한 최초의 사례로 기록됐다.

마르크스조차도 30년 후 대표작 《자본론Das Kapital(1867년)》에서 스핀햄랜드 제도를 비판하는 근거로 해당 보고서를 사용했다. 마르크스의 주장에 따르면 빈민 구제는 고용주의 책임을 지역 정부에 전가해 임금을 최대한 낮추려는 전술이었다. 친구 엥겔스와 마찬가지로 마르크스도 과거 구빈법을 봉건적인 유산으로 보았다. 빈곤이라는 족쇄에서 프롤레타리아 계급을 해방시키려면 기본소득이 아니라 혁명이 필요했다.

좌파와 우파를 막론하고 모두 스핀햄랜드를 역사의 실패작으로 분류하면서 이를 비판하는 사람들이 엄청난 권한을 거머쥐었다. 20세기에 접어들어서까지 제러미 벤담Jeremy Bentham, 알렉시스 드 토크빌 Alexis de Tocqueville, 존 스튜어트 밀, 프리드리히 하이에크, 칼 폴라니 같은 저명한 사상가들이 스핀햄랜드를 비판했다.[12] 그러면서 스핀햄랜드는 최고의 의도로 시작됐지만 지옥으로 가는 길을 닦은 정부 프로그램의 교과서적 사례로 남았다.

150년 후

하지만 이야기는 여기서 끝나지 않았다.

1960년대와 1970년대 역사가들은 스핀햄랜드에 관한 왕립위원회 보고서를 다시 검토하고 나서, 많은 내용이 심지어 자료를 수집하기도 전에 작성됐다는 사실을 발견했다. 배포된 질문지는 실제로 10%만 작성됐다. 게다가 질문은 미리 정해진 대답을 유도하는 형식을 띠었다. 인터뷰에 응한 사람들은 거의 전부 실제 수혜자들이 아니었다. 가난한 사람은 더욱 사악해지고 나태해질 뿐이라고 일반적으로 생각하는 지역 엘리트 계급, 특히 성직자들에게서 주로 증거가 나왔다.

대부분 인터뷰 내용을 조작해 작성한 왕립위원회 보고서가 아주 엄격한 구빈법을 새로 실시하는 토대가 되었다. 왕립위원회 사무국장 에드윈 채드윅Edwin Chadwick은 조사를 시작하기도 전에 이미 법안을 머릿속에 그리고 매우 빈틈없이 준비해 법안을 입증할 증거부터 확보해 두었다는 말까지 항간에 떠돌 정도였다. 동료 위원회 구성원에 따르면 채드윅은 "신발 한 켤레로 훌륭한 스튜를 만들 수 있는 프랑스 요리사"처럼 자신이 원하는 말을 증언해줄 목격자까지 확보하는 "감탄할 만한 수완"을 지녔다.[13]

현대 연구자들이 주장하듯 당시 조사관들은 "자신들이 발견한 사항에 무게를 싣기 위해 부록이라는 정교한 장치"를 사용했으나 자료 분석에는 거의 신경 쓰지 않았다.[14] 조사관들이 사용한 접근법은 1960년대와 1970년대 캐나다와 미국에서 실시한 엄밀한 실험(2장 참조)과 너무 달랐다. 해당 실험들은 획기적이고 정확했지만 거의 영향력을 발휘하지 못한 반면에 왕립위원회 보고서는 가짜 과학을 토대로 작성되었지만 150년 뒤 닉슨 대통령의 행동 방향까지 바꿨다.

좀 더 최근에 실시된 연구를 통해 스핀햄랜드 제도가 실제로 성공했었다는 사실이 밝혀졌다. 주로 아동 노동에 대한 요구가 증가하면서 인구가 급증했으므로 애당초 맬서스의 주장은 틀렸다. 당시 아동들은 걸어 다니는 돼지 저금통 같아서 부모에게는 자녀의 소득이 일종의 연금이었다. 심지어 요즈음 사람들이 빈곤을 벗어나자마자 출산을 줄이고 미래에 투자할 다른 방법을 찾는 것만 봐도 알 수 있다.[15]

리카도의 분석도 잘못되기는 마찬가지였다. 스핀햄랜드 제도에는 빈곤의 덫이 없었고, 임금 근로자는 소득이 증가하더라도 부분적으로나마 지원금을 받을 수 있었다.[16] 따라서 기본소득 제도는 빈곤의 원인이 아니었고, 빈곤으로 발생한 고통이 이미 첨예해진 지역에서 실시되었다.[17] 덧붙이자면 1819년 데이비드 리카도의 조언에 따라 영국이 전쟁 전의 금본위 제도로 돌아가겠다고 결정하자 지방이 동요하기 시작했다.[18]

마르크스와 엥겔스의 인식도 잘못되었다. 토지 소유주는 괜찮은 노동력을 끌어오려고 경쟁했으므로 무턱대고 임금을 낮출 수 없었다. 게다가 현대 역사 연구를 통해 스핀햄랜드 제도의 영향이 추측했던 것보다 더욱 제한적이었다는 사실이 밝혀졌다. 제도가 시행되지 않았던 마을도 금본위 제도, 북부 산업의 출현, 탈곡기의 발명을 겪으면서 같은 곤경을 겪었다. 왕겨에서 밀을 분리해내는 탈곡기가 발명되면서 단번에 일자리 수천 개가 사라졌고 결과적으로 임금은 하락하고 빈민 구제 비용은 늘어났다.

그동안 농경 생산의 꾸준한 증가세는 조금도 주춤하지 않아서 1790~1830년 사이에 30% 넘게 증가했다.[19] 식량은 어느 때보다 풍부해졌지만 식량을 확보할 수 있는 영국 인구의 비율은 계속 줄어들었다. 사람들이 나태해서가 아니라 기계에 대항한 경주에서 패배하고 있었기 때문이다.

가증스러운 제도

1834년 스핀햄랜드 제도는 영구적으로 해체되었다. 기본소득 제도가 실시되지 않았다면 더 일찍 터졌을 1830년 폭동은 빈곤의 탓을 빈민에게 돌리면서 최초의 현금지원 제도의 운명을 결정했다. 예전에 영국은 빈민 구제에 국가 수입의 2%를 소비했지만 1834년 이후에는 불과 1%로 떨어졌다.[20]

새 구빈법은 아마도 세상에서 가장 가증스러운 형태의 "공공 부조"를 도입했다. 왕립위원회는 나태와 타락을 효과적으로 치유하는 유일한 방법이 강제노역이라 믿었으므로, 돌을 깨는 일부터 바퀴를 발로 밟아 돌리는 일까지, 몰상식한 노예 노동을 빈민에게 강요했다. 게다가 빈민은 그동안 내내 굶주렸다. 앤도버Andover 시의 수감자들은 비료로 쓰기 위해 자신들이 갈아야 하는 뼈를 갈아 먹어야 했다.

강제노역소에 들어가면 부부는 헤어지고 아이들은 부모에게서 격리되어 다시는 만날 수 없었다. 임신을 예방한다는 명목으로 여성을

리얼리스트를 위한
유토피아 플랜

굶겼다. 찰스 디킨스Charles Dickens는 당시 빈민의 곤경을 묘사하는 글을 써서 명성을 얻었다. 남자아이에게 하루에 죽 세 그릇, 일주일에 양파 두 개, 일요일마다 빵 한 조각을 나눠주는 극빈자 수용소에서 올리버 트위스트는 "제발요, 나리, 조금만 더 주세요"라고 애원한다. 강제 노역소는 빈민을 돕기는커녕 고용주들이 임금을 처참하게 낮출 수 있도록 허용했다.

한편 스핀햄랜드의 신화는 자가 조절 자유시장 개념을 보급하는 데 중추적인 역할을 담당했다. 동시대 두 역사가에 따르면 스핀햄랜드는 "새 정치경제학이 범한 최초의 주요 정책 실패를 은폐하는 데" 유용하게 쓰였다.[21] 대공황을 겪고 나서야 비로소 리카도가 금본위 제도에 집착했던 것이 얼마나 근시안적 태도였는지 분명히 드러났다. 결국 완벽한 자가 조절 시장은 환상이라는 사실이 입증됐다.

이와 대조적으로 스핀햄랜드 제도는 빈곤에 대처하는 효과적인 수단이었다. 무시무시한 속력으로 변하는 세상에서 미래를 보장해주었다. 나중에 실시된 연구는 "억제하기는커녕 아마도 경제 팽창에 기여했을 것"이라고 결론을 내렸다.[22] 케임브리지대학교 역사학자 사이먼 스레터Simon Szreter는 빈곤 퇴치 법률이 영국을 세계 초강대국으로 부상시키는 도구였다고까지 주장했다. 스레터에 따르면 예전 구빈법과 스핀햄랜드 제도는 근로자의 소득을 보장하고 이동을 촉진하는 방식으로 영국 농경 산업을 세계에서 가장 효율적으로 바꾸었다.[23]

치명적 영향을 미친 신화

때로 정치인들은 과거에 지나치게 관심을 기울이지 않는다는 비난을 받는다. 하지만 기본소득 제도에 관한 한 닉슨은 과도하게 관심을 쏟았다. 치명적인 내용의 보고서가 발표되고 150년이 흐른 후에도 스핀햄랜드의 신화는 여전히 살아 영향력을 휘둘렀다. 닉슨이 상정한 법안이 상원에서 침몰했을 때 보수주의 사상가들은 1834년 때와 똑같이 잘못된 논쟁을 펼치며 복지국가를 혹독하게 비판하기 시작했다.

1981년 조지 길더George Guilder는 자신이 쓴 엄청난 베스트셀러 《부와 빈곤Wealth and Poverty》에서 이러한 논쟁을 되풀이했다. 레이건 대통령이 가장 많이 인용하는 저자였던 길더는 빈곤을 나태와 비행에 뿌리를 내린 윤리적 문제로 특징지었다. 몇 년 후 보수주의 사회학자 찰스 머레이Charles Murray는 영향력 있는 저서 《퇴보Losing Ground》에서 스핀햄랜드 신화를 다시 다뤘다.[24] 그러면서 정부 지원이 빈민층의 성적 윤리와 노동 윤리를 훼손할 뿐이라고 썼다.

마치 타운센드와 맬서스의 주장을 다시 듣는 것 같지만 한 역사가가 공정하게 주장하듯 "빈곤층이 있는 곳이면 어디든지 빈곤층의 문화적 열등과 기능 장애를 이론으로 내세우는 비빈곤층이 있기 마련이다."[25] 닉슨의 자문이었던 대니얼 모이니핸조차 시애틀 실험 프로그램을 가동하는 동안 이혼율이 급증했다는 결론을 접하고 기본소득 정책을 불신했다. 하지만 해당 결론은 나중에 통계상의 오류로 드러났다.[26] 카터 대통령도 한때 기본소득 개념을 도입하려 했지만 결국 소신을 거뒀다.

아인 랜드의 충실한 추종자인 마틴 앤더슨은 승리의 냄새를 맡고, 〈뉴욕 타임스〉에서 "급진적인 복지 개혁은 실현 불가능한 꿈이다"라고 의기양양하게 선언했다.[27] 1834년 영국 구빈법과 마찬가지로 오랜 복지국가 개념을 퇴출시킬 시기가 도래했다. 1996년 민주당원 빌 클린턴 대통령은 결국 "우리가 알고 있는 복지국가"에 종지부를 찍었다. 1935년 사회 보장법Social Security Act이 통과되고 처음으로 빈민 구제

리얼리스트를 위한
유토피아 플랜

는 다시 권리가 아니라 호의로 간주됐다. "개인의 책임"이라는 표어가 새로 등장했다. 사회의 완전성이 개인의 완전성에 추월당하고, 미혼모에게 "순결 교육"을 시킨다는 명목으로 2억 5,000만 달러를 배당하는 정책이 변화를 대변했다.[28] 성직자인 맬서스가 생존했다면 틀림없이 승인했을 것이다.

복지국가 개념의 철폐에 반대한 소수 인물에는 대니얼 모이니핸이 있었다. 제도가 매우 훌륭해서라기보다는 없는 것보다 낫다고 판단했기 때문이다.[29] 모이니핸은 초기에 품었던 의혹을 젖혀두고 복지국가 개념이 더 이상 손상되면 아동 빈곤이 가속화하리라 예측했다. 그래서 클린턴 정부를 향해 "부끄러워해야 한다. 역사가 부끄럽게 여길 것이다"라고 공격했다.[30] 그러는 동안 미국에서 아동 빈곤은 모이니핸이 처음 활동하기 시작하고 빈곤 퇴치 전쟁이 출범한 1964년 수준으로 되돌아갔다.

역사가 남긴 교훈

상황은 달라질 수도 있었다.

프린스턴대학교 역사학자 브라이언 스틴스랜드는 미국에서 일어난 기본소득 프로그램의 부침을 면밀하게 추적한 후에 닉슨이 계획을 계속 추진했다면 엄청난 결과를 거뒀으리라 강조한다. 공공 부조 프로그램은 더 이상 나태한 기회주의자에게 영합하는 제도로 비치지 않았을 것이다. "자격이 있는" 또는 "자격이 없는" 빈민이라는 표현도 사라졌을 것이다.

빈민의 자격과 무자격을 분리하는 태도는 과거 엘리자베스 1세 여

왕 시대에 실시한 구빈법에 뿌리를 내리고 있으며 빈곤 없는 세상을 구현하는 데 오늘날까지 주요 장애물로 작용한다. 기본소득을 제공해 모든 국민에게 최저 생활비를 보장하면 상황을 바꿀 수 있었다.[31] 세계 최대 부유국인 미국이 이 길을 걸었다면 다른 국가들도 틀림없이 뒤를 따랐을 것이다.

하지만 역사는 다른 쪽으로 방향을 틀었다. 과거에 기본소득 개념을 지지하며 사용했던 주장(과거 제도는 비효율적이고 비용이 많이 들고 모욕적이었다)이 복지국가 개념 전체를 무너뜨렸다. 스핀햄랜드가 던진 그림자와 닉슨이 잘못 이해한 개념은 레이건과 클린턴이 이끄는 행정부가 복지 예산을 삭감하는 기반이 되었다.[32]

오늘날 모든 미국인에게 기본소득 개념은 무슨 의미일까? 스틴스랜드의 말을 빌리자면 과거에 "여성에게 투표권을 주는 것과 소수 인종에게 동등한 권리를 보장하는 것"이 그랬듯 "상상도 할 수 없다."[33] 돈을 벌고 싶으면 일해야 한다는 독단적 생각을 과연 떨쳐버릴 수 있을지 모르겠다. 리처드 닉슨처럼 최근에 집권한 보수주의 대통령이 기본소득 정책을 실행할 방법을 모색했었다는 이야기는 이제 사람들의 기억에서 사라져버린 것 같다.

감시 국가

20세기 위대한 저자 조지 오웰은 빈곤을 직접 경험하고 나서 "맨 처음 깨닫는 것은 빈곤의 독특한 참담함이다"라고 썼다. 회고록 《파리와 런던의 밑바닥 인생Down and Out in Paris and London(1933년)》에서는 이렇게 말했다. "사람들은 빈곤이 매우 단순하리라 생각했지만 엄청나게 복잡하다. 사람들은 빈곤이 끔찍하리라 생각했지만 그저 지저분하고 싫증날 뿐이다."

오웰은 몸을 일으켜 움직일 만큼 가치 있는 일이 전혀 없어서 며칠이고 침대에 누워 있었던 때를 회상했다. 빈곤 때문에 발생하는 가장 해결하기 어려운 문제는 "미래를 파괴한다는" 것이다. 지금은 생존하는 일이 남았을 뿐이다. 또 오웰은 "사람들이 타인의 소득이 일정 수준 이하로 떨어지기 무섭게 그들에게 설교하고 그들에 대해 기도하는 것이 당연하다고 느끼는 현상"에 놀란다.

오웰의 주장은 어느 모로 오늘날 그대로 반복된다. 우리가 사는 복지국가는 최근 수십 년 동안 한층 감시국가처럼 보인다. 큰 정부는 빅브라더 전술을 사용해 국민을 큰 사회로 밀어 넣는다. 최근 선진국은 실업자를 대상으로 이러한 종류의 "활성화" 정책을 꾸준히 추진한다. 해당 정책은 구직 워크숍부터 쓰레기 줍기 노역까지, 심리치료부터 링크드인LinkedIn(세계 최대 비즈니스 인맥사이트—옮긴이) 훈련까지, 온갖 영역을 포괄한다. 구직자가 몇 명이든 상관없이 일자리 문제가 생기는 것은 수요가 아니라 공급 탓이라고 생각한다. 다시 말해 실업자들이 "고용에 적합한 기술"을 연마하지 못했거나 단순히 직업을 수행하는데 최선의 노력을 기울이지 않기 때문이라는 것이다.

경제학자들이 이러한 실업 산업을 내내 비판해왔다는 사실을 눈여겨볼 만하다.[34] 몇몇 직장 복귀 프로그램은 실업 상태를 연장시키고,[35] 직업을 구하도록 지원금 수혜자를 도와주는 임무를 수행하라고 임명된 사례 담당자에게 실업수당 자체보다 많은 비용을 지불하기도 했다. 결국 무의미한 워크숍에 참석하거나 별다른 가치가 없는 임무를 수행하느라 시간을 보내다 보면 자녀를 양육하고, 교육을 받고, 진짜 일자리를 찾는 시간은 줄어들기 마련이다.[36]

자녀 둘을 키우며 생활 보조금을 받는 어머니가 직업을 수행하는 데 필요한 기술을 충분히 발달시키지 못해 혜택을 삭감당했다고 치자. 정부는 2,000달러를 절약하지만 아동들이 결과적으로 영양가 없는 음식을 먹고, 학교에서 낮은 성적을 받고, 계속 법망에 걸릴 가능성이 큰 채로 성장했을 때 소요되는 숨은 비용은 몇 배로 크다.

실제로 과거 보모국가nanny state(정부 기관이 개인 생활을 보호하고 통제하는 국가 — 옮긴이)에 대한 보수주의자들의 비판은 정확히 옳다. 관료주의가 요구하는 형식적인 절차가 실제로 의존성을 키워 사람들을 계속 빈곤의 덫에 가둔다. 고용인은 강점을 발휘해야 하는데 사회복지기관은 오히려 청구인이 결점을 드러내기를 기대한다. 예를 들어 병이 깊어 건강이 나쁘고, 우울증이 심각하고, 일자리를 구할 가능성이 매우 희박하다는 사실을 거듭 입증하라고 요구한다. 그렇지 않은 수혜자는 복지 혜택을 빼앗긴다. 양식과 인터뷰, 조사, 탄원, 평가, 상담 등 지원을 받으려고 신청할 때는 사람의 품위를 떨어뜨리고 세금을 엄청나게 집어삼키는 절차를 밟아야 한다. 한 영국 사회 서비스 복지사는 그러한 절차에 대해 이렇게 언급한다. "사회복지 제도의 바깥에 있는 사람은 전혀 상상하지 못할 방식으로 개인의 사생활과 자존심을 짓밟고, 유독한 의심의 안개를 피워낸다."[37]

이것은 빈곤을 퇴치하기 위한 전쟁이 아니라 빈곤층을 공격하는 전쟁이다. 오웰 같은 천재를 포함해 사회 최하층에 있는 사람들을 게으르고 좌절하고 심지어 공격적인 부랑자나 거지로 만드는 데 이보다 확실한 방법은 없다. 빈곤층은 이렇게 길들여진다. 자본주의자와 과거 공산주의자의 공통점이 하나 있다면 유급 일자리에 병적으로 집착하는 태도이다. "고기 한 덩어리를 팔려고 점원 세 명"을 고용했던 소비에트 시대의 상점과 마찬가지로 우리는 급기야 파산하는 사태가 발생

하더라도 사회복지 수혜자들에게 무의미한 임무를 수행하라고 강요할 것이다.[38]

　자본주의자든 공산주의자든 결국 두 가지 유형의 빈곤을 무의미하게 구별하고, 40여 년 전에 거의 떨쳐버렸던 잘못된 생각을 고집한다. 즉, 빈곤 없는 삶은 모든 국민이 마땅히 누려야 하는 권리라기보다는 일해서 획득해야 하는 권리라고 생각한다.

국내총생산은…

삶을 가치 있게 만드는 것을 빼고

모든 사항을 측정한다.

– 로버트 케네디|Robert F. Kennedy(1925~1968년)

새 시대를 위한 새 수치

5
RUTGER BREGMAN

재난이 시작된 시각은 오후 2시 45분 무렵이었다. 지구 표면 10여 킬로미터 아래에서 발생한 지진의 강도는 지난 50년 이상 동안 측정한 것들 중 최대 규모였다. 100킬로미터 거리에 있는 지진계가 미친 듯 움직이더니 리히터 규모 9를 기록했다. 30분도 채 지나지 않아 첫 파도가 6미터, 12미터, 그러다가 18미터 높이까지 솟아오르며 일본 해안을 덮쳤다. 몇 시간 만에 약 400평방킬로미터의 땅이 진흙, 건물의 잔해, 물로 뒤덮였다.

사망자는 2만여 명에 다다랐다.

재앙이 끝나기가 무섭게 영국 〈가디언The Guardian〉은 "일본 경제 자유낙하하다"라는 제목의 기사를 발표했다.[1] 몇 달 후 세계은행은 일본이 입은 피해액을 집계하고 그리스 전체 국내총생산과 맞먹는 2,350억 달러라고 추산했다. 2011년 3월 11일 센다이에 발생한 해일지진은 이렇게 역사상 가장 피해가 큰 재앙으로 기록됐다.

하지만 이야기는 여기서 끝나지 않는다. 미국 경제학자 래리 서머스 Larry Summers는 지진이 발생한 날 텔레비전에 출연해 이 비극이 얄궂게도 일본 경제를 일으키는 데 유용하게 작용하리라고 예측했다. 단기적으로는 제품 생산량이 주춤하겠지만 두 달이 지나면 복구 노력 덕택에 수요와 고용, 소비가 늘어날 것이기 때문이다.

래리 서머스의 예측은 옳았다.

일본 경제는 2011년에 약간 침체되었다가 다음 해에 2% 성장했고, 2013년에는 실적이 훨씬 개선됐다. 이렇듯 일본은 최소한 국내총생산 면에서 판단하자면 모든 재앙에도 밝은 면이 있다는 항구적인 경제 법칙의 효과를 경험했다.

대공황 때도 마찬가지였다. 사실상 미국은 20세기 최대 재앙인 2차 세계대전에 참전하면서 경제 위기에서 벗어나기 시작했다. 1953년 네덜란드에서 발생해 2,000여 명의 생명을 앗아간 홍수를 예로 들어보자. 재앙이 끝나고 재건이 시작되면서 네덜란드 경제는 엄청난 탄력을 받았다. 국내 산업은 1950년대 초 침체기를 거쳤지만 남서부에 몰아닥친 홍수 덕택에 연간 성장률이 2%에서 8%로 뛰었다. 이러한 현상을 두고 한 역사가는 "우리는 자력으로 수렁에서 벗어났다"고 기술했다.[2]

보이는 것

그렇다면 기후 재앙을 두 손 들어 환영해야 할까? 이웃 마을을 모두 파괴시키라고 해야 할까? 공장을 날려버리라고 해야 할까? 기후 재앙은 실직 문제를 해결하는 위대한 수단이고 경제를 세우는 기적을 불러

일으킬 수 있다.

하지만 지나치게 흥분하기 전에 다음 사항을 생각해보자. 누구나 이러한 사고방식에 동의하는 것은 아니다. 1850년 철학자 프레데릭 바스티아Frédéric Bastiat는 '보이는 것과 보이지 않는 것Ce qu'on voit et ce qu'on ne voit pas'이라는 제목으로 글을 썼다.[3] 여기서 바스티아는 관점을 바꿔 생각하면 유리창을 깨는 것이 좋은 계획처럼 들린다고 주장한다. "깨진 유리창을 보수하는 데 6프랑이 들어서 6프랑만큼 상업적 이익이 창출된다고 치자. 누구도 이러한 논리를 반박할 수 없다. 유리가게 주인은 일자리를 얻으므로 기쁜 마음으로 6프랑을 챙긴다…." 이것이 보이는 것이다.

하지만 바스티아가 인식했듯 이 이론은 사람이 볼 수 없는 대상을 고려하지 않는다. 법무부가 미국 내 거리 활동량이 15% 증가했다고 보고한다고 치자. 이 보고를 접한 사람이라면 어떤 종류의 활동이 증가했는지 당연히 알고 싶을 것이다. 이웃 바비큐 파티일까, 아니면 공공장소에서 나체를 노출하는 것일까? 거리 음악 연주일까, 아니면 노상강도 사건일까? 레모네이드 판매대를 설치하는 것일까, 아니면 유리창을 깨는 것일까? 활동의 본질은 무엇일까?

이것이야말로 현대 사회가 진보 정도를 가늠하려고 사용하는 신성한 척도인 국내총생산으로 측정할 수 없는 양상이다. 이것이 보이지 않는 것이다.

보이지 않는 것

그렇다면 국내총생산은 무엇일까?

쉽게 대답할 수 있다고 생각할 것이다. 국내총생산은 한 국가가 생산하는 모든 제품과 서비스를 합산한 수치로, 주기적인 변화, 인플레이션, 아마도 구매력을 반영한다.

바스티아라면 이 개념이 '그림의 큰 부분을 간과한다'고 말할 것이다. 지역사회 서비스, 깨끗한 공기, 주택 무상 제공 등은 국내총생산 증가에 조금도 영향을 끼치지 않는다. 여성 사업가가 자기 집 청소부와 결혼하고 나서 남편이 무보수 가사를 담당하면 국내총생산은 떨어진다. 위키피디아를 예로 들어보자. 사용자가 돈이 아니라 시간을 투자하는 방식으로 돌아가는 위키피디아 때문에 브리태니커 백과사전에는 뽀얗게 먼지가 쌓이고, 그 과정에서 국내총생산은 주춤한다.

일부 국가에서는 지하경제 규모가 국내총생산 산정에 영향을 미친다. 그리스에서는 통계학자들이 2006년 자국 암시장에 개입하면서, 예를 들어 유럽 부채 위기가 터지기 직전 정부가 몇 건의 대출을 받게 해주면서 국내총생산은 25% 증가했다.

이탈리아가 1987년 암시장의 기여도를 국내총생산에 다시 포함시키자 경제는 하룻밤 사이에 20% 늘어났다. 〈뉴욕 타임스〉는 이렇게 보도했다. "경제학자들이 세금 포탈자와 불법 근로자로 구성된 막강한 지하경제를 사상 최초로 포함시켜 통계를 재산출하면서 이탈리아인은 희열의 물결에 휩싸였다."[4]

전체 노동의 절반 이상을 차지하는 자원봉사와 육아, 요리 등 심지어 지하경제의 일부로도 인정을 받지 못하는 무보수 노동은 언급할 필요도 없다. 물론 청소부나 유모를 고용해 집안일을 시키면 국내총생산에 영향을 미치겠지만 우리는 대부분 집안일을 손수 한다. 이러한 무보수 노동을 모두 합하면 국가 경제 규모는 37%(헝가리)에서 74%(영국)까지 팽창할 것이다.[5]

하지만 경제학자 다이앤 코일Diane Coyle이 주장하듯 "일반적으로 공식적인 통계 기관은 무보수 노동을 구태여 포함시키지 않는다. 아마도 대개 여성이 담당하기 때문일 것이다."[6]

유일하게 덴마크는 모유수유의 가치를 정량화해 국내총생산에 포함시키려 시도해왔다. 모유수유가 경제에서 차지하는 정도는 결코 적지 않다. 미국에서 모유수유의 잠재적 기여도는 놀랍게도 연간 1,100억 달러로 추산할 수 있는데,[7] 이는 중국의 군사 예산과 맞먹는 규모이다.[8]

게다가 국내총생산은 지식의 진보를 제대로 반영하지 않는다. 컴퓨터와 카메라, 전화 등은 과거 어느 때보다 똑똑해지고 빨라지고 맵시를 갖춰가지만 가격은 더욱 내려가 국내총생산에 거의 영향을 미치지 않는다.[9] 1기가바이트를 저장하는 비용으로 비교하면 30년 전에는 30만 달러였지만 지금은 10센트 미만이다.[10]

이러한 눈부신 기술 진보가 국내총생산에 반영되는 비중은 미미하다. 무료 제품조차도 경제를 위축시킬 수 있다. 예를 들어 인터넷 전화 서비스를 제공하는 스카이프는 전기통신 기업들에게 막대한 비용을 파생시킨다. 개인이 휴대전화로 입수할 수 있는 정보의 양을 비교하면 요즘 아프리카인이 1990년대 클린턴 대통령보다 많지만, 경제에서 정보 부문이 차지하는 몫은 인터넷이 보급되기 이전인 25년 전과 조금도 달라지지 않았다.[11]

국내총생산은 많은 좋은 요소들을 반영하지 않을 뿐 아니라 인간에게 고통을 안기는 온갖 방식에 힘입어 증가한다. 교통 정체, 약물 남용, 간통, 주유소, 재활원, 이혼 전문 변호사 등이 그 예이다. 국내총생산이 국가라 치면, 이상적인 시민은 도박을 도저히 끊을 수 없는 데다가 암에 걸리고 이혼 소송을 진행 중이어서 고통을 잊어보려고 항우울제를 한 주먹씩 삼키고 블랙프라이데이에 미친 듯이 쇼핑을 하는 사람일 것이다.

환경오염은 이중 역할을 해서 환경 보호 원칙을 무시해 큰돈을 버는 기업이 있는가 하면, 돈을 받고 청소를 하는 기업도 있다. 100년 묵은 나무는 잘려서 목재로 팔려야 비로소 국내총생산에 포함된다.[12]

국내총생산만을 고려하면 정신질환과 비만·오염·범죄 등은 많을수록 좋다. 그래서 미국처럼 1인당 국내총생산이 세계 최대인 국가가 사회 문제에서도 세계 으뜸인 것이다. 저자 조너선 로Jonathan Rowe는 이렇게 말한다. "국내총생산을 산출하는 기준으로 볼 때 미국에서 최악의 가정은 식사를 직접 조리해 먹고, 저녁식사를 마치고 나서 산책을 나가고, 자녀를 상업적 문화 시설에 보내 방목하지 않고 함께 대화하는 등 정상적으로 기능하는 가정이다."[13]

국내총생산은 대부분의 선진국에서 증가 추세에 있는 불평등도 고려하지 않고, 빚에 관해서도 무감각해서 빚지며 생활하는 방식에 귀를 솔깃하게 만든다. 세계 금융계가 거의 붕괴되었던 2008년 마지막 분기 동안 영국 은행들의 성장 속도는 어느 때보다 빨랐다. 국내총생산에서 차지하는 몫을 따져 보면 경제위기가 막바지로 치닫는 시기에 은행계는 영국 경제의 9%를 차지하면서 제조 산업 분야 전체와 엇비슷해졌다. 1950년대 은행의 기여도가 여전히 전무했다는 사실을 생각해 보라.

1970년대 통계학자들은 리스크 감수 행동을 기준으로 은행의 "생산성"을 측정하는 것이 좋겠다는 결론을 내렸다. 리스크가 클수록 국내총생산에서 은행이 차지하는 몫이 커지기 때문이다.[14] 은행이 지속적으로 대출을 늘리고, 금융 부문의 가치가 어느 모로 보나 제조 산업 전체에 버금간다고 확신해온 정치인들의 입김이 들어간 것은 의외가 아니다. 최근 〈파이낸셜 타임스〉는 "금융위기가 결코 일어나지 않으리

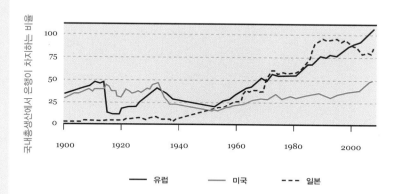

금융 부문의 성장

이 도표는 금융 부문 외부 조직과 가계의 대출을 가리킨다. 여기서 '유럽'은 덴마크, 영국, 프랑스, 독일, 이탈리아, 네덜란드, 스페인, 스웨덴이다.

출처: 슐라리크Schularick와 테일러Taylor(2012년)

라 추측할 만했다"[15]고 보고했다.

국내총생산에 기여하는 정도를 비교하면 교사로 붐비는 학교나 자동차 수리공으로 북적이는 공장보다 보너스 수백만 달러를 받으려고 저당 상품과 파생 상품을 무모하게 판매하는 CEO가 더 크다. 요즈음 세상에서는 청소직, 간호직, 교직 등 중요한 직업일수록 국내총생산에서 차지하는 몫은 작아진다.

노벨상 수상자 제임스 토빈은 1984년 이렇게 언급했다. "우리는 젊음의 진수를 포함해 자신이 지닌 자원을 상품과 서비스의 생산과 거리가 먼 금융활동, 사회 생산성과 일치하지 않는 사적 보상에 점점 더 많이 투입하고 있다."[16]

시대마다 고유의 경제 지표가 있다

오해는 금물이다. 여전히 많은 국가에서 경제와 복지, 건강은 나란히 성장한다. 이런 곳에서는 아직도 국민의 배를 채우고 집을 지을 여지가 있다. 성장 이외의 목표를 앞세우는 것은 부유한 국가의 특권이다. 하지만 대부분의 세계 인구에게는 돈이 단연 으뜸이다. 오스카 와일드는 이렇게 썼다. "부유한 사람보다 돈에 대해 더 많이 생각하는 집단은 딱 하나, 바로 가난한 사람들이다."[17]

하지만 우리는 풍요의 땅에서 길고 역사적인 항해의 막바지에 도달했다. 지금까지 30년 이상 경제가 성장했지만 국민의 생활수준을 거의 끌어올리지 못하고 일부 경우에는 반대 현상까지 발생하고 있다. 삶의 질을 높이고 싶다면 대체 기준과 수단을 찾아야 한다. 국내총생산이 사회복지를 정확하게 나타내는 지표라고 한결같이 생각하는 것은 현 시대에 널리 퍼져 있는 잘못된 통념이다.

다른 문제를 놓고 다투는 정치인들이라도 국내총생산이 증가해야 한다는 점에는 토를 달지 않고 동의할 것이다. 경제 성장은 좋은 것이다. 소비할 가치를 더 많이 창출하므로 고용에 좋고 구매력에 좋을 뿐 아니라 정부에 좋다.

현대 언론은 국가 경제의 최근 성장 수치를 일종의 정부 성적표처럼 휘두르므로 국내총생산이 없으면 갈피를 잡지 못할 것이다. 국내총생산의 감소는 경기 침체를 뜻하고, 국내총생산의 위축은 경기 불황을 뜻한다.

실제로 국내총생산은 정기적으로 발표되는 확실한 수치, 전문가의 견해를 인용할 기회를 포함해 저널리스트들이 원하는 요소를 제공하고, 무엇보다 분명한 기준을 제시한다. 정부는 임무를 제대로 수행하고 있는가? 국가간 비교에서 우리의 위치는 어디인가? 시민의 삶은 좀 나아졌는가? 어떻게 대답해야 할지 걱정하지 마라. 최근 국내총생산 수치를 살펴보면 모두 알 수 있다.

요즈음 국내총생산에 집착하는 현상을 생각하면 80년 전만 해도 국내총생산 개념 자체가 존재하지 않았다는 사실을 믿기 힘들다.

물론 부의 양을 측정하려는 욕구의 기원은 흰색 가발이 유행했던 시대로 거슬러 올라간다. 당시 "중농주의자"로 알려졌던 경제학자들은 모든 부가 토지에서 나온다고 믿었다. 결과적으로 대개 수확량에만 신경을 쏟았다.

1665년 영국인 윌리엄 페티william Petty가 "국민소득national income"이라는 용어를 최초로 사용하고 이를 추산했다. 영국이 조세수입을 얼마나 인상할 수 있는지, 더 나아가 네덜란드와 벌이는 전쟁에 자금을 얼마나 지속적으로 지원할 수 있는지 따져 보기 위해서였다. 페티는 중농주의자들과 달리 진정한 부는 토지가 아니라 임금에서 창출된다고 믿었다. 따라서 임금에 더욱 무거운 세금을 부과해야 한다고 생각했다(늘 그렇듯 페티는 부유한 토지 소유자였다).

영국 정치인 찰스 대버넌트Charles Davenant는 1695년 '전쟁 자금을 제공하는 방식과 수단Upon Ways and Means of Supplying the War'이라는 제목으로 글을 쓰고 국민소득을 달리 정의했다. 이러한 관점은 영국이 프랑스와 맞붙어 싸울 때 상당한 이점으로 작용했다. 프랑스 왕은 18세기 말이 돼서야 자국 경제에 관한 온당한 통계 자료를 입수할 수 있었다. 1781년 재무총감인 자크 네케르Jacques Necker는 이미 파산의 낭떠러지에 다다른 루이 16세에게 '왕에게 드리는 보고서Compte rendu au roi'를 제출했다. 이 문서 덕택에 왕은 빚을 몇 건 더 얻을 수 있었지만 더이상 버티지 못하고 1789년 혁명을 맞았다.

"국민소득"이라는 용어의 뜻은 실질적으로 고정되어 있지 않고 최신의 지적 흐름과 필요에 부응해 계속 바뀌었다. 국가의 부를 규정하는 정의는 시대마다 다르다. 예를 들어, 근대 경제학의 아버지 애덤 스미스Adam Smith는 국가의 부가 농업과 제조업에 뿌리를 내리고 있다고 믿었다. 이와 대조적으로 연예인부터 변호사까지를 아우르며 현대 경제의 약 3분의 2를 차지하는 서비스 경제는 "전혀 가치가 없다"고 주장했다.[18]

그렇기는 하지만 현금이 농장에서 공장으로 흐르고, 다시 생산 라인에서 사무실 건물로 흐르면서 부를 가리키는 기준도 함께 바뀌었다. 제품의 본질이 아니라 가격이 중요하다고 처음으로 주장한 사람은 경제학자 앨프리드 마셜Alfred Marshall(1842~1924년)이었다. 마셜이 제시한 기준에 따르면, 호텔 체인 '힐튼'의 상속녀 패리스 힐튼Paris Hilton이 영화에 출연하고, 미국 리얼리티 프로그램인 〈저지 쇼어Jersey Shore〉를 한 시간 동안 시청하고, 맥주에 라임을 넣은 버드 라이트 라임Bud Light Lime을 마시는 행위는 가격표가 붙어 있는 한 국가의 부를 끌어올릴 수 있다.

하지만 허버트 후버 대통령이 주가, 철의 가격, 도로 수송량을 포함해 여러 잡다한 숫자를 가지고 대공황을 물리치려고 주력했을 때만 해도 여전히 달성할 수 없는 사명으로 보였다. 심지어 후버가 제안한 매우 중요한 척도인 '용광로 지수'도 강철 산업의 생산수준을 나타내려는 다루기 힘든 개념에 불과했다.

당시 "경제" 상황이 어떤지 물었다면 후버는 어리둥절했을 것이다. 머릿속에 경제 상황에 관한 숫자가 들어 있지 않았을 뿐 아니라 현대적인 의미의 "경제" 개념을 몰랐기 때문이다. 결국 "경제"는 사물이 아니라 고안해내야 하는 아이디어이다.

1931년 미 의회는 국내 주요 통계학자들을 소집했지만 그들이 국가 경제 상태를 묻는 매우 기본적인 질문에도 대답하지 못한다는 사실을 깨달았다. 틀림없이 무언가 근본적으로 잘못되었고, 통계학자들이 가장 최근에 신뢰할 수 있는 수치를 제시한 것도 1929년에 이르러서였다. 노숙자가 증가 추세에 있고, 기업이 파산하고 있었지만 문제의 실정은 아무도 몰랐다.

몇 개월 전 후버 대통령은 전국으로 상공부 직원들을 파견해 상황을 보고하라고 지시했었다. 그들은 경제가 곧 회복되리라는 후버의 믿음에 부합하는 주로 일화적인 증거를 수집해왔다. 하지만 의회는 그 증거를 신뢰하지 않았고, 1932년 '우리가 제조할 수 있는 제품량은 얼마인가?'라는 단순한 질문에 대한 대답을 찾으려고 우수한 젊은 러시아인 교수 사이먼 쿠즈네츠Simon Kuznet를 임명했다.

그 후 몇 년 동안 쿠즈네츠는 나중에 국내총생산으로 불릴 지표의 기반을 닦았다. 그가 처음 선보인 양적 분석 결과는 돌풍을 일으켰고, 의회에 제출한 보고서는 미국에서 베스트셀러가 되었다(정가 20센트의 책이 팔릴 때마다 국내총생산은 올라갔다). 그리고 라디오 채널을 돌릴 때마다 "국민소득"과 "경제"라는 용어가 흘러나오는 수준에 이르렀다.

국내총생산의 중요성은 아무리 강조해도 지나치지 않는다. 심지어 원자 폭탄도 국내총생산 앞에서는 무색해진다고 말하는 역사가가 있을 정도다. 결국 국내총생산은 전쟁이 발생했던 시대에 국력을 나타내는 탁월한 척도였다.

전미 경제연구소U.S. National Bureau of Economic Research 소속 웨슬리 미첼Wesley C. Mitchell은 종전 직후 이렇게 썼다. "1차 세계대전을 치르기 위해 개인적으로 경제 동원에 참여했던 사람들만 20년에 걸친 국민소득의 추정 방식과 양을 인식하는 동시에 2차 세계대전에 기울이는 노력을 촉진하는 몇 가지 방식을 제시했다."[19]

분명한 수치는 삶과 죽음의 균형도 뒤집을 수 있다. 존 메이너드 케인스는 1940년 발표한 글 '전쟁 비용을 어떻게 지불할 것인가How to pay for the War'에서 영국 통계 자료에 허점이 많다고 비판했다. 이와 마찬가지로 히틀러에게도 독일 경제의 성장 속도를 회복하는 데 필요한 수치가 부족했다. 러시아가 동부 전선을 압박하고 연합군이 서해안에 상륙했던 1944년까지도 독일 경제는 최대 생산량을 달성하지 못했다.[20]

하지만 그 무렵 미국 국내총생산은 이미 위력을 발휘했고, 국내총생산 개념을 창시한 쿠즈네츠에게 노벨상을 안겼다.

궁극적인 척도

국내총생산은 불황과 전쟁의 잔해 더미에서 진보를 가리키는 궁극적인 척도로 부상했다. 한마디로 국가를 드러내는 수정 구슬이었고 궁극의 수치였다. 이제 국내총생산의 역할은 전쟁에 기울이는 노력을 강화하는 것이 아니라 소비 사회를 고착시키는 것이었다. 경제학자 폴 새뮤얼슨은 베스트셀러가 된 교과서 《경제학Economics》에서 이렇게 썼다. "위성이 우주를 떠돌며 전 대륙의 날씨를 조사하는 것과 마찬가지로 국내총생산은 경제 상태의 전반적인 그림을 보여줄 수 있다." 그러면서 이렇게 덧붙였다. "국내총생산처럼 경제 전체를 측정하는 척도가 없으면 정책 수립자들은 체계적이지 않은 자료의 바다에서 표류할 것이다. 국내총생산과 관련 자료는 정책 수립자들이 주요 경제 목적을 달성하는 방향으로 경제를 몰아가는 데 유익한 등대와 같다."[21]

20세기에 접어들면서 미국 정부는 경제학자, 아니 원래 새를 연구하는 학자이므로 좀 더 정확하게 표현해서 "경제 조류학자"가 고안한 척도를 사용했다. 40년이 채 지나지 않아 전미 경제연구소는 경제학자 5,000명을 고용했다. 여기에는 당대 가장 중요한 두 사상가인 사이먼 쿠즈네츠와 밀턴 프리드먼이 포함됐다.[22]

전 세계적으로 경제학자들이 정치에서 지배적인 역할을 담당하기 시작했다. 대부분 그들은 미국에서 교육을 받았다. 국내총생산의 발상지인 미국에서 전문가들은 모델, 등식, 숫자 등을 활용해 새롭고 과학적인 경제학을 구축했다.

이것은 존 메이너드 케인스, 프리드리히 하이에크가 학교에서 배운 것과 완전히 다른 형태의 경제학이었다. 1900년경 사람들이 논했던

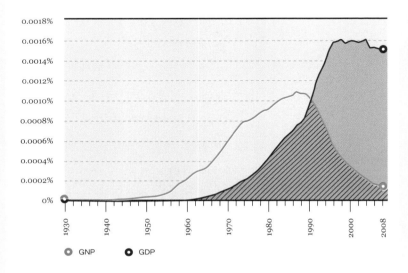

1930~2008년 영국에서 출간된 서적에 인용된 '국민총생산GNP'과 '국내총생산GDP'의 빈도

- ○ GNP
- ● GDP

처음에 더욱 흔하게 사용됐던 척도는 국민총생산(GNP, gross national product)이었지만, 1970년대 들어 국내총생산으로 대체되기 시작했다. 국민총생산은 국외 활동을 포함한 한 국가의 모든 경제 활동을 합산하는 반면에, 국내총생산은 외국 기업을 포함해 국경 안에서 발생하는 모든 경제 활동을 합산한다. 미국에서 국민총생산과 국내총생산의 차이는 몇 퍼센트에 불과하지만, 조세 피난지는 실정이 다르다. 아일랜드가 좋은 예다. 1980년에는 국민총생산과 국내총생산이 비슷했지만 2009년에 이르자 국민총생산의 규모는 국내총생산의 5분의 1에 불과했다. 국내총생산이 수십억 달러의 외국 자본 때문에 팽창했기 때문이다.

출처: 구글 엔그램Google Ngram

"경제"는 대개 "사회"를 뜻할 뿐이었다. 하지만 1950년대 들어서면서 새로운 테크노크라트technocrat(과학적이고 전문적인 지식을 소유한 기술관료―옮긴이) 세대가 등장해 "경제"를 "성장"시킨다는 완전히 새로운 목표를 제시했다. 좀 더 중요하게도 그들은 목표를 달성하는 방법을 스스로 안다고 생각했다.

국내총생산이 고안되기 전까지 경제학자들은 언론의 주목을 거의 받지 못했지만 2차 세계대전이 끝나면서 신문에 고정적으로 등장했다. 그들은 다른 어느 누구도 할 수 없었던 일, 즉 현실을 다루고 미래를 예측하는 재주를 터득했다. 경제는 정치인들이 "성장"을 촉진하기 위해 잡아당길 수 있는 손잡이 달린 기계처럼 여겨지기 시작했다. 1949년 발명가이자 경제학자인 빌 필립스Bill Phillips는 플라스틱 용기와 파이프를 사용해 경제를 표현하고 물 펌프를 장착해 연방 세입의 흐름을 나타내는 기계를 만들기도 했다.

한 역사가가 설명하듯 "1950년대와 1960년대 들어서면서 새 국가는 가장 먼저 국영 항공사를 세우고, 국군을 창설하고, 국내총생산을 측정하기 시작했다."[23] 하지만 국내총생산을 측정하는 일은 꾸준히 복잡해지고 있다.

1953년 유엔은 국내총생산을 계산하는 표준 지침을 최초로 발표했는데 당시 분량은 50쪽 미만이었다. 2008년 발행한 가장 최신판은 722쪽이었다. 언론이 국내총생산을 빈번하게 보도했는데도 산출방법을 제대로 아는 사람은 거의 없다. 게다가 단서조차 잡지 못하는 전문 경제학자도 많다.[24]

국내총생산을 계산하려면 수많은 측정치를 연결해야 하고, 어떤 요소를 포함시키고 무시할 것인지를 비롯해 완전히 주관적인 선택을 수없이 내려야 한다. 이러한 방법론을 사용하는데도 국내총생산은 단편적인 변동으로 재선과 정치적 전멸을 판가름할 수 있는 확실한 과학으로 간주된다. 하지만 이렇듯 정밀해 보이는 모습은 환상에 불과하다. 국내총생산은 분명하게 정의된 측정 대상이 아닐뿐더러 이를 측정하는 것은 아이디어를 측정하려는 시도이다.

국내총생산은 의문의 여지없이 멋진 개념이다. 적이 코앞에 있고 국가의 생존이 생산에 달려 있고, 최대한 많은 탱크, 비행기, 폭탄, 수류탄을 계속 제작해내는 능력에 달려 있는 전시 동안 국내총생산이 매우 유용하게 쓰였다는 사실은 부정할 수 없다. 전시에는 미래에 빚을 지는 것이 완전히 이치에 맞으므로 환경을 오염시키고 부채를 지는 것이 용납된다. 그리고 가정을 등한시하고, 자녀를 생산라인에 세우고, 자신의 자유 시간을 희생하고, 삶에 살아갈 가치를 부여하는 요소를 모두 잊는 편이 나을 수도 있다.

실제로 전시에는 국내총생산만큼 유용한 척도는 없다.

대안

하지만 문제는 전쟁이 끝났다는 것이다. 진보를 측정하는 기준에 따른 문제는 시대마다 다르다. 우리가 사용하고 있는 통계는 더 이상 경제의 진짜 모습을 포착하지 못한다. 결과적으로 시대마다 해당 시대에 맞는 진보를 가리키는 수치가 필요하다. 18세기에는 수확의 규모가 중요했다. 19세기에는 철도망의 반경, 공장 수, 탄광업의 생산량이 중요했다. 20세기 들어서는 국민국가의 경계 안에서 이루어지는 산업의 대량 생산이 중요했다.

하지만 번성은 더 이상 달러나 파운드나 유로로 단순하게 표현할 수 없다. 현 사회는 의료 서비스부터 교육, 저널리즘, 금융에 이르기까지 마치 사회가 하나의 커다란 생산라인에 지나지 않는다는 듯 여전히 "효율성"과 "이익"에 치중한다. 하지만 서비스 기반 경제에서 단순한 정량적 목표는 실패했다. 로버트 케네디Robert Kennedy는 "국민총생산은… 삶을 가치 있게 만드는 것을 제외한… 모든 것을 측정한다"[25]라고 말했다. 이제 새 수치를 산출해야 할 때다.

과거로 거슬러 올라가 1972년 4대 부탄 국왕은 국내총생산이 문화와 행복이라는 필수적 양상을 무시하므로 "국내총행복gross national happiness"을 측정해야 한다고 주장했다. 하지만 행복은 정량화하기에는 국내총생산만큼이나 피상적이고 임의적이다. 결국 우리는 얼근히 취해 있기 때문에 행복할 수 있었다. 그렇다면 좌절과 슬픔과 불행이 충만한 삶에 비집고 들어오지 못하게 해야 할까? 하지만 철학자 존 스튜어트 밀이 말했듯 "만족한 멍청이보다 불만족한 소크라테스가 낫다."[26]

이뿐만 아니라 추진력을 발휘하게 만드는 적당한 정도의 짜증과 좌절, 불만이 필요하다. 풍요의 땅은 모든 사람이 행복한 장소일 수 있지만 무관심이 만연한 곳이기도 하다. 여성이 항의하지 않았다면 결코 투표권을 얻을 수 없었다. 아프리카계 미국인이 반란을 일으키지 않았다면, 흑인 차별 정책Jim Crow은 여전히 사라지지 않았을 것이다. 우리가 국내총행복에 집착해 불만을 달래고 싶어 한다면 더 이상 진보를 기대할 수 없다. 오스카 와일드가 말했듯 "불만은 인간이나 국가가 진보하는 첫 단계"[27]이기 때문이다.

그렇다면 다른 경제 지표는 어떨까? 참진보지수GPI, Genuine Progress Indicator와 지속가능한 경제복지지수ISEW, Index of Sustainable Economic Welfare는 오염, 범죄, 불평등, 자원봉사를 통합하는 개념이다. 참진보지수는 서부 유럽에서 국내총생산보다 훨씬 느리게 발달하고, 미국에서는 1970년대 이후 후퇴하기까지 한다. 지구행복지수Happy Planet Index 는 어떤가? 생태학적 발자국을 중요하게 생각하는 지구행복지수를 살 펴보면 대부분의 선진국은 중간 정도이고 미국은 거의 바닥이다.

하지만 나는 이러한 지표들을 사용하는 것에 회의를 품고 있다.

부탄은 자체적인 지표에서 선두를 달리지만 자국의 편의에 따라 국 왕의 독재 정치와 롯샴파Lhotshampa 종족의 인종 청소를 지표에서 배제 시킨다. 공산국가인 동독이 채택했던 "사회총생산물gross social product" 은 정권이 사회적·생태학적·경제적 해악을 대거 유발하는데도 매년 꾸준히 증가했다.

이와 마찬가지로 참진보지수와 지속가능한 경제복지지수는 국내총 생산의 일부 결점을 보완하기는 하지만 최근 수십 년 동안 달성된 거 대한 기술적 도약을 전적으로 무시한다. 두 지표는 세상 모든 사람이 잘 지내지 않는다는 사실을 입증하는데, 이 지표는 정확히 이러한 의 도를 충족하려고 고안된 것이다.

실제로 단순한 수치의 이면에는 밖으로 드러나는 것보다 훨씬 많은 사항이 숨겨져 있다. 유엔이 발표하는 '인간개발지수Human Development Index'나 OECD가 발표하는 '더 나은 삶의 지수Better life Index'에서 높 은 점수를 받으면 마땅히 찬사를 받아야 하지만 우선 무엇을 측정하는 지 알아야 한다. 부유한 국가일수록 그 부를 측정하기 더욱 어려워지 는 것은 분명하다. 우리는 정보화 시대에 살고 있지만 얄궂게도 확실 한 정보를 거의 입수하지 못하는 활동을 하는 데 점점 더 많은 돈을 소 비한다.

팽창하는 정부의 비밀

모차르트 이야기를 해보자.

1782년 현악 4중주곡 제14번 G장조 K. 387을 작곡한 모차르트에게는 연주자 4명이 필요했다. 250년이 지난 지금도 이 곡을 연주하려면 정확히 4명이 있어야 한다.[28] 바이올린의 생산 능력을 높인다면 기껏해야 약간 더 빠른 속도로 연주할 수 있을 뿐이다. 달리 표현하자면 삶에서 어떤 요소는 음악과 마찬가지로 효율성을 높이려는 온갖 시도에 저항한다. 요즈음 커피 머신은 어느 때보다 빠르고 저렴하게 생산할 수 있지만 바이올린 연주자가 연주 속도를 높이면 선율이 망가지기 마련이다.

논리적으로 따지면 기계에 대항하는 경쟁을 벌이면서 우리는 더욱 효율적으로 쉽게 제작할 수 있는 제품을 획득하는 데 돈을 더 적게 쓰는 동시에, 예술·건강관리·교육·안전 등 노동 집약적 서비스와 쾌적한 편의 시설을 누리는 데 돈을 더 많이 쓸 것이다. 덴마크, 스웨덴, 핀란드처럼 시민의 행복에 높은 점수를 주는 국가에서 공공 부문의 비중이 큰 것은 우연이 아니다. 이 국가들의 정부는 생산성을 마냥 높일 수 없는 분야를 지원한다. 냉장고나 자동차의 제조사와 달리 의사가 실시하는 정기 건강검진과 역사 수업은 마냥 효율성을 높일 수 없다.[29]

결과적으로 전체적인 경제 파이에서 정부가 차지하는 비중은 점점 높아진다. 이러한 현상을 가리키는 "보몰의 비용병Baumol's cost disease"을 최초로 주장한 경제학자 윌리엄 보몰William Baumol에 따르면, 건강관리와 교육 등 노동집약적 분야에서 가격이 상승하는 속도는 대부분의 작업을 더욱 광범위하게 자동화할 수 있는 분야보다 빠르다.

하지만 잠깐 멈춰 서서 생각해보자.

그렇다면 이러한 현상을 병이 아닌 축복이라 불러야 하지 않을까? 결국 공장과 컴퓨터의 효율성이 커질수록 건강관리와 교육의 효율성을 높일 필요성이 줄어든다. 좀 더 개인적인 수준에서 교육을 조직하고, 노쇠한 사람들에게 관심을 기울이는 시간이 더 많이 남는다는 뜻이다. 그러면 좋은 것 아닌가? 보몰의 말대로라면 이렇듯 고결한 목적을 달성하는 데 자원을 할당하지 못하도록 막는 주요 장애는 "우리에게는 그럴 여유가 없다고 생각하는 착각"이다.

이러한 착각은 상당히 완고하다. 효율성과 생산성에 집착하면 교육과 간호의 진정한 가치를 파악하기 어렵다. 그토록 많은 정치인과 납세자가 너나없이 비용만 생각하는 것도 이 때문이다. 그들은 국가가 부유해질수록 교사와 의사에 대한 지출을 늘려야 한다는 점을 인식하지 못한다. 따라서 의료와 교육 분야에 대한 지출 증대를 축복이 아닌 병으로 생각하는 것이다.

하지만 학교와 병원을 공장처럼 운영하고 싶지 않다면 기계에 대항하는 경쟁 사회에서 건강관리와 교육에 들어가는 비용은 틀림없이 계속 증가할 것이다. 이와 동시에 냉장고와 자동차 같은 제품의 가격은 지나치게 낮아지고 있다. 제품의 가격만 생각하는 것은 비용의 큰 몫을 무시하는 태도이다. 실제로 한 영국 전문가 집단의 추산에 따르면 광고기업 중역은 1파운드를 벌어들일 때마다 7파운드 상당을 스트레스·과소비·오염·부채 등의 형태로 파괴한다. 그러나 환경미화원은 1파운드를 벌어들일 때마다 12파운드 상당의 건강과 지속가능성을 창출한다.[30]

공공 부문 서비스는 숨은 혜택을 종종 안기지만, 민간 부문에는 숨은 비용이 지뢰처럼 깔려 있다. 보몰은 이렇게 썼다. "우리에게는 스스로 필요한 서비스, 주로 건강관리와 교육에 지불하는 비용을 늘릴 여유가 있다. 우리가 감당하지 못할 가능성이 있는 것은 비용 하락에 따른 결과이다."

주관적인 가정이 지나치게 많아 정량화할 수 없다고 주장하며 이러한 '외부효과'를 묵살하는 사람도 있겠지만 이것이 정확한 핵심이다. "가치"와 "생산성"은 객관적인 숫자로 나타낼 수 없다. 하지만 우리는 반대로 행동하고 있지 않는가? "우리 학교는 졸업률이 높으므로 양질의 교육을 제공한다." "우리 병원은 의사들이 집중해서 효율적으로 진료하므로 훌륭한 서비스를 제공한다." "우리 대학은 발표하는 논문의 수가 많으므로 우수하다." "우리 방송국은 시청률이 높으므로 좋은 프로그램을 제작한다." "우리 국가는 경제가 성장하고 있으므로 잘 돌아가고 있다."

성과 위주 사회의 목표는 과거 소비에트 연방이 수립했던 5개년 계획 못지않게 불합리하다. 생산통계를 기반으로 국가의 정치 제도를 수립하는 것은 만족스러운 삶을 대차대조표로 바꾸는 태도다. 저자인 케빈 켈리Kevin Kelly가 주장하듯 "생산성은 로봇에게 해당하는 용어다. 인간은 시간을 소비하고, 실험하고, 놀고, 창조하고, 탐색하는 활동에 탁월하다."[31] 숫자로 국가를 경영하는 것은 스스로 무엇을 원하는지 더 이상 알지 못하고, 유토피아를 달성하려는 비전이 전혀 없는 국가가 구사하는 최후의 수단이다.

진보 계기판

영국 총리 벤저민 디즈레일리는 "거짓말에는 세 가지 종류가 있다. 거짓말, 새빨간 거짓말, 그리고 통계다"라고 비웃었다고 한다. 하지만 나는 신뢰할 수 있는 정보와 숫자를 근거로 결정을 내려야 한다는 과거 계몽주의 시대 원칙이 옳다고 굳게 믿는다.

국내총생산은 위기가 심각했던 시기에 고안돼 1930년대가 직면한 대단한 난제에 대답을 제시했다. 현 사회는 실업, 불황, 기후변화의 위기에 직면해 있으므로 새 수치를 찾아야 한다. 이때 필요한 것은 돈과 경제 성장은 물론 지역사회 봉사, 직업, 지식, 사회적 결속력처럼 삶을 가치 있게 만드는 요소를 추적하는 계기판이다. 물론 그중에서도 가장 귀하고 좋은 요소는 시간이다.

물론 "이러한 계기판이 절대 객관적일 수 없다"고 반발할 수도 있겠다. 그렇다. 하지만 중립적인 척도란 존재하지 않는다. 모든 통계의 이면에는 나름대로 가정과 편견이 있기 때문이다. 게다가 이러한 수치와 가정이 사람의 행동을 유도한다. 국내총생산도 그렇지만 인간개발지수와 지구행복지수도 마찬가지다. 앞으로 행동을 바꿔야 하므로 길잡이가 되어줄 새 수치가 필요하다.

80년 전 사이먼 쿠즈네츠는 "한 국가의 복지는… 국민소득을 측정하는 방식으로는 거의 추정할 수 없다"라고 경고하면서 의회에 이렇게 보고했다. "국민소득의 측정 방법은 이러한 유형의 환상과 그 결과 초래된 남용의 지배를 받는다. 특히 서로 반대하는 사회 집단이 주로 갈등을 빚는 문제를 다루기 때문이다. 이때 논쟁의 효율성은 과도 단순화에 달려 있다."[32]

애당초 고안자는 국내총생산을 계산할 때 군사·광고·금융 부문의 지출을 포함시키는 방식에 반대했지만,[33] 그의 경고는 무시됐다. 2차 세계대전이 끝나고 쿠즈네츠는 자신이 만든 괴물에 대해 점점 더 우려했다. 1962년에는 이렇게 썼다. "성장의 양과 질, 비용과 수익, 단기와 장기를 구분해야 한다. 성장률 증가를 목표로 설정하려면 무엇을 무엇 때문에 성장시켜야 하는지 명시해야 한다."[34]

이러한 오랜 질문들을 재고하는 것은 이제 우리가 감당해야 할 몫이다. 성장은 무엇인가? 진보는 무엇인가? 삶을 정말 가치 있게 만드는 근본적인 요소는 무엇인가?

여가를 현명하게 보낼 수 있는 것은
문명의 최고 산물이다.

– 버트런드 러셀(1872~1970년)

주당 15시간 노동

6

RUTGER BREGMAN

주당 15시간
노동

20세기 최고 경제학자에게 21세기 최대 과제가 무엇이라 생각하느냐고 물었다면 그는 조금도 망설이지 않고 여가라고 대답했을 것이다.

대공황이 한창 기승을 부리던 1930년 여름, 영국 경제학자 존 메이너드 케인스는 마드리드에서 기발한 내용의 강연을 했다. 그는 케임브리지대학에서 일부 학생에게 새 개념 몇 가지를 이미 소개한바 있지만 이번에는 '손자 세대의 경제적 가능성Economic Possibilities for our Grand-children'이라는 제목으로 짧게 강연하는 자리를 빌려 공개적으로 발표하기로 결심했다.[1]

케인스가 방문했을 당시 마드리드는 혼란 자체였다. 실업률이 걷잡을 수 없이 급증하고, 파시즘이 더욱 기승을 부렸으며 소비에트 연방은 지지 세력을 적극적으로 규합하고 있었다. 몇 년 후에는 전국을 황폐하게 만들 내전이 발생할 터였다. 그렇다면 이러한 사회 분위기에서 어떻게 여가가 최대 과제로 떠오를 수 있었을까? 그해 여름 케인스는 다른 행성에서 온 사람 같았다. 그는 이렇게 썼다. "우리는 지금 경제적 비관주의의 악랄한 공격을 받아 고통을 겪고 있습니다. 사람들은 19세기를 특징짓는 거대한 경제적 진보의 시대가 끝났다고 말합니다…." 물론 사람들이 그렇게 말할 만한 이유가 있었다. 빈곤이 만연하고 국제 긴장이 고조되었을 뿐 아니라, 국제 산업에 다시 생명력을 불어넣으려면 2차 세계대전이라는 죽음을 몰고 오는 기계가 필요할 것이었기 때문이다.

케인스는 재앙의 벼랑 끝에 서 있는 도시에서 과감하게도 직관에 거스르는 예측을 발표했다. 2030년이면 인류가 최대 과제, 즉 무한한 여가 시간을 보내야 하는 과제에 직면하리라 선언한 것이다. 그러면서 정치인들이 "파멸을 초래하는 실수"(예를 들어 경제 위기가 진행되는 동안 긴축 재정을 펼치는 등)를 저지르지 않는다면 한 세기 안에 서구의 생활 수준은 최소한 1930년대의 네 배로 높아지리라 예측했다.

어떤 결론을 내렸을까? 2030년이면 우리는 주당 15시간만 일하게 될 것이다.

여가가 넘쳐나는 미래

케인스는 미래가 여가로 넘쳐나리라 예언한 최초의 인물도 최후의 인물도 아니었다. 이미 150여 년 전 미국 건국의 아버지 벤저민 프랭클린은 종국에 가서는 하루에 4시간 정도만 일하면 충분하리라고 예측했다. 카를 마르크스도 비슷하게 미래를 예언했다. "누구나 사냥꾼이나 어부나 목동이나 비평가가 되지 않더라도 아침에는 사냥을 하고, 오후에는 물고기를 잡고, 저녁에는 가축을 기르고, 저녁식사를 하고 나서는 비평을 하는 날이 올 것이다.”

비슷한 시기에 고전적 자유주의의 아버지인 영국 철학자 존 스튜어트 밀은 더욱 증가하는 부를 가장 잘 활용하는 방식은 여가를 늘리는 것이라고 주장했다. 그는 자신의 큰 적수이자 공교롭게도 노예제도의 열렬한 주창자인 토머스 칼라일Thomas Carlyle이 공공연하게 찬양하는 “노동이라는 복음”에 반대하면서, 이 개념에 빗대 “여가라는 복음”을 주장했다. 그러면서 기술은 근로시간을 최대한 줄이는 용도로 쓰여야 한다고 강조했다. “온갖 종류의 정신적 문화와 도덕적·사회적 진보만큼 삶의 기술을 향상시킬 여지가 있을 것이다.”[2]

하지만 19세기 폭발적인 경제 성장을 이끌었던 산업혁명은 정확히 반대 개념의 여가를 초래했다. 1300년 영국 농부가 생계를 유지하려면 연간 1,500여 시간 일해야 했지만, 밀이 활동하던 시대에 공장 근로자는 단지 살아남으려고만 해도 두 배로 일해야 했다. 맨체스터 같은 도시에서 근로자들은 심지어 아이들까지 휴가도 주말도 없이 주당 70시간을 일해야 했다. 19세기 말 한 영국 공작부인은 “그들은 일해야 해요!”라고 힘주어 말했을 정도였다.[3] 자유시간이 지나치게 많으면 악행을 부추길 뿐이라고 생각했기 때문이다.

그런데 1850년 무렵부터 산업혁명으로 창출된 경제 번영의 혜택이 좀 더 낮은 계층으로 조금씩 흘러들기 시작하면서 돈이 시간이 됐다. 1855년 오스트레일리아 멜버른의 석공들은 최초로 하루 8시간의 근로시간을 보장받았다. 19세기 말 일부 국가의 주당 근로시간은 60시간까지 감소했다. 1900년 노벨 문학상 수상 극작가 조지 버나드 쇼 George Bernard Shaw는 2000년이 되면 근로자들은 하루 2시간만 일하리라고 예측했다.

고용주들은 당연히 저항했다. 1926년 저명한 미국 사업가 32명에게 근로시간을 단축하는 정책을 어떻게 생각하느냐고 물었다. 2명은 나름대로 유익한 점이 있다고 생각했지만, 나머지 30명은 자유시간이 많아질수록 범죄율과 부채, 타락이 증가할 뿐이라고 대답했다.[4] 하지만 포드 자동차를 설립하고 모델 T를 만들어낸 헨리 포드는 같은 해 최초로 주당 5일 근무제를 실시했다.

처음에는 포드가 미쳤다고들 말했지만 곧 그가 만든 선례를 따랐다. 골수 자본주의자로 대량 생산 공정을 배후에서 조종했던 헨리 포드지만 근로자의 주당 근로시간을 줄이면 생산성이 증가한다는 사실을 깨달았던 것이다. 포드는 여가 시간이 "냉랭한 사업적 사실"이라고 주장했다.[5] 휴식을 제대로 취한 근로자는 더욱 효율적으로 일할 수 있었다. 게다가 여행을 다닐 시간도 없고 자동차를 타는 즐거움도 누릴 여유 없이 해 뜰 때부터 해질 때까지 공장에서 땀 흘리며 일하는 근로자는 포드가 만든 자동차를 절대 살 수 없을 터였다. 포드는 기자들에게 이렇게 말했다. "여가가 '잃어버린 시간'이거나 계급 특권이라는 개념을 근로자의 뇌리에서 하루 빨리 없애야 한다."[6]

그 후 10년이 지나기도 전에 회의론자들은 무릎을 꿇었다. 근로시간을 줄이면 경제를 망치리라고 20년 전 경고했던 전미 대량생산협회 National Association of Manufacturer는 미국 근로자의 근로시간이 세계에서 가장 짧다고 자랑스럽게 광고하기 시작했다. 여가를 얻은 근로자들은 포드가 만든 자동차를 타고 "미국의 길만 한 길은 없다"고 선전하는 광고판을 지나치며 고속도로를 달렸다.[7]

기계 관리 인종

지금까지 등장한 온갖 증거로 미루어 보면 마르크스, 밀, 케인스, 포드 등 위대한 지성인들의 주장은 옳은 것 같다.

1933년 미국 상원은 주당 30시간 노동 제도를 채택하는 법안을 승인했다. 해당 법안은 산업계의 압력으로 하원에서 거부당했지만 노조가 요구하는 최우선 조건은 근로시간 단축이었다. 1938년 주 5일 근무를 보장하는 법안이 마침내 통과됐다. 다음 해에는 포크송 〈큰 얼음사탕 산Big Rock Candy Mountain〉이 가요 순위에서 1위를 차지했다. 노래 가사는 "암탉이 부드럽게 삶아진 달걀을 낳고, 담배가 나무에서 열리고, '일을 만들어냈던 멍청이'가 가장 키 큰 나무에 대롱대롱 매달려 있는" 유토피아를 묘사한다.

2차 세계대전이 끝나고 나서 여가 시간은 꾸준히 늘어났다. 1956년 부통령 리처드 닉슨은 "그리 머지않은 미래에" 주당 4일만 일하면 되리라고 국민에게 약속했다. 미국은 "번영의 고원지대"에 도달했으므로 불가피하게 주당 근로시간은 감소하리라 믿었던 것이다.[8] 조만간 기계가 모든 작업을 담당할 것이었다. 그러면 한 영국 교수가 강조한 대로 "예술과 드라마와 춤, 즉 상상이 만들어낸 삶에 몰입함으로써 여가를 풍부하게 즐길 기회가 생겨날 것이다."[9]

케인스의 대담한 예측은 현실이 되었다. 1960년대 중반, 한 상원 위원회가 제출한 보고서에서는 2000년에 이르면 주당 근로시간이 14시간으로 감소해 적어도 연간 7주 줄어들리라 계산했다. 유력한 두뇌집단인 랜드연구소RAND Corporation는 앞으로 인구의 2%만으로 사회에 필요한 제품을 전량 생산할 수 있으리라고 예측했다.[10] 그리고 일은 엘리트 계급에 집중될 것이었다.

1964년 여름 〈뉴욕 타임스〉는 위대한 과학소설 저자 아이작 아시모 프Isaac Asimov에게 50년 후에 세상이 어떻게 바뀔지 예측해달라고 요청 했다.[11] 몇 가지 점에서 아시모프는 조심스러운 태도를 보였다. 2014년 이 되면 로봇은 "흔하지도 않고 질이 그다지 좋지도 않을 것이다." 하 지만 다른 측면에서 그의 기대치는 높았다. 자동차가 공중을 돌아다니 고 수중도시가 건설될 것이었다.

　　궁극적으로 아시모프가 단 한 가지 우려했던 점은 지루함의 확산이 었다. 인류는 "대부분 기계를 관리하는 인종"이 되고, "심각한 정신 적·정서적·사회적 결과"가 파생되리라고 썼다. 수백만 명이 "강제로 부과된 여가"의 바다에서 표류하게 되므로 2014년에 이르면 정신의 학이 의학 최대 전문 분야로 부상할 것이다. 그리고 "노동Work은 인류 가 사용하는 어휘에서 단일 단어로는 가장 크게 각광을 받을 것이다."

　　1960년대가 전개되면서 우려의 목소리를 내는 사상가가 늘어나기 시 작했다. 퓰리처상 수상자인 정치과학자 서배스천 데 그래지어Sebastian de Grazia는 AP 통신에 "여가, 특히 강제로 부과된 여가는 불안한 권태 와 나태의 순간을 만들어내고 개인 폭력을 증가시킬 것이다"라고 언 급했다. 1974년 미국 내무부는 다음과 같이 경고했다. "많은 사람이 낙원의 상징으로 생각하는 여가는 분명히 미래에 가장 당혹스러운 문 제로 부상할 것이다."[12]

　　이러한 우려가 만연한데도 역사가 궁극적으로 진행할 경로가 무엇 일지는 거의 확실했다. 1970년경까지 사회학자들은 "노동의 종말end of work"이 임박했다고 장담했다. 인류는 진정한 여가 혁명을 눈앞에 두고 있었다.

조지와 제인

1960년대 텔레비전 만화 시리즈의 주인공인 조지 젯슨과 제인 젯슨 부부를 만나보자. 정직한 두 사람은 자녀 둘과 함께 오빗 시티Orbit City에 있는 넓은 아파트에서 산다. 조지는 대기업에서 '디지털 기계 조작자'로 일하고, 제인은 전형적인 전업주부다. 조지는 자기 직업에 관한 악몽에 시달린다. 누가 조지를 탓할 수 있겠는가? 그가 맡은 임무는 버튼 하나를 일정한 간격으로 누르는 것이다. 땅딸하고 코밑수염이 독특한 상사 스페이슬리 씨Mr. Spacely는 폭군 같다.

조지는 평상시처럼 악몽을 꾸고 나서 "어제는 꼬박 두 시간 일했어!"라고 투덜댄다. 아내인 제인은 깜짝 놀란다. "대체 스페이슬리가 무슨 짓을 하는 거죠? 그렇게 노동력을 착취하다니요!"[13]

오빗 시티의 평균 주당 근로시간은 9시간이다. 애석하게도 이러한 현상은 "20세기 미래주의를 나타내는 가장 중요한 단일 작품"인 〈우주 가족 젯슨The Jetsons〉에만 존재한다.[14] 1962년 엄청난 인기를 끌었던 해당 시리즈의 배경은 2062년이었다. 기본적으로는 〈고인돌 가족 플린스톤The Flintstones〉과 성격이 같지만 배경이 미래이다. 〈우주 가족 젯슨〉은 반복 상영되면서 몇 세대와 성장기 시절을 함께 보냈다.

50년이 지난 현재를 둘러보면 해당 시리즈의 창작자들이 2062년에 대해 내렸던 많은 예언은 이미 달성됐다. 집안일 로봇? 일광욕용 베드? 터치스크린? 화상 통화? 모두 생겨났다. 하지만 다른 측면에서는 오빗 시티를 건설하려면 아직도 갈 길이 멀다. 날아다니는 자동차는 언제 이륙할 것인가? 움직이는 인도도 생겨날 조짐이 전혀 없다.

하지만 무엇보다 여가를 늘리는 데 실패한 것이 가장 실망스럽다.

사라진 꿈

1980년대 들어 주당 근로시간이 감소하는 추세가 삐걱거리며 멈췄다. 경제 성장으로 늘어난 것은 여가가 아니라 물건이었다. 오스트레일리아, 오스트리아, 노르웨이, 스페인, 영국 같은 국가에서 주당 근로시간의 감소 현상이 멈췄다.[15] 미국에서는 주당 근로시간이 실제로 증가했다. 의회가 주당 40시간의 노동을 규정하는 법을 통과시킨 지 70년만에 노동력의 4분의 3이 주당 40시간 이상 일하기 시작했다.[16]

하지만 그것이 전부가 아니다. 개인의 주당 근무시간이 줄어든 국가에서도 가정은 시간에 더욱 매이게 되었다. 원인이 무엇일까? 지난 수십 년 동안 가장 중요한 발달 현상으로 꼽을 수 있는 페미니즘 혁명과 관계가 있다.

미래학자들은 페미니즘 혁명이 도래하는 것을 보지 못했다. 결국 2062년에도 제인 젯슨은 여전히 순종적인 전업주부였다. 1967년 〈월스트리트 저널〉은 로봇을 사용하기 시작하면서 21세기 남성이 아내와 소파에 나란히 앉아 편안히 쉬는 시간이 늘어나리라 예측했다.[17] 2010년 1월, 남성이 1차 세계대전에 징발되어 참전한 이래 최초로 미국 노동력의 상당 부분이 여성으로 채워지리라 예측할 수 있었던 사람은 전혀 없었다.

여성이 벌어들이는 소득은 1970년 전체 가정 소득의 2~6%에 불과했지만 지금은 이미 40%를 넘어섰다.[18]

이러한 혁명의 진행 속도는 현기증 날 정도로 빠르다. 무급 노동력을 포함하면 유럽과 북아메리카에서 여성의 노동 인구는 남성보다 많다.[19] 네덜란드의 한 여성 코미디언은 이러한 현상을 안쓰럽게 정리했다. "내 할머니에게는 투표권이 없었다. 내 어머니에게는 피임약이 없

여성 노동력, 1970~2012년

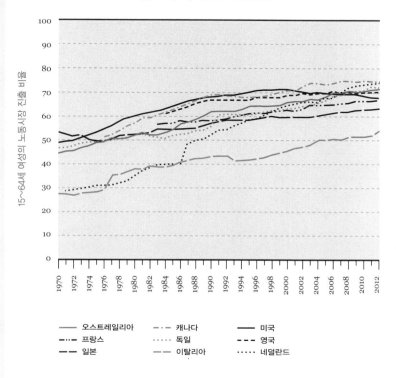

출처: OECD

1870~1980년의 근무시간 감소 추세

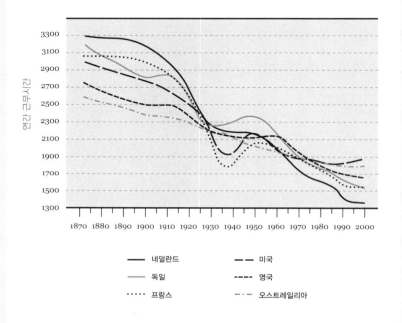

범례:
- 네덜란드
- 미국
- 독일
- 영국
- 프랑스
- 오스트레일리아

19세기 이후 1인당 연간 근로시간은 급락했다. 하지만 1970년 이후 노동시장에 진입하는 여성이 점차 많아지면서 이러한 현상은 바뀌었다. 결과적으로 일부 국가에서 근로자 1인당 근로시간은 여전히 감소하는 추세에 있지만 가정에서는 일하는 시간을 늘려야 하는 압박을 계속 받는다.

출처: 국제노동기구International Labour Organization

리얼리스트를 위한
유토피아 플랜

었다. 하지만 내게는 시간이 없다."[20]

노동시장에 여성이 밀려들어오면서 남성은 밖에서 노동의 양을 줄이고 집 안에서 요리하고 청소하고 양육하는 양을 늘리기 시작해야 했다.

하지만 실제로 그러한 현상은 일어나지 않았다. 1950년대에는 부부가 합해 주당 5~6일을 일했지만 지금은 7~8일에 가깝다. 게다가 양육에 소비하는 시간은 훨씬 늘어났다. 연구 결과에 따르면 전국적으로 부모가 자녀 양육에 쏟는 시간은 상당히 증가했다.[21] 미국에서 일하는 어머니들이 자녀 양육에 들이는 시간은 실제로 1970년대 전업주부보다 훨씬 많다.[22]

심지어 세계에서 주당 근무시간이 가장 짧은 네덜란드 국민조차도 1980년대 이후 업무, 초과 근무, 양육, 교육의 부담이 꾸준히 증가하고 있다고 느낀다. 실제로 이러한 활동에 소요되는 시간은 1985년 주당 43.6시간에서 2005년 들어 주당 48.6시간으로 늘어났다.[23] 네덜란드 노동력의 4분의 3은 근로시간을 늘리라는 압박을 받고 4분의 1은 상습적으로 초과 근무를 하고 있으며, 8명 중 1명은 극도의 피로 증상을 겪는다.[24]

게다가 일과 여가를 분리하기가 점점 더 어려워지고 있다. 하버드 경영대학원이 실시한 연구에 따르면, 기술이 발달한 덕택에 현재 유럽, 아시아, 북아메리카의 관리자와 전문가들은 "일하거나 부하 직원의 업무를 감시하는 동시에 언제든 일에 투입될 준비를 갖추느라" 주당 80~90시간을 쓴다.[25] 한국에서 실시한 연구에 따르면 스마트폰이 등장하면서 보통 근로자는 주당 11시간을 추가로 일한다.[26]

위대한 지성인들의 예측은 엄밀한 의미로 실현되지 않았다고 말하는 편이 안전하다. 실제적으로는 전혀 실현되지 않았다. 2014년까지 "노동"이 우리가 사용하는 어휘 중에서 가장 크게 각광을 받는 단어가 되리라는 아시모프의 예언은 옳을 수 있지만 그 까닭은 완전히 다르다. 현대인은 죽을 만큼 무료한 것이 아니라 죽을 만큼 일하고 있다. 심리학자들과 정신과 의사들은 권태의 확산이 아니라 스트레스의 확산과 싸우고 있다.

케인스의 예언은 이미 오래전에 실현됐다. 2000년경 프랑스, 네덜란드, 미국 등의 생활수준은 1930년의 5배를 넘어섰다.[27] 하지만 오늘날 우리가 직면한 최대 난제는 여가와 권태가 아니라 스트레스와 불확실성이다.

콘플레이크 자본주의

한 중세 시인은 상상 속 풍요의 땅인 코케뉴는 "멋진 삶과 돈을 맞바꾸는 곳"이라고 열정적으로 묘사하며 이렇게 덧붙였다. "가장 오래 잠을 자는 사람이 돈을 가장 많이 번다."[28] 코케뉴에서는 해마다 휴일이 줄지어 있다. 나흘 단위로 부활절, 오순절, 성 세례 요한 축일, 크리스마스가 반복된다. 일하고 싶어 하는 사람은 예외 없이 지하 창고에 갇힌다. "일"이라는 단어만 입에 담아도 심각한 범죄를 저지르는 것이다.

얄궂게도 풍요의 땅에서 흡족하게 나태한 생활을 하는 것으로 치면 현대인보다 중세 사람이 한 수 위였을 것이다. 1300년경 달력에는 휴일과 축제일이 가득하다. 하버드대학교 역사학자이자 경제학자 줄리엣 쇼어Juliet Schor는 당시에 휴일이 자그마치 일 년 중 3분의 1이었으리라 추정했다. 스페인에서는 5개월에 가까웠고, 프랑스에서는 거의 6개월이었다. 대부분의 농부는 생계를 유지하기에 필요한 이상으로는 열심히 일하지 않았다. 쇼어는 이렇게 기록했다. "삶의 속도가 늦었다. 선조들은 부유하지 않았을지 모르지만 여가를 풍요롭게 누렸다."[29]

그렇다면 그 좋은 시절은 어째서 사라졌을까?

이유는 매우 단순하다. 시간이 돈이 되었기 때문이다. 경제 성장이 산출하는 것은 더욱 많은 여가이거나 소비이다. 1850년부터 1980년까지는 여가와 소비가 모두 발생했지만 그 후에는 대부분 소비가 증가했다. 실질적인 소득이 제자리걸음을 하고 불평등이 폭발적으로 증가하는 시기에도 소비 열풍은 계속 불었지만 그것마저도 빚이 바탕이 되었다.

주당 근로시간의 단축에 저항하는 주요 목소리는 그럴 형편이 아니라고 말한다. 여가를 더욱 많이 누리는 것은 멋진 이상이지만 그 때문에 치러야 하는 대가가 지나치게 크다는 것이다. 너나없이 근로시간을 줄이면 생활수준은 무너지고 복지국가의 실현은 물 건너 갈 것이다.

과연 그럴까?

20세기 초 헨리 포드가 실시한 일련의 실험을 살펴보면 공장 근로자들의 생산성은 주당 40시간 일할 때 최대를 기록했다. 20시간을 추가로 일하면 4주 동안은 효과가 있지만 4주가 지나면 생산성이 감소했다.

포드의 실험을 한 단계 더 발전시킨 사례를 살펴보자. 1930년 12월 1일 대공황이 한창 기승을 부릴 때 콘플레이크를 생산하는 재계 거물 윌 키스 켈로그Will Keith Kellogg는 미시건 주 배틀 크릭에 있는 자기 소유 공장에 하루 6시간 근무제를 도입하기로 결정했다. 해당 계획은 완벽하게 성공을 거둬서 켈로그는 직원 300명을 추가로 고용하고, 산재 발생률도 41% 줄일 수 있었다. 더욱이 직원들의 생산성이 눈에 띄게 증가했다. 따라서 켈로그는 지역 신문에 자랑스럽게 말했다. "단위당

생산원가가 매우 낮아져서 근로자가 예전에 8시간 일하고 받은 임금을 6시간만 일해도 받을 수 있다."[30]

포드와 마찬가지로 켈로그가 주당 근무시간을 줄인 의도는 단순히 사업 수익성을 높이기 위해서였다.[31] 하지만 베틀 크릭의 주민에게는 그 이상의 의미가 있었다. 한 지역신문은 주민들이 사상 최초로 "진정한 여가"를 누리고 있다고 보도했다.[32] 부모에게는 자녀와 함께 지낼 시간이 생겼다. 독서하고 정원을 가꾸고 스포츠를 즐길 시간이 늘어났다. 도시 생활을 제대로 누릴 시간이 생긴 주민으로 교회와 주민 센터가 갑자기 북적거렸다.[33]

거의 50년 후 영국 총리 에드워드 히스Edward Heath는 콘플레이크식 자본주의로 발생한 혜택을 우연히 접했다. 1973년 말 히스는 당시 벌어지는 상황을 맞아 어찌할 바를 몰랐다. 인플레이션은 최고를 기록했고 정부 지출은 치솟았으며 노조는 어떤 종류의 타협도 단호하게 거부했다. 어떤 조건에도 만족하지 못하겠다는 듯 광부들은 파업을 계속하기로 결의했다. 결과적으로 에너지 공급량이 부족해서 사람들은 난방 온도를 낮추고 두꺼운 스웨터를 꺼내 입어야 했다. 12월이 되어도 트래펄가 광장Trafalgar Square에 세운 크리스마스트리에는 불이 켜지지 않았다.

히스는 급진적인 조치를 취하기로 결정하고 1974년 1월 1일 주당 근무시간을 3일로 줄이는 계획을 발표했다. 고용주들은 에너지 비축량을 회복할 때까지 3일치 이상의 전기를 사용할 수 없었다. 철강업 거물들은 산업 생산량이 50% 곤두박질치리라 예상했다. 정부 관리들은 재앙이 닥칠까 봐 두려워했지만 정작 1974년 3월, 주 5일 근무제로 복귀한 후에 생산 손실량이 6%에 머문 것을 확인하고 자신의 두 눈을 믿을 수 없었다.[34]

포드도 켈로그도 히스도 생산성과 근로시간이 비례하지 않는다는 사실을 인식했다. 1980년대 애플 직원들은 "주당 90시간 일하니 신나요!"라고 인쇄된 티셔츠를 자랑스럽게 입고 다녔다. 나중에 생산성 전문가들은 애플 직원들이 그 절반만 일했다면 세계는 신기원을 달성했던 매킨토시 컴퓨터를 1년 일찍 손에 쥐는 혜택을 누렸을 수 있다고 추정했다.[35]

현대 지식 경제에서는 주당 40시간의 근로시간도 지나치게 많다는 주장을 뒷받침하는 강력한 증거가 있다. 연구 결과에 따르면 자신의 창의적인 능력을 계속 사용하는 사람은 평균적으로 하루 6시간 이상 생산성을 발휘할 수 없다.[36] 창의적인 자질과 높은 교육수준을 갖춘 인재를 보유하고 있는 부유한 국가들이 주당 근로시간을 가장 많이 줄이고 있는 것은 결코 우연이 아니다.

거의 모든 문제에 대한 해결책

최근 한 친구가 "근로시간을 줄이면 무슨 문제를 해결할 수 있느냐?"고 내게 물었다.

나는 이 질문을 이렇게 바꾸고 싶다. "근로시간을 줄여서 해결하지 못할 문제가 있느냐?"

스트레스는? 무수한 연구의 결과를 보더라도 근로시간이 줄어든 사람은 삶에 더욱 만족한다.[37] 최근 근로 여성을 대상으로 여론 조사를 실시한 독일 연구자들은 "완벽한 날"을 정량화했다. 가장 많은 시간을 차지한 항목은 "친밀한 관계(106분)"였고, 그 뒤를 이어 "사교생활(82분)"과 "휴식(78분)", "먹기(75분)"도 순위가 높았다. 하위 순위를 차지한 항목은 "양육(46분)", "일(36분)", "통근(33분)"이었다. 연구자들은 냉철하게 다음과 같은 결론을 내렸다. "행복을 최대화하려면 매일의 활동에서 일과 소비가 차지하는 비중이 지금보다 줄어야 한다."[38]

기후변화는? 세계적으로 주당 근로시간을 줄이면 21세기 동안 배출할 이산화탄소의 양을 절반으로 줄일 수 있다.[39] 주당 근로시간이 적은 국가일수록 생태발자국이 적기 때문이다.[40] 소비의 감소는 노동이 감소하거나 경제 번영을 여가의 형태로 소비하는 과정으로 시작한다.

사고는? 초과 근무는 치명적이다.[41] 주당 근로시간이 길면 실수를 더 많이 하기 마련이다. 몸이 피곤한 외과 전문의는 실수하기 쉽고, 잠을 거의 자지 못한 군인은 표적을 놓치기 쉽다. 체르노빌 핵발전소 사고부터 우주 왕복선 챌린저호 사고까지, 과로한 관리자가 재앙 발생에 치명적인 역할을 한 사례가 많다. 최근 10년 동안 최대 재앙을 유발했던 금융 분야에 초과 근무 현상이 만연했다는 사실은 결코 우연이 아니다.

실업은? 물론 단순히 일자리 하나를 좀 더 작게 쪼갤 수는 없다. 노동시장은, 음악에 맞춰 빙빙 돌다가 아무 의자에나 앉을 수 있으므로 그냥 자리를 나눠주기만 하면 되는 의자 빼앗기 게임이 아니다. 하지만 국제노동기구 소속 연구자들은 고용 분할work sharing이 최근 실업 위기를 해결하는 데 크게 유용했다는 결론을 내렸다.[42] 전형적으로 풀타임 근로자 1명에게 배당된 업무량을 파트타임 근로자 2명이 나누어 맡는 것이다. 이 방법은 특히 실업률이 증가하고 생산이 수요를 초과하는 불황기에 경제적 타격을 완화하는 데 유용할 수 있다.[43]

여성 해방은? 주당 근로시간이 짧은 국가는 성 평등 순위에서도 꾸준히 상위를 차지한다. 핵심은 노동량을 좀 더 공정하게 분배하는 것이다. 남성이 요리와 청소를 포함한 가사노동을 공평하게 맡아주어야 여성이 더욱 폭넓고 자유롭게 경제 활동에 참여할 수 있다. 달리 표현하면 여성 해방은 남성의 문제이다. 하지만 이러한 변화를 달성하려면 남성 개인의 선택뿐 아니라 법률 제정도 중요한 요인으로 작용한다. 남성과 여성의 근로시간 차이가 가장 작은 스웨덴은 보육과 남성의 출산휴가 정책이 정착된 매우 훌륭한 제도를 갖추고 있다.

특히 남성의 출산휴가가 결정적으로 중요한 요인이다. 자녀가 태어난 후에 집에서 몇 주를 보낸 남성은 그렇지 않은 남성보다 아내와 자녀와 가사노동에 더 많은 시간을 들인다. 게다가 이러한 영향은 평생 지속된다. 노르웨이에서 실시한 연구에 따르면 남성이 출산휴가를 보내고 나서 아내와 빨래를 함께 하는 경우는 50% 이상 증가한다.[44] 캐나다에서 실시한 연구에서는 출산휴가를 보낸 남성이 가사노동과 자녀 양육에 더 많은 시간을 쏟는다고 밝혔다.[45] 남성에게 제공하는 출산휴가는 성 평등을 추구하는 투쟁에서 형세를 전환시킬 잠재력을 갖춘 트로이 목마이다.[46]

인구 노령화는? 은퇴 연령을 넘기고도 계속 일하고 싶어 하는 고령 인구가 늘어나고 있다. 30대들이 직장 업무, 가족에 대한 의무, 주택 대출에 허덕이는 동안 고령자들도 일자리를 찾지 못해 허덕인다. 근로가 노인 건강에 유익한데도 말이다. 따라서 남녀뿐 아니라 세대를 걸쳐서도 좀 더 공평하게 일자리를 분배해야 한다. 이제 막 노동시장에 진입하는 젊은 근로자들은 당연히 80대까지 계속 일하되, 주당 40시간이 아니라 30시간이나 심지어 20시간까지 근로시간을 줄일 수 있어야 한다. 한 선도적인 인구 통계학자는 "20세기에 우리는 부를 재분배했다. 하지만 21세기에는 근로시간을 재분배하는 위대한 과제를 수행해야 한다"라고 주장했다.[47]

불평등은? 빈부격차가 가장 심한 국가는 주당 근로시간도 가장 길다.

빈곤층은 간신히 생계를 유지하려고만 해도 근로시간을 늘려야 하고, 부유층은 증가하는 시급을 감안하면 여가로 인해 발생하는 비용이 높아진다.

19세기 부유층은 대부분 손수 일하지 않겠다고 단호하게 거절했다. 따라서 노동은 농부의 몫이었다. 사람들은 일을 많이 할수록 가난해졌다. 그 후 사회 관행이 바뀌었다. 오늘날 과도한 노동과 정신적 압박은 높은 사회적 신분의 상징이다. 일이 지나치게 많다고 투덜대는 것은 자신이 중요한 인물이라는 인상을 은근히 내비치는 시도일 때가 많다. 특히 빈부격차가 계속 벌어지는 국가에서 시간이 있다는 말은 실업과 나태를 드러낸다.

커지는 고통

거의 100년 전 존 메이너드 케인스는 엄청난 예측을 한 가지 더 했다. 케인스는 1929년 주식시장의 붕괴가 세계 경제 전체를 침몰시킨 것은 아니라고 이해했다. 생산자는 여전히 예전만큼 제품을 공급할 수 있었지만 많은 제품을 소비할 수요가 말랐을 뿐이다. 케인스는 "우리는 고령으로 류머티즘을 앓는 것이 아니라 지나치게 급속한 변화를 겪으며 성장통을 앓고 있다"라고 주장했다.

80년 넘게 우리는 같은 문제에 직면해 있다. 우리가 빈곤한 것이 아니라 유급 일자리가 충분하지 않은 것이다. 실제로 이것은 좋은 소식이다. 현재 최대 과제인 여가의 바다를 채우기 시작할 수 있기 때문이다. 주당 15시간 노동은 여전히 현실과 동떨어진 유토피아적 개념인 것이 확실하다. 케인스는 2030년이면 경제학자의 역할이 "치과의사

수준으로" 사소해지리라 예측했다. 하지만 지금 이러한 꿈은 과거 어느 때보다 멀어진 것 같다. 경제학자들이 언론과 정치 분야를 지배하고 있다. 주당 근로시간을 단축하겠다는 꿈은 짓밟혔다. 스트레스와 실업이 기록적으로 급증하고 있는 현실에서 주당 근로시간을 단축하자고 주장하는 정치가는 더 이상 찾아보기 힘들다.

하지만 케인스의 생각이 황당하지는 않았다. 자신이 활약한 시대에서는 주당 근로시간이 급속하게 감소하고 있었으므로 케인스는 1850년 무렵의 경향으로 미루어 미래를 추정했을 뿐이다. 그는 어조를 차분하게 가라앉히며 "물론 이러한 현상은 갑작스럽게 찾아오지 않고 서서히 발생할 것이다"라고 덧붙였다. 21세기에 여가 혁명이 다시 살아난다고 상상해보자. 경제 성장이 둔화되기는 했지만 여전히 풍요의 땅에 살고 있는 사람은 2050년이면 주당 15시간 미만으로 일하면서 2000년과 같은 수준의 임금을 벌 수 있을 것이다.[48]

정말 그렇게 될 수 있다면 지금이야말로 준비를 갖추기에 좋은 시기이다.

국가 전략

먼저 "이렇게 되기를 우리는 원하는가?"라고 자문해보자.

마침 여론 조사자들이 같은 질문을 던졌다. 물론 대답은 "그렇다"이다. 심지어 소중한 구매력을 좀 더 많은 여가와 기꺼이 교환하고 싶어 한다.[49] 하지만 최근 들어 일과 여가를 구분하는 경계가 흐려지고 있으므로 주의해야 한다. 요즈음 일은 일종의 취미이고, 더 나아가 자기 정체성의 핵심으로 인식된다. 사회학자 소스타인 베블런Thorstein Veblen

은 대표작 《유한계급론The Theory of the Leisure Class》에서 여가를 엘리트 계급의 상징으로 서술했다. 반면에 예술, 스포츠, 과학, 간호, 자선활동 등 과거에 여가로 분류했던 대상도 지금은 일로 간주한다.

사실 오늘날 풍요의 땅에도 여전히 보잘것없고 임금이 낮은 일자리가 넘쳐난다. 임금을 많이 제공하는데도 별로 유용해 보이지 않는 일자리도 많다. 하지만 이 책이 강조하는 목표는 근로의 종말이 아니라 오히려 그 반대이다. 지금은 여성, 빈곤층, 고령층에게 돌아가는 유급 일자리를 늘려주어야 한다. 안정되고 유의미한 일은 일상의 삶을 의미 있게 영위하는 데 결정적으로 중요한 역할을 담당하기 때문이다.[50] 게다가 해고당해 어쩔 수 없이 여가가 생기는 것은 재앙이다. 심리학자들은 지속적인 실업 상태가 이혼이나 사랑하는 사람의 상실보다 정신 건강에 더 크게 악영향을 미친다고 주장한다.[51] 시간이 지나면 상처는 아물기 마련이지만 실업은 그렇지 않다. 노동시장 바깥에 오래 머무를수록 더욱 깊이 수렁으로 빠져 들어간다.

하지만 일이 삶에 얼마나 중요하든 일본에서 미국에 이르기까지 전 세계 사람들은 주당 근로시간이 짧아지기를 간절히 바란다.[52] 미국 과학자들이 근로자에게 2주를 더 일하고 임금을 추가로 받고 싶은지, 아니면 휴가를 받고 싶은지 묻자, 휴가를 선택한 응답자가 임금을 선택한 사람보다 2배 많았다. 영국 연구자들이 복권에 당첨되고 싶은지, 아니면 근로시간을 줄이고 싶은지 물었을 때도 일을 적게 하고 싶다는 응답자가 2배 많았다.[53]

온갖 증거를 살펴보더라도 우리는 상당한 양의 여가를 누리지 않으면 살 수 없다는 사실이 분명해진다. 근로시간이 줄어들면 가족, 공동체 생활, 레크리에이션처럼 자신에게 역시 중요한 다른 활동을 할 여유가 생긴다. 주당 근로시간이 짧은 국가에 자원봉사자와 사회자본이 많은 것은 결코 우연이 아니다.

따라서 누구나 근로시간을 줄이고 싶어 한다. 그렇다면 "어떻게 근로시간을 줄일 수 있을까?"

그렇다고 주당 근로시간을 20시간이나 30시간으로 갑자기 줄일 수는 없다. 먼저 근로시간 단축을 정치적 이상으로 복귀시켜야 한다. 그후에 돈으로 시간을 사고, 교육에 대한 투자를 늘리고, 더욱 유연한 정년 제도를 발달시키고, 남성의 육아휴직과 보육을 뒷받침하는 방향으로 주당 근로시간을 단계적으로 줄일 수 있다.

이러한 전략을 펼치는 출발점은 인센티브 제도를 뒤집는 것이다. 고용주 입장에서는 직원 한 명을 고용해 초과 근무를 시키는 편이 파트타임 직원 두 명을 고용하는 것보다 경제적으로 이익이다.[54] 건강보험 혜택처럼 많은 인건비를 시간 단위가 아니라 고용인 단위로 지급하기 때문이다.[55] 따라서 개인이 근로시간을 줄이겠다고 일방적으로 결정할 수는 없다. 그러면 직위를 잃을 수 있고, 경력을 구축할 기회를 놓칠 수 있으며, 궁극적으로는 일자리를 빼앗기는 리스크를 감수해야 하기 때문이다. 고용인들은 서로 감시한다. 누가 가장 늦게 퇴근할까? 누가 근무시간이 가장 길까? 하루 업무가 끝났는데도 일에 지친 직원들이 할 일 없이 책상에 앉아 낯선 사람들의 페이스북 프로필을 뒤적이며 동료가 먼저 일어나면 따라 퇴근하려고 눈치를 보는 광경을 거의 모든 사무실에서 목격할 수 있다.

이러한 악순환을 깨려면 회사 단위나 더욱 바람직하게는 국가 단위의 집단적 행동이 필요하다.

멋진 삶

이 책을 집필하는 동안 내가 21세기 최대 과제에 대해 쓰고 있다고 말하면 사람들은 즉시 호기심을 보이며 이렇게 물었다. 테러리즘에 대해 쓰고 있나요? 기후변화인가요? 아니면 3차 세계대전인가요?

이때 여가가 주제라고 대답하면 사람들은 눈에 띄게 실망했다. "여가가 생기면 너나없이 하루 종일 텔레비전 앞에 붙어 있지 않을까요?"

19세기 음울한 사제와 상인은 투표를 하거나 준수한 정도의 임금을 받을 능력이 평민에게 있다고 생각하지 않았고, 여가를 누릴 수 있다고는 더더군다나 믿지 않았다. 게다가 술에 대한 의존성을 효과적으로 떨쳐버리기 위해 주당 70시간 일을 시켜야 한다고 주장했다. 하지만 얄궂게도 근로시간이 과도하게 많고 산업화가 진행된 도시에서 술을 피난처로 삼는 사람들이 점점 늘어나고 있다.

우리는 당시와 다른 시대에 살고 있지만 시대의 본질은 같다. 일본, 터키, 미국 등, 근로시간이 과도한 국가들에서 국민은 불합리할 정도로 많은 시간을 텔레비전 시청에 쏟는다. 미국인은 하루 최대 5시간 동안 텔레비전을 시청하는데, 이것은 평생 중 9년에 해당하는 시간이다. 미국 아동은 학교에 있는 시간의 절반을 텔레비전 앞에서 보낸다.[56]

진정한 여가는 사치도 악덕도 아니다. 비타민 C가 우리 몸에 필요하듯 두뇌에 절대적으로 필요하다. 죽음을 맞이하는 자리에서 "몇 시간만 더 사무실에서 일하거나 텔레비전을 보았으면" 하고 안타까워하는 사람은 단 한 명도 없다. 물론 여가의 바다에서 수영하기는 쉽지 않을 것이다. 21세기 교육은 노동력에 합류할 뿐 아니라 더욱 중요하게는 의미 있는 삶을 살 수 있도록 사람들을 준비시켜야 한다. 철학자 버트런드 러셀은 1932년 이렇게 썼다. "인간은 자신에게 주어진 여가를

보내는 데 지치지 않으므로 수동적이고 지루한 오락은 원하지 않을 것
이다."[57]

시간만 주어진다면 누구나 멋진 삶을 살 수 있다.

일은 더 바람직한 활동거리가 없는 사람이 찾는
도피처다.
　　－ 오스카 와일드

어째서 은행가에게는
대가를 치르게 하지 않는가?

7

RUTGER BREGMAN

1968년 2월 2일 동틀 무렵 시티 홀 파크City Hall Park는 짙은 안개에 휩싸였다.[1] 이곳에 모인 뉴욕 시 소속 환경미화원 7,000명 사이에 반항의 분위기가 무르익었다. 노조 대변인 존 델러리John Delury가 트럭 지붕에 올라가 군중에게 열변을 토한다. 시장이 더 이상 양보할 수 없다면서 협상을 거절했다는 소식을 전하자 군중의 분노가 들끓는다. 상한 달걀이 공중을 날자 델러리는 협상이 물 건너갔다고 직감한다. 이제는 비합법적인 수단을 동원해야 한다. 환경미화원의 일이 매우 중요하다는 단순한 이유로 금지된 수단이다.

파업을 시작할 때가 된 것이다.

다음 날 뉴욕 시 전체의 쓰레기는 수거되지 않고 이리저리 나뒹굴었다.

뉴욕 시 소속 환경미화원 거의 전원이 출근하지 않았다. "우리 직업은 좋은 평판을 받아본 적이 없습니다. 그래도 전에는 크게 신경 쓰지 않았어요." 한 환경미화원이 지역 신문에 이렇게 발언했다. "하지만 더이상은 참을 수 없습니다. 사람들이 우리를 쓰레기처럼 대하거든요."

이틀 후 시장이 진상을 조사하러 나왔을 때 시에는 쓰레기 더미가 이미 무릎 높이까지 쌓이고 매일 1만 톤씩 늘어났다. 코를 찌르는 고약한 냄새가 거리마다 진동하고, 도시에서 가장 호화로운 지역에도 쥐가 출몰했다. 세계에서 가장 상징적인 도시가 불과 며칠 만에 빈민가처럼 보이기 시작했다. 1931년 소아마비가 전염되기 시작한 이래 처음으로 시에서 비상사태를 선포했다.

하지만 시장은 여전히 꿈쩍도 하지 않았다. 기자회견을 열고 시위자들을 탐욕스러운 이기주의자로 매도했다. 일주일이 지나자 결국 환경미화원들이 승리하리라는 조짐이 보이기 시작했다. 〈뉴욕 타임스〉의 편집자들은 체념하며 "뉴욕은 그들 앞에서 무력하다. 이 거대한 도시는 굴복하든지 쓰레기에 파묻혀 침몰할 것이다"라고 선언했다. 파업을 시작한 지 9일이 지나 10만 톤의 쓰레기가 쌓여도 환경미화원들은 뜻을 굽히지 않았다. 〈타임〉은 나중에 이렇게 보도했다. "뉴욕이 혼돈을 향해 치달은 최근 행보는 파업할 가치가 있다는 교훈을 남겼다."[2]

손가락 하나 까딱하지 않고 부자가 되다

아마도 그럴 수 있다. 하지만 모든 직업에 해당하는 말은 아니다.

예를 들어 워싱턴에서 활동하는 로비스트 10만 명이 내일 파업에 들어간다고 치자.[3] 아니면 맨해튼에서 활동하는 세무사 전원이 출근하지 않고 집에 있기로 결정한다고 치자. 이 경우에 시장이 비상사태를 선포할 가능성은 희박하다. 실제로 이러한 사태가 발생하더라도 그다지 큰 피해가 발생할 것 같지 않다. 소셜 미디어 컨설턴트, 텔레마케터, 초단타 주식 거래자의 파업은 전혀 뉴스거리가 되지 못할 수 있다.

하지만 환경미화원이라면 이야기는 다르다. 어떤 방향에서 생각하든 환경미화원은 우리가 대신할 수 없는 일을 하기 때문이다. 하지만 설사 없더라도 우리가 별문제 없이 해낼 수 있는 일을 하는 사람들의 수가 점점 늘어나는 것이 냉혹한 현실이다. 그들이 갑자기 일을 중단하더라도 세상은 더 가난해지지도 추해지지도 않고 어떤 식으로든 상황은 악화하지 않을 것이다. 멋들어지게 옷을 입고 다른 사람의 연금 펀드를 희생시켜 자기 주머니를 채우는 월스트리트 트레이더를 예로 들어보자. 기업 소송을 가능한 한 질질 끄는 영악한 변호사는 어떨까? 멋진 표어를 만들어 경쟁자를 무너뜨리는 탁월한 카피라이터는 어떨까?

이러한 직업에 종사하는 사람들은 부를 창출하지 않고 대부분 부를 이리저리 움직일 뿐이다.

물론 부를 창출하는 사람과 이동하는 사람을 분명하게 구분하는 선은 없다. 많은 직업에는 두 가지 기능이 있다. 금융 부문이 부를 창출하는 데 기여하고 그 과정에서 다른 부문을 돌리는 바퀴에 기름을 치는 것은 부인할 수 없는 사실이다. 은행은 리스크를 분산하고 기발한 아이디어를 가진 사람들을 지원할 수 있다. 하지만 오늘날 은행은 지나치게 덩치가 커졌고 하는 일이라고는 대부분 부를 이리저리 움직이거나 심지어 파괴할 뿐이다. 전체 파이는 늘지 않으면서 뱅킹 분야가 폭발적으로 팽창함으로써 뱅킹 분야가 가져가는 몫만 늘어났다.[4]

법률 부문의 직업은 어떤가? 한 나라가 번성하려면 법의 지배를 받아야 하는 것은 두 말할 필요도 없는 진리다. 하지만 현재 미국에서 1인당 변호사 수는 일본의 17배이다. 그렇다면 법의 효과도 일본의

17배일까?[5] 미국 국민은 17배만큼 법의 보호를 받고 있을까? 전혀 그렇지 않다. 일부 법률 회사는 생산할 의도가 전혀 없는 제품의 특허권을 단순히 저작권 침해 명목으로 소송을 걸기 위해 사들인다.

기이하게도 이러한 직업들은 유형의 가치를 전혀 창출하지 못하고 그저 이리저리 돈을 이동함으로써 높은 임금을 받는다. 이것은 흥미롭고 역설적인 현상이다. 중요하지 않고 불필요할 뿐 아니라 심지어 파괴적이기까지 한 부의 이동자가 그토록 잘 사는데, 경제 번영에 기여하는 교사·경찰관·간호사 등에게 돌아가는 임금이 그토록 형편없는 까닭은 무엇일까?

나태가 여전히 생득권인 시기는 언제였을까?

아마도 이 수수께끼에 대한 답은 역사에서 찾아볼 수 있을 것이다.

몇백 년 전까지도 거의 모든 인구가 농업에 종사했다. 부유한 상류층은 일하지 않고 빈둥거리고, 개인 자산에 의존해 생활하면서 전쟁을 벌였다. 그들이 참여하는 온갖 취미활동은 부를 창출하는 것이 아니라 기껏해야 부를 이동하거나 최악의 경우에는 파괴했다. 왕족 출신 귀족은 이러한 생활방식에 자부심을 느끼고, 행복한 소수는 타인의 희생을 발판으로 자기 주머니를 채우는 것을 타고난 권리처럼 휘둘렀다. 그렇다면 대체 일은 누가 해야 했을까? 농부들의 몫이었다.

산업혁명이 일어나기 전에 농부들이 파업을 했다면 경제 전체가 마비됐을 것이다. 그래프나 도표나 원그림을 보더라도 오늘날에는 상황이 완전히 달라졌다. 농업은 경제의 일부로서 가장자리에 머물고 있는 것 같다. 실제로 미국 금융 부문의 규모는 농업 부문의 7배이다.

그렇다면 농부가 파업을 일으키면 은행가가 보이콧할 때보다 문제가 심각하지 않다는 뜻일까? (아니다. 오히려 그 반대일 것이다.) 최근 수십 년 동안 농업 생산은 급증하지 않았는가? (확실히 그랬다.) 그렇다면 농부가 거두는 소득은 과거 어느 때보다 많지 않을까? (애석하게도 그렇지 않다.)

시장 경제에서 상황은 정확하게 반대 방향으로 전개된다. 공급이 커질수록 가격은 내려가기 마련이다. 그리고 골칫거리가 있다. 지난 수십 년 동안 식량 공급은 급증했다. 2010년 미국 젖소가 생산한 우유는 1970년의 2배였다.[6] 같은 기간 동안 밀의 생산성은 2배, 토마토는 3배로 증가했다. 농업 생산성이 높아질수록 소비자가 기꺼이 지불하는 비용은 줄어든다. 따라서 오늘날 식탁에 올라가는 식량의 값은 매우 싸졌다.

이것이 경제 진보의 현실이다. 효율성이 더욱 커지면서 농장과 공장이 경제에서 차지하는 몫은 줄어든다. 생산성이 증가하면서 농업과 제조업에서 고용하는 근로자 수는 감소한다. 이러한 변화와 아울러 서비스 부문의 일자리가 창출된다. 하지만 컨설턴트, 회계사, 프로그래머, 자문, 중개인, 변호사 등이 활약하는 새로운 세상에서 직업을 구하려면 우선 적합한 자격을 갖춰야 한다.

이러한 발달 현상으로 막대한 부가 창출되고 있다.

하지만 얄궂게도 사회에 유형의 가치를 전혀 제공하지 못하면서 돈을 버는 사람의 수가 점점 늘어나는 체제를 만들어내고 있다. 이것이야말로 진보의 역설이다. 풍요의 땅에서는 더욱 부유해지고 똑똑해질수록 소모되어버린다.

은행가들이 파업했을 때

"은행 폐쇄."

1970년 5월 4일 〈아이리시 인디펜던트The Irish Independent〉는 이렇게 통보했다. 인플레이션을 따라잡지 못하는 임금을 둘러싸고 오랜 시간 협상을 벌였지만 결실을 거두지 못한 아일랜드의 은행 근로자들은 파업을 하기로 결정했다.

하룻밤 사이에 은행 적립금의 85%가 묶였다. 온갖 징조를 미루어 판단하더라도 파업은 한동안 지속될 것이었으므로 기업들은 현금을 비축하기 시작했다. 파업이 발생한 지 2주가 지나자 〈아이리시 타임스The Irish Times〉는 국내 전체 은행가 7,000명의 절반이 다른 직장을 찾으려고 런던행 항공편을 예약했다고 보도했다.

파업 초기에 전문가들은 아일랜드에서 사는 삶이 정체되리라 예측했다. 첫째, 현금 공급이 말라 상업이 침체되고 결국 실업률이 폭발적으로 증가할 것이다. 한 경제학자는 전국에 널리 퍼진 두려움을 이렇게 묘사했다. "우리 몸에 뻗어 있는 혈관이 갑자기 수축해 망가진다고 상상해보라. 그러면 경제학자들이 은행 폐쇄에 대해 어떻게 생각하는지 알 수 있을 것이다."[7] 1970년 여름에 접어들면서 아일랜드는 최악의 상황이 벌어질 것에 대비했다.

그때 예상치 못한 상황이 벌어졌다. 아니 좀 더 정확히 표현하면 별다른 상황이 발생하지 않았다.

그해 7월 〈런던 타임스The London Times〉는 "현재 확인할 수 있는 수치와 경향으로 판단해볼 때 은행 분규가 경제에 미치는 악영향은 아직까지 없다"고 발표했다. 몇 달 후 아일랜드 중앙은행은 최종 대차대조표를 작성하고 다음과 같은 결론을 내렸다. "아일랜드 경제는 주요 청산 은행이 사업을 접은 상태에서도 합리적으로 오랫동안 지속적으로 가동했다." 여기에 그치지 않고 경제는 계속 성장했다.

결국 은행가의 파업 규모는 뉴욕 시 환경미화원들의 20배였고 6개월 내내 계속되었다. 대서양 건너 뉴욕 시는 환경미화원들이 파업을 벌인 지 6일 만에 비상사태를 선포했지만, 아일랜드 경제는 은행가들 없이 6개월이 지났는데도 여전히 잘 돌아갔다. 2013년 한 아일랜드 언론인은 이렇게 회고했다. "내가 은행 파업에 대해 많이 기억하지 못하는 주요 원인은 파업이 일상생활을 쇠약하게 할 만큼의 영향을 미치지 못했기 때문이다."[8]

은행가들이 없는데 시민은 돈을 어떻게 거래했을까?

자체적으로 현금을 만들어내는 매우 단순한 방법을 썼다. 은행이 폐쇄되고 나서도 평상시처럼 수표를 계속 사용했다. 유일한 차이점이라면 더 이상 은행에서 수표를 현금으로 바꿀 수 없다는 것이었다. 은행을 대신해 유동 자산을 취급하는 대리인, 즉 아일랜드 선술집이 빈자리를 메웠다. 아일랜드인들이 한잔하려고 여전히 일주일에 세 번 이상 지역 선술집에 들르던 시절에는 모두, 특히 바텐더는 누구를 믿을 수 있는지 잘 알고 있었다. 경제학자 안토인 머피Antoin Murphy는 이렇게 설명했다. "소매 매장과 술집의 매니저들은 손님에 대한 정보를 상당히 많이 보유하고 있었다. 몇 년 동안 음료를 팔다 보면 특정 손님의 유동 자산이 얼마인지 자연히 알 수 있기 때문이다."[9]

곧 시민은 전국에 퍼져 있는 술집 1만 1,000곳을 주요 중심지로 삼아 철저하게 분산적인 통화제도를 가동시켰다. 11월 은행이 다시 문을 열었을 당시 아일랜드 국민은 이미 50억 파운드에 해당하는 화폐를 직접 만들어 사용하고 있었다. 회사가 발행한 수표를 사용하기도 하고, 담배 상자의 뒷면이나 심지어 화장지를 이용해 만든 수표를 쓰기도 했다. 역사가들에 따르면 은행가들이 없어도 아일랜드인들이 그토록 원활하게 생활할 수 있었던 것은 모두 사회적 통합 덕택이었다.

그렇다면 문제가 전혀 없었을까?

아니다. 물론 문제는 있었다. 한 남자가 외상으로 경주마를 구입한 후에 경주에서 우승해 받은 돈으로, 다시 말해 다른 사람의 현금으로 도박을 해서 획득한 상금으로 빚을 갚았다고 치자.[10] 이것은 규모가 작을 뿐 오늘날 은행 업무와 매우 비슷하다. 은행가들이 파업하는 동안 아일랜드 기업은 투자 자본을 마련하느라 큰 곤란을 겪었다. 사람들이 은행업을 손수 만들었다는 사실 자체는 실제로 어떤 형태로든 금융 부문이 없으면 생활할 수 없다는 명백한 반증이다.

하지만 시민은 속임수, 위험천만한 온갖 투기, 화려한 고층건물, 납세자의 주머니에서 나온 고액의 보너스 없이 은행업을 완벽하고 원활하게 운영할 수 있었다. 저자이자 경제학자인 우메어 하크Umair Haque는 이렇게 추측했다. "아마도 만에 하나, 사람이 은행을 필요로 하는 것보다 은행이 사람을 필요로 하는 정도가 훨씬 클 수 있다."[11]

조세의 다른 형태

2년 전 4,800킬로미터 떨어진 곳에서 발생한 파업과 정말 다르지 않은가! 뉴욕 사람들은 도시가 쓰레기장으로 변해가자 절망에 빠졌지만, 아일랜드 사람들은 은행가 역할을 자처했다. 뉴욕이 불과 엿새 만에 절망의 구렁텅이에 빠졌다면, 아일랜드는 6개월이 지나도 순탄하게 굴러갔다.

하지만 여기서 한 가지를 분명히 짚고 넘어갈 필요가 있다. 가치를 전혀 창출하지 않은 채로 돈을 벌기는 결코 쉽지 않다. 재능과 야망이 있어야 하고 두뇌를 써야 한다. 은행업계는 똑똑한 인재로 넘쳐난다. 경제학자 로저 부틀Roger Bootle은 이렇게 설명했다. "위대한 투기 투자가들이 지닌 천재성은 다른 사람이 보지 못하는 현상을 보거나 더 일찍 보는 것이다. 이것은 기술이다. 하지만 차 주전자를 머리 위로 들고 서서 차를 엎지르지 않는 상태로 다리 하나로, 그것도 발끝으로 서 있는 능력도 기술이다."[12]

바꿔 표현하자면, 다르다고 해서 자동적으로 가치가 생기지는 않는다.

최근 수십 년 동안 똑똑한 인재들이 부를 창출하지 않고 오히려 파괴하는 온갖 종류의 복잡한 금융 상품을 만들어내고 있다. 이러한 상품들은 근본적으로 나머지 사람들에게 세금을 부과하는 것과 같다. 그들이 입는 세련된 맞춤 양복과 그들이 소유한 대저택과 호화 요트의 비용은 대체 누가 지불하고 있다고 생각하는가? 은행가들이 근본적인 가치를 직접 창출하지 않고 있다면 다른 곳이나 다른 사람이 지불해야 한다. 정부만 부를 재분배하는 것은 아니다. 금융 부문도 부를 재분배하지만 그렇게 할 민주적 권한은 없다.

부가 집중된다고 해서 그곳에서 부가 창출된다는 뜻은 아니다. 이것은 골드만삭스Goldman Sachs의 현 CEO와 마찬가지로 과거 봉건제도 아래 지주에게도 적용되는 진리이다. 유일한 차이는 이따금씩 은행가가 순간적으로 착각을 해서 스스로 부를 창출했다고 상상하는 것이다. 소작농의 노동력으로 살아가는 것을 자랑스럽게 생각했던 영주도 그러한 망상을 품지는 않았다.

염병할 직업

　상황은 매우 달라질 수 있었다.

　앞에서 언급했듯 경제학자 존 메이너드 케인스는 2030년이 되면 주당 15시간만 일하게 되리라고 예측했다.[13] 경제 번영이 천장을 뚫을 듯 기세가 등등해 상당량의 부와 여가를 교환하게 되리라고도 예측했다.

　하지만 그러한 현상은 전혀 나타나지 않았다. 경제는 상당히 발전했지만 우리는 자유시간의 바다를 헤엄치고 있지 않다. 오히려 현실은 정반대여서 어느 때보다 열심히 일하고 있다. 이 책의 2장에서는 우리가 소비지상주의의 제단에 어떻게 자유시간을 희생시켰는지 서술했다. 확실히 케인스는 이러한 현상이 출현하리라는 사실을 깨닫지 못했다.

　하지만 아직 맞추지 못한 퍼즐 조각이 하나 있다. 대부분의 사람들은 멋진 색깔로 아이폰 케이스를 생산하고, 식물 추출액으로 색다른 샴푸를 제조하고, 모카 쿠키 크럼블 프라푸치노를 만드는 데 아무 역할도 담당하지 않는다. 현대인의 소비 중독에 기여한 것은 대부분 로봇과 제3세계 임금 노예들이다. 지난 수십 년 동안 농업과 제조업 분야에서 생산 능력은 기하급수적으로 성장한 데 반해 일자리는 줄어들고 있다. 따라서 사람들이 일에 혹사당하는 생활방식이 통제 불가능한 소비 지상주의로 연결되는 것이 사실일까?

　런던 경제대학 소속 인류학자 데이비드 그레이버David Graeber는 다른 현상이 벌어지고 있다고 믿는다. 몇 년 전에는 흥미진진한 글에서 우리가 구입하는 물건이 아니라 하는 일을 탓했다. 제목은 내용에 어울리게 '염병할 직업 현상에 관하여'였다.[14]

그레이버의 분석에 따르면, 무수히 많은 사람이 텔레마케터, 인사 관리자, 소셜 미디어 전략가, 홍보 자문이나 병원·대학·정부의 행정직처럼 스스로 무의미하다고 생각하는 직업에 종사하느라 평생을 보낸다. 그레이버가 이름 붙인 "염병할 직업"은 심지어 여기에 종사하는 사람들조차도 본질적으로 불필요하다고 인정한다.

이러한 현상에 관해 내가 처음 글을 썼을 때 많은 사람이 자신의 속내를 드러냈다. 한 증권 중개인은 다음과 같은 반응을 보였다. "개인적으로 정말 유용한 일을 하고 싶습니다. 하지만 급여가 줄어드는 것을 감당할 수 없었어요." 또 "물리학에서 박사학위를 따고 재능이 탁월한 학교 친구가" 암 감지 기술을 개발했지만 "나보다 수입이 훨씬 적습니다. 정말 우울한 일이에요"라고 덧붙였다. 하지만 물론 중대한 공공 이익에 기여하고 재능과 지성과 불굴의 의지를 많이 요구하는 직업에 종사한다고 해서 자동적으로 돈을 긁어모아야 한다는 뜻은 아니다.

그 반대도 마찬가지다. 염병할 고소득 직업이 확산되는 현상이 교육수준의 증가와 지식 중심 경제가 크게 인기를 끄는 현상과 맞물려 발생하는 것은 우연일까? 가치를 전혀 창출하지 않으면서 돈을 버는 것이 결코 쉽지 않다는 사실을 기억하라. 이 분야에서 일을 처음 시작하는 사람이라면, 매우 중요하게 들리지만 무의미한 전문 용어를 암기해야 한다. 네트워크 사회에서 부가가치를 창출할 방법을 생각해내기 위해 다양한 부문의 종사자들과 전략회의를 할 때 결정적으로 중요하기 때문이다. 쓰레기는 거의 누구나 수거할 수 있지만 은행업계의 직업은 선택받은 소수에게만 열려 있다.

우리가 어느 때보다 부유해지고, 젖소가 더욱 많은 우유를 만들어내고, 로봇이 더욱 많은 제품을 생산하는 세상에서는 친구나 가족이나 지역사회를 위한 봉사, 과학, 예술, 스포츠, 그 밖에 삶을 가치 있게 만드는 활동에 시간을 쏟을 여지가 있다. 반면에 염병할 직업에 시간을 더욱 많이 쏟을 여지도 있다. 우리가 끊임없이 강박적으로 일에 집착하면 불필요한 직업의 수는 계속 증가할 것이다. 선진국에서 지난 30년 동안 국민에게 단 한 푼도 벌어주지 않으면서 관리자의 수가 계속 늘어난 것이 그 예이다. 관리자가 많아지면 생산성과 혁신은 실제로 감소한다는 사실이 여러 연구를 거쳐 밝혀졌다.[15] 〈하버드 비즈니스 리뷰Harvard Business Review〉가 전문직 종사자 1만 2,000명을 대상으로 조사한 결과에 따르면, 응답자의 절반은 자기 직업이 "무의미하고 중요하지 않다"고 생각하고, 같은 수의 응답자는 자사의 사명이 무엇인지 몰랐다.[16] 최근 실시한 조사에서는 영국 근로자의 37%가 스스로 염병할 직업에 종사하고 있다고 털어놓았다.[17]

서비스 부문에서 새로 창출되는 일자리가 모두 무의미하지는 않다. 의료, 교육, 소방 서비스, 경찰 부문에 종사하는 사람들은 비록 임금을 많이 받지는 않지만 자신이 날마다 세상을 더욱 살기 좋은 곳으로 만들어가고 있다고 인식한다. 그레이버는 이렇게 썼다. "마치 그들이 '의미 있는 직업에 종사하라!'는 말을 듣기라도 하는 것 같다. 그렇다면 중산층 수준의 연금과 의료 서비스를 기대할 수 있는가?"

다른 길이 있다

앞에서 열거한 모든 사실이 충격적으로 들리는 까닭은 효율성과 생산성 등의 가치를 추구하는 자본주의 제도 아래서 발생하고 있기 때문이다. 정치인은 정부의 규모를 축소시켜야 한다고 끊임없이 강조하면서도 염병할 직업의 수가 계속 늘어나는 현상에 관해서는 대부분 입을 다룬다. 그 결과 발생하는 시나리오에 따르면 정부는 의료 서비스, 교육, 사회 기반 시설 등의 부문에서 유용한 일자리를 줄이는 반면에 효과가 없다고 밝혀진 지 이미 오래된 훈련과 감시 중심의 실업 산업에 대한 투자는 확대하고 있다.[18]

현대 시장도 유용성, 질, 혁신에 관심이 없기는 마찬가지이고 오로지 이익을 중요하게 생각한다. 때로 이러한 현상은 놀라운 성취를 달성하기도 하지만 그렇지 못한 경우도 있다. 텔레마케터에서 세금 컨설턴트에 이르기까지 염병할 직업이 계속 생겨나는 데는 다음과 같은 매우 확고한 논리적 근거가 있다. '아무것도 생산하지 않고서도 자산을 획득할 수 있다.'

이러한 상황에서 불평등은 문제를 악화시킬 뿐이다. 부가 상류층에 집중될수록 기업 변호사, 로비스트, 초단타 주식 거래자를 요구하는 수요는 더욱 커지기 마련이다. 결국 수요는 외부와 단절되어 형성되지 않고, 지속적인 협상의 산물로서 국가의 법과 제도, 뒤에서 조종하는 사람들에 의해 결정된다.

아마도 이러한 사실은 지난 30년 동안 불평등을 확산시키며 생겨난 혁신이 어째서 우리 기대를 충족시키지 못하는지 설명하는 단서일 것이다. 실리콘 밸리의 지식인 피터 틸Peter Thiel은 이렇게 풍자했다. "우리 바람은 하늘을 나는 자동차였지만 140자(한 트윗에 올릴 수 있는 글자 수—옮긴이) 트위터 개발에 그쳤다."[19] 전후 시대가 세탁기, 냉장고, 우주 왕복선, 피임약 같은 획기적인 발명품을 안겼다면, 최근 시대는 우리가 2년 전 구입한 것과 똑같은 휴대전화를 품질만 약간 향상시켜 생산할 뿐이다.

실제로 혁신하지 않아야 이익을 얻는 상황이 벌어지고 있다. 똑똑한 인재 수천 명이 결국 파괴적인 영향을 미칠 뿐인 고도로 복잡한 금융 상품을 고안하느라 시간을 낭비하는 바람에 인류가 얼마나 많은 발전을 놓쳤을지 상상해보라. 총명한 변리사가 새로 특허권을 받을 수 있을 정도까지만 극미하게 다른 방식으로 기존 약품을 복제하고, 탁월한 실력을 갖춘 홍보 부서가 그다지 새롭지 않은 신약을 선전하는 신종 마케팅 전략을 펼치느라고 자신의 전성기를 불사르는 바람에 인류가 얼마나 많은 발전을 놓쳤을지 상상해보라.

이들은 이미 존재하고 있는 부를 이리저리 옮기느라 힘쓰지 말고 부를 창출하느라 모든 재능을 쏟아 넣어야 했다. 그랬다면 지금쯤 제트팩jetpack(등에 메는 개인용 분사 추진기—옮긴이)을 발명하고, 수중 도시를 건설하고, 암을 정복했을지 누가 알겠는가?

마르크스의 친한 친구였던 엥겔스는 당시 노동자가 속한 "프롤레타리아 계급"이 "허위의식"에 희생당했다고 주장했다. 엥겔스에 따르면 19세기 공장 근로자들은 종교와 민족주의 때문에 세계관이 왜곡되어 지주 엘리트 계급에 대항하지 않았다. 아마 오늘날 사회도 피라미드의 최상층이 대상인 점을 제외하고는 비슷한 관례에 갇혀 있다. 일부의 세계관은 급여, 두둑한 보너스, 탄탄한 연금 계획 때문에 왜곡되었을 것이다. 두툼한 지갑은 이와 비슷한 허위의식, 다시 말해 자신이 돈을 매우 많이 벌기 때문에 커다란 가치를 창출하고 있다는 신념을 유발할 것이다.

어떤 경우이든 상황은 바람직하지 않다. 경제와 세금, 대학교는 진정한 혁신과 창의성이 빛을 발할 수 있도록 재구성돼야 한다. 개성이 강한 경제학자 윌리엄 보몰은 20년 이상 전에 "우리는 문화의 느린 변화를 인내심을 발휘하며 기다릴 필요가 없다"[20]라고 선언했다. 다른 사람의 돈으로 도박을 하는 행위가 더 이상 수익을 거두지 못할 때까지 기다릴 필요가 없다. 환경미화원, 경찰관, 간호사가 넉넉한 급료를 받을 때까지 기다릴 필요가 없다. 수학 귀재가 헤지펀드를 만드는 대신 화성에 식민지를 건설하려는 꿈을 다시 꾸기 시작할 때까지 기다릴 필요가 없다.

다른 세상을 향해 앞으로 발걸음을 뗄 수 있고 대개 그렇듯 세금을 이용해 그렇게 할 수 있다. 유토피아라도 세금을 거둘 때는 명분이 필요하다. 예를 들어 금융 산업을 제어하기 위해 거래세를 부과할 수 있다. 1970년 미국에서 주식 보유기간은 평균 5년이었지만 40년이 지난 현재 보유기간은 단 5일이다.[21] 정부가 거래세를 부과해 주식을 거래할 때마다 세금을 내게 하면 사회적 가치를 전혀 창출하지 않는 극초단타 트레이더들은 더 이상 금융자산을 순식간에 사고팔아 이익을 내지 못할 것이다. 또 금융 부문에서 저지르는 범행을 방조하는 경망스러운 지출을 절감할 수 있다. 2012년 런던과 뉴욕의 금융시장끼리 오가는 전송 속도를 높일 목적으로 가설한 광섬유 전선을 예로 들어보자. 1000분의 5.2초를 단축하려고 들인 설치비용이 자그마치 3억 달러였다.

좀 더 간단하게 설명하면 거래세가 모든 국민을 더욱 부유하게 만들어줄 것이다. 전체 이익에서 좀 더 공평한 몫이 모두에게 돌아갈 뿐 아니라 전체 이익도 더욱 커질 것이다. 그렇다면 짐을 싸들고 월스트리트로 갔던 수학 귀재도 교사나 발명가나 엔지니어가 되려고 다시 돌아올 수 있다.

하지만 최근 수십 년 동안 벌어진 상황은 정반대였다. 하버드대학교가 실시한 연구 결과에 따르면 레이건 시대에 세금 감면 정책을 실시하자 교사와 엔지니어 등 똑똑한 사람들이 은행가와 회계사로 경력을 전환하는 사례가 다량으로 발생했다. 1970년 하버드대학교 남성 졸업생 중에서 금융 분야보다 연구 분야를 경력으로 선택한 사람은 2배였지만, 20년 후에는 상황이 역전되어 1.5배가 금융 분야를 선택했다.

결과적으로 국민 모두 더욱 가난해졌다. 은행이 1달러를 벌어들일 때마다 약 60센트가 경제 사슬 어딘가에서 파괴된다. 반면에 연구자가 1달러를 벌어들일 때마다 5달러 이상의 가치가 경제로 수혈된다.[22] 고소득자에게 부과하는 세금을 인상하는 경우에는 하버드대학교에서 사용하는 용어를 빌리자면 "부정적인 외부효과를 유발하는 직업에서 긍정적인 외부효과를 유발하는 직업으로 재능 있는 개인을 재배치한다."

평범하게 표현해보자면 세금을 인상하는 경우에는 유용한 직업에 종사하는 사람이 늘어날 것이다.

트렌드 워처

더욱 나은 세상을 만들기 위해 노력을 기울여야 하는 분야로 교육이 있다.

교육은 염병할 직업으로 사람들이 쏠리는 현상을 부채질할 수도 있지만 새로운 형태의 실질적인 번영을 안기는 근원이다. 세상에서 가장 영향력 있는 직업을 열거하면 교사가 상위권을 차지할 확률이 높다. 돈과 권력, 지위 등을 보상 받아서가 아니라 그보다 훨씬 중요한 인간 역사를 형성하기 때문이다.

현실과는 동떨어진 말처럼 들릴지 모르지만 일반 초등학교 교사를 예로 들어 생각해보자. 아동이 25명인 반의 담임교사를 맡아 40년 동안 활동하면 아동 1,000명의 삶에 영향을 줄 수 있다. 더욱이 교사는 아동이 외부의 영향을 가장 민감하게 받아들일 나이에 그들의 삶을 형성한다. 아이들은 결국 아이들일 뿐이다. 교사는 미래에 대비하도록 아동을 준비시키는 동시에 그 과정에서 미래를 직접 형성한다.

미래 사회에 이익을 제공하는 방식으로 우리가 개입할 수 있는 곳이 바로 교실이다.

하지만 그러한 현상은 거의 일어나지 않고 있다. 교육에서 논쟁거리로 크게 부각되는 것은 형식과 전달, 교훈에 관련한 문제이다. 사회가 생각하는 교육은 적응의 수단으로 좀 더 수월하게 생활할 수 있도록 구성원을 도와주는 윤활유이다. 교육 관련 회의에서 21세기를 포함한 미래에 필요한 기술의 종류를 예언할 때 트렌드 워처들Trend Watchers (유행의 흐름을 조사하고 분석하는 전문가—옮긴이)이 일관성 있게 사용하는 단어는 "창의적인creative" "적용할 수 있는adaptable" "유연한flexible" 등이다.

이때 트렌드 워처들의 주장은 예외 없이 가치가 아니라 역량에 초점이 맞춰져 있다. 해결해야 할 문제가 아니라 "문제 해결 능력"에 맞춰져 있다. 이러한 경향의 중심에는 '현재의 학생들이 미래, 예를 들어 2030년 시장에서 일자리를 찾으려면 어떤 지식과 기술이 필요할까?'라는 의문이 있다.

하지만 이것은 엄밀하게 말해 잘못된 질문이다.

2030년에는 양심에 거슬러도 괴로워하지 않을 수완 좋은 회계사를 찾는 수요가 늘어날 가능성이 크다. 현재 추세가 지속되면 룩셈부르크·네덜란드·스위스 같은 국가가 훨씬 큰 규모의 조세피난처가 되어 다국적 기업에 세금을 훨씬 효과적으로 피할 수 있는 길을 열어주면서 결과적으로 개발도상국에 더욱 큰 피해를 안길 것이다. 교육이 지향하는 목표가 이러한 경향을 뒤엎는 것이 아니라 편승하는 것이라면 21세기에 본질적으로 갖춰야 하는 기술은 자기중심주의일 것이다. 법이나 시장이나 기술이 요구해서가 아니라 오로지 그런 방식으로 돈을 벌고 싶어 하기 때문이다.

그렇다면 우리가 던져야 할 질문은 더 있다. 2030년 자녀가 어떤 지식과 기술을 갖추기를 원하는가? 대답의 초점은 상황을 예상하거나 여기에 적응하기보다는 상황을 조종하거나 창조하는 데 맞춰야 한다. 이런저런 염병할 직업에 종사하며 어떻게 생계를 유지할지 고민하기보다는 어떻게 생계를 유지하고 싶은지 곰곰이 생각해야 한다. 이것은 어떤 트렌드 워처도 대답하지 못하는 질문이다. 어떻게 대답할 수 있겠는가? 그들은 트렌드를 따를 뿐이지 창조하지 못하기 때문이다. 트렌드를 만드는 것은 우리의 몫이다.

다음 질문에 대답하려면 자신과 자신의 개인적 이상을 살펴봐야 한다. 우리는 무엇을 원하는가? 예를 들어 친구나 가족과 함께 보내는 시간을 늘리고 싶은가? 자원 봉사 활동에 들이는 시간을 늘리고 싶은가? 아니면 예술 활동? 스포츠? 미래 교육은 고용 시장뿐 아니라 좀 더 근본적으로 삶에 대비하도록 자신을 준비시켜야 한다. 금융 부문을 제어하고 싶은가? 그렇다면 자라나는 경제학자들에게 철학과 윤리를 가르쳐야 한다. 인종, 성별, 사회경제적 집단을 아울러 결속을 더욱 강화하고 싶은가? 그렇다면 사회학을 가르쳐야 한다.

새로운 이상을 중심으로 교육을 재조직하면 고용 시장은 기꺼이 그 추세를 따를 것이다. 좀 더 많은 내용의 예술, 역사, 철학을 학교 교과 과정에 통합한다고 상상해보자. 예술가, 역사가, 철학가에 대한 수요가 틀림없이 상승할 것이다. 그것은 1930년 존 메이너드 케인스가 2030년을 바라보며 꾸었던 꿈과 같다. 번영과 업무 자동화의 증가는 최종적으로 "수단보다 목적에 가치를 두고, 유용한 것보다 훌륭한 것을 선호"하게 해준다. 주당 근로시간을 줄이는 목적은 모든 사람을 할 일 없이 빈둥거리게 만드는 것이 아니라, 자신에게 진정으로 중요한 일을 하는 데 쏟을 시간을 늘려주는 것이다.

결국 진정한 가치를 결정하는 주체는 시장이나 기술이 아니라 사회이다. 이번 세기에 모든 사람이 부유해지기를 원한다면 일은 무조건 의미 있다는 독단에서 벗어나는 동시에 급여가 높은 직업은 자동적으로 사회적 가치가 크다고 생각하는 오류를 제거해야 한다.

그러면 가치 창조의 측면에서 생각할 때 은행가가 되는 것이 가치 있는 일이 아니라고 깨달을 것이다.

50년 후 뉴욕 시

파업이 끝나고 반세기가 지난 시점에서 보면 뉴욕 시는 당시 교훈을 얻었던 것 같다. 최근 신문에 '뉴욕 시에서는 누구나 환경미화원이 되고 싶어 한다'라는 제목의 기사가 크게 실렸다. 요즈음 대도시의 환경미화원은 부러움을 살 정도로 준수한 임금을 받는다. 근무를 시작한 지 5년이 지나면 연봉 7만 달러에 초과 근무 수당과 특전을 받는다. 위생국 대변인은 해당 기사에서 이렇게 설명했다. "그들 덕택에 도시가 돌아간다. 그들이 단기간이라도 일하지 않으면 뉴욕 시 전체가 멈춘다."[23]

해당 기사는 한 환경미화원을 인터뷰한 내용도 실었다. 2006년 당시 스무 살이었던 조지프 러맨Joseph Lerman은 환경미화원으로 출근하라는 연락을 받고 "로또에 당첨된 기분이 들었다"고 회상했다. 러맨은 매일 새벽 4시에 잠자리에서 일어나 12시간 교대로 쓰레기를 운반한다. 동료 뉴욕 시민은 러맨이 노동의 대가로 준수한 수준의 임금을 받는 것이 당연하다고 생각한다. 위생국 대변인은 이렇게 언급했다. "솔직히 환경미화원이 괜히 뉴욕 시의 영웅으로 알려진 것은 아니다."

미래의 목표는 완전 실업이다.
그래야 놀 수 있으니까.

　- 아서 클라크Arthur C. Clarke(1917~2008년), 영국 과학소설 작가

기계에 맞서는 경주

8

RUTGER BREGMAN

　이것이 처음은 아닐 것이다. 20세기 초 기계는 전통적인 직업을 퇴물로 만들고 있었다. 1901년 영국에서 전통적인 직업은 100만 개 이상이었지만 불과 몇십 년 만에 거의 전부 사라졌다.[1] 엔진 달린 운송수단이 출현하면서 그들의 소득은 자기 식량조차 대지 못할 정도로 서서히 하지만 확실히 잠식당했다.

　당연히 짐수레 말의 이야기이다.

　운전하는 로봇, 책 읽어주는 로봇, 말하고 쓰고 가장 중요하게는 계산하는 로봇이 위험할 정도로 신속하게 발달하다 보니 풍요의 땅에 사는 주민도 일자리를 빼앗길까 봐 마땅히 걱정할 만하다. 노벨상 수상자 바실리 레온티예프Wassily Leontief는 1983년 이렇게 썼다. "가장 중요한 생산 요소로서 인간의 역할은 줄어들 수밖에 없다. 농업 생산에서 말의 역할이 줄어들기 시작하다가 나중에 트랙터가 도입되면서 사라진 것과 같은 이치이다."[2]

로봇의 등장은 주당 근로시간을 줄이는 동시에 보편적 기본소득을 제공하자는 주장을 가장 강력하게 뒷받침하는 근거이다. 현재 추세대로라면 구조적인 실업이 발생하고 불평등이 확산될 것이다. 1830년 허더즈필드에서 열린 회의에서 윌리엄 레드비터William Leadbeater 라는 영국인 장인이 격렬하게 항의했다. "기계는 도둑이고 수천 명을 약탈할 것이다. 결국 깨닫겠지만 기계가 이 나라를 파괴하고 말 것이다."³

기계는 우선 임금에 영향을 주기 시작했다. 미국에서 1969~2009년 풀타임 근로자의 실질적인 중간 임금은 14% 감소했다.⁴ 독일에서 일본에 이르는 다른 선진국에서도 임금 성장은 생산성이 계속 증가하는 시기에도 대부분의 직업에서 제자리에 머물렀다. 가장 주목할 만한 원인은 단순하다. 노동력의 희소가치가 점점 떨어지기 때문이다. 기술의 발달 때문에 풍요의 땅에 사는 주민도 전 세계 수십억 근로자와 직접 경쟁해야 하고 게다가 기계하고도 경쟁해야 한다.

물론 사람은 말과 달라서 학습하고 성장할 수 있다. 그래서 우리는 교육에 더욱 많은 돈을 쏟아붓는 동시에 지식 경제를 외치며 만세 삼창을 부르는 것이다.

그런데 여기에는 문제가 하나 있다. 전문직 종사자조차도 걱정해야 할 이유이다. 숙련된 근로자였던 윌리엄 레드비터는 1830년 기계화된 직조기가 들어서면서 일자리에서 밀려났다. 그가 교육을 받지 않아서가 아니라 그의 기술이 갑자기 불필요해졌기 때문이다. 앞으로 이러한 운명을 맞을 사람은 더욱 불어날 터였다. 그래서 윌리엄은 "나는 기계가 결국 우주를 파괴하리라 생각한다"고 경고했다.

기계에 맞서는 경주에 참여한 것을 환영한다.

칩과 컨테이너

1965년 봄 IBM의 기술자 고든 무어Gordon Moore는 〈일렉트로닉스 매거진Electronics Magazine〉에서 보낸 편지를 받았다. 잡지 창간 35주년 특집호에 게재하기 위해 컴퓨터 칩의 미래를 주제로 기사를 써달라는 내용이었다. 당시에는 최고 성능을 자랑하는 시제품이라도 트랜지스터가 30개뿐이었다. 트랜지스터는 모든 컴퓨터의 기본 구성요소로서, 당시 트랜지스터는 커다랗고 컴퓨터 구동 속도도 느렸다.

기사를 쓰기 위해 자료를 모으기 시작한 무어는 곧 놀라운 사실을 발견했다. 칩당 트랜지스터의 수가 1959년 이후 매년 두 배씩 증가하고 있었던 것이다. 자연스럽게 무어는 '이 경향이 지속하면 어떤 현상이 벌어질까?'라고 생각하기 시작했다. 결국 1975년이면 칩당 트랜지스터의 수가 엄청나게도 6만 개에 이르리라 계산하고 깜짝 놀랐다. 얼마 지나지 않아 컴퓨터는, 누구에게도 밀리지 않을 만큼 똑똑한 대학교 수학자들이 함께 지력을 모았을 때보다 계산을 잘할지도 모를 일이었다.[5] '더욱 많은 부품을 집적회로에 밀어 넣기'라는, 무어가 쓴 논문 제목만 보더라도 짐작할 수 있다. 이렇게 집적된 칩을 사용하면 종국에 가서는 "휴대용 통신 기기"뿐 아니라 "가정용 컴퓨터 같은 경이로운 제품", 아마도 "자동차 자동제어"까지 탄생할 것이었다.

무어는 이것이 막연한 추측이라 생각했다. 하지만 40년 후 세계 최대 칩 제조사 인텔Intel은 무어의 글이 실린 1965년 4월 19일자 〈일렉트로닉스 매거진〉을 찾아내는 사람에게 1만 달러를 지불하겠다고 발표했다. 당시 막연했던 추측은 '무어의 법칙'으로 역사에 기록됐다. 법칙을 생각해낸 고든 무어는 2005년 "칩을 개발하는 과정에서 몇 차례에 걸쳐 기술 진보가 한계에 도달했다고 생각했다. 경향이 수그러들고 있다"⁶라고 보고했다. 하지만 아직은 아니다. 2013년 새로 출시된 엑스박스 원Xbox One 비디오 게임기의 칩에는 트랜지스터가 무려 50억 개 들어 있다. 이러한 현상이 얼마나 계속될지는 누구도 단정할 수 없지만 아직까지 무어의 법칙은 여전히 작용하고 있다.⁷

이제 컨테이너를 생각해보자.

1950년대 말 트랜지스터가 정보의 기본 단위가 됐듯 선적 컨테이너는 수송의 기본 단위가 됐다.⁸ 지금 생각하면 직사각형의 강철 상자가 칩이나 컴퓨터만큼 혁신적인 제품일 것 같지 않지만 이렇게 생각해보자. 선적 컨테이너가 등장하기 전에는 제품을 선박, 기차, 트럭 등에 하나씩 실어야 했다. 이렇게 화물을 싣고 내리는 과정을 반복하다 보면 운송하는 데 며칠이 추가로 걸릴 수 있었다.

하지만 선적 컨테이너를 사용하면 싣고 내리는 작업을 한 번에 끝낼 수 있다. 1956년 4월 최초의 컨테이너 선박이 뉴욕 시를 출발해 휴스턴으로 향했다. 몇 시간 만에 컨테이너 58개를 부두에 하역한 선박은 하루 만에 다시 화물을 가득 싣고 뉴욕 시로 출발했다. 강철 컨테이너가 발명되기 전이었다면 선박은 전체 항해 시간의 50%에 해당하는 4~6일을 항구에서 보내야 했을 것이다. 2년이 지나자 정박 시간은 10%로 감소했다.

칩과 컨테이너가 출현하면서 제품·서비스·자본이 세계를 더욱 빠르게 순환하는 덕택에 세계가 좁아졌다.⁹ 기술과 세계화는 손을 잡고 과거 어느 때보다 빠르게 발전했다. 그러자 가능하리라고 누구도 상상하지 못했던 상황이 벌어졌다.

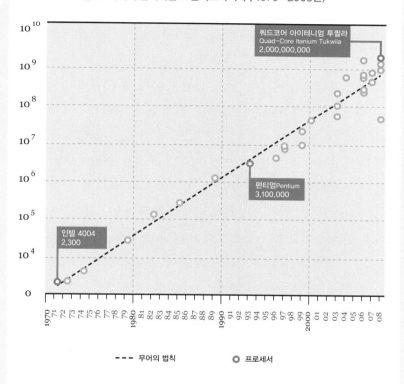

무어의 법칙
(프로세서에 들어가는 트랜지스터의 수, 1970~2008년)

쿼드코어 아이테니엄 투퀼라
Quad-Core Itanium Tukwila
2,000,000,000

펜티엄Pentium
3,100,000

인텔 4004
2,300

- - - 무어의 법칙   ○ 프로세서

출처: 위키미디어 커먼스Wikimedia Commons

노동 대 자본

교과서대로라면 일어날 수 없었던 일이 발생했다.

1957년 경제학자 니콜라스 칼도어Nicholas Kaldor는 경제 성장의 6가지 "사실"이라는 유명한 이론을 발표했다. 첫째, "국민소득에서 노동과 자본의 몫은 장기간 일정하다." 국가가 거두는 소득의 3분의 2는 근로자의 임금으로 들어가고, 3분의 1은 자본 소유주, 즉 주식과 기계를 소유한 사람의 주머니로 들어간다는 뜻이다. 젊은 세대 경제학자들은 "노동 대 자본의 비율은 일정하다"는 이론을 머릿속에 주입했지만 사실은 그렇지 않다.

상황은 이미 30년 전에 바뀌기 시작했고 오늘날에는 산업 국가가 소유한 부의 58%만 근로자의 임금 형태로 분배된다. 차이가 아주 작은 것처럼 들릴 수 있지만 실제로 비율의 변화는 엄청나다. 여기에 작용한 다양한 요인으로는 노조의 쇠퇴, 금융 분야의 성장, 자본에 부과하는 세율의 저하, 아시아 거대 국가의 부상 등을 들 수 있다. 하지만 가장 중요한 요인은 무엇일까? 바로 기술 발전이다.[10]

아이폰을 예로 들어보자. 아이폰은 칩과 컨테이너가 있기 때문에 탄생할 수 있었던 기술의 기적이다. 미국, 이탈리아, 타이완, 일본에서 제작된 부품이 중국에서 조립돼 전 세계로 운송되기 때문이다. 초콜릿 스프레드인 누텔라Nutella는 어떤가? 이탈리아 브랜드인 누텔라는 나이지리아산 초콜릿, 말레이시아산 팜유, 중국산 바닐라 향, 브라질산 설탕을 원료로 브라질, 아르헨티나, 유럽, 오스트레일리아, 러시아에 있는 공장에서 생산된다.

우리는 개인주의 시대에 살고 있지만 우리가 속한 사회는 과거 어느 때보다 상호의존성이 강하다.

누텔라 제품 생산지

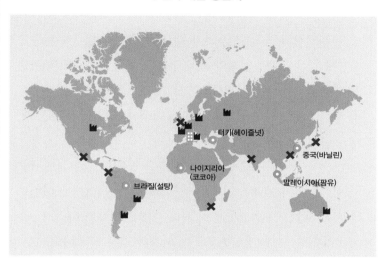

터키(헤이즐넛)

중국(바닐린)

나이지리아
(코코아)

말레이시아(팜유)

브라질(설탕)

⊞ 본부	◎ 주요 원료 공급지
✖ 주요 판매 사무소	⋒ 공장

출처: OECD

중대한 질문은 '이익이 누구에게 돌아가는가?'이다. 실리콘 밸리에서 혁신이 일어나자 다른 지역에서 대량 해고가 발생했다. 아마존 같은 온라인 쇼핑몰을 살펴보자. 온라인 판매자가 부상하면서 소매업 분야의 일자리 수백만 개가 사라졌다. 이미 19세기 말에 영국 경제학자 앨프리드 마셜은 '세계가 좁아질수록 승자의 수는 줄어든다'고 주장했다. 마셜은 당시 그랜드 피아노의 생산을 둘러싼 소수 독점이 축소되는 현상을 주시했다. 도로와 운하가 새로 건설돼 운송비가 계속 떨어지는 바람에 피아노 생산업체의 제품 수출 과정이 점점 수월해졌던 것이다. 대규모 생산업체는 마케팅 영향력과 규모의 경제를 활용해 소규모 지역 생산업체를 괴멸시켰다. 세계가 더욱 축소되면서 소규모 주자들은 차츰 업계에서 추방됐다.

스포츠, 음악, 출판 등의 분야에서도 같은 과정이 진행되면서 지금은 소수의 유력자가 지배하고 있다. 칩, 컨테이너, 인터넷 소매업의 시대에 다른 주자보다 부분적으로 더 낫다는 것은 전투뿐 아니라 전쟁에서 승리했다는 뜻이다. 경제학자들은 이러한 현상을 가리켜 "승자가 독식하는 사회"라고 부른다.[11] 세금보고 소프트웨어가 보급되면서 수수료를 낮춰야 하는 소형 회계 기업부터, 온라인 대형 서점에 맞서서 살아남으려고 분투하는 소형 서점에 이르기까지, 세계가 좁아지자 업계마다 거대 기업이 부상하고 있다.

지금까지 거의 모든 선진국에 불평등 현상이 확대되고 있다. 미국의 빈부 격차는 노예 노동을 기반으로 경제가 가동됐던 고대 로마시대보다 커졌다.[12] 유럽에서도 가진 계층과 갖지 못한 계층의 격차가 크게 벌어지고 있다.[13] 심지어 기업인, 정치인, 팝 스타 등이 모이는 세계경제포럼World Economic Forum에서도 이러한 불평등 증가 현상을 세계 경제가 직면한 최대 위협으로 지목했다.

리얼리스트를 위한
유토피아 플랜

소득 분배의 불평등 현상은 매우 빠른 속도로 심화되고 있다. 1964년 미국 4대 기업의 직원 수는 약 43만 명이었지만 2011년에 이르자 기업 가치가 2배로 증가했는데도 4분의 1로 줄었다.[14] 코닥의 비극적인 운명을 예로 들어보자. 디지털 카메라를 발명했던 코닥의 직원은 1980년대 말 14만 5,000명이었다. 2012년 코닥은 파산을 신청했지만, 13명의 직원만으로 온라인 모바일 사진 서비스를 제공했던 인스타그램Instagram은 10억 달러를 받고 페이스북에 자사를 매각했다.

더욱 적은 인원으로도 사업체를 성공적으로 이끌 수 있는 것이 현실이다. 다시 말해 사업체가 성공하더라도 혜택을 입는 사람은 더욱 적어진다는 뜻이다.

지식작업의 자동화

이미 1964년에 과학소설 저자 아이작 아시모프는 "인류는 대부분 기계 관리자 인종이 될 것이다"라고 예측했다. 하지만 이것은 약간 낙관적인 견해였다. 지금 로봇은 기계 관리자의 직업까지도 위협하고 있기 때문이다.[15] 경제학자 사이에는 다음과 같은 농담이 널리 퍼져 있다. "미래 공장의 직원은 사람 한 명과 개 한 마리, 이렇게 딱 둘이다. 사람의 임무는 개에게 먹이를 주는 것이고, 개의 임무는 사람이 장비에 손을 대지 못하도록 지키는 것이다."[16]

현재 상황을 염려하는 사람은 기술 분야 예언자와 실리콘 밸리의 트렌드 워처만이 아니다. 옥스퍼드대학교 학자들은 미국인이 종사하는 직업의 47%와 유럽인이 종사하는 직업의 54%가 기계에 밀려 사라질 위험성이 크다고 예측했다.[17] 그것도 100여 년이 아니라 앞으로 20년

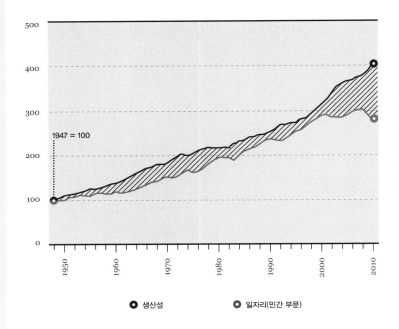

미국에서의 생산성과 일자리, 1947~2011년

1947 = 100

● 생산성   ◉ 일자리(민간 부문)

출처: 미국 노동부 노동통계국

리얼리스트를 위한
유토피아 플랜

안에 그렇게 될 것이다. 뉴욕대학교 교수는 이렇게 주장했다. 자동화의 "열렬한 지지자와 회의론자 사이에 유일하게 진정한 차이는 시간틀뿐이다. 하지만 지금부터 100년이 지나면 어느 누구도 시간이 얼마나 걸렸는지에 별반 관심이 없고 오로지 다음에 어떤 일이 생겼는지에만 신경을 쓸 것이다."[18]

이미 들어봤을 것이다. 고용인은 지금까지 200년 동안 점차 거세지는 자동화 물결을 걱정해왔고, 고용주는 자연스럽게 새 일자리가 생겨나 기존 고용인을 대체하리라 주장해왔다. 결국 1800년을 돌아보면 전체 미국인의 74%가 농부였지만, 1900년에 들어서면서 이 비율은 31%, 2000년에는 불과 3%로 감소했다.[19] 그렇다고 대량 실업이 발생하지는 않았다. 케인스만 하더라도 1930년대 "기술의 발달로 인한 실업"이라는 "새로운 질병"을 주제로 글을 써서 금세 언론의 주목을 받았지만 1946년 사망하고 난 후에도 상황은 여전히 분홍빛이다.

1950년대와 1960년대 미국 자동차 산업은 자동화 물결을 연거푸 경험했지만 임금과 근로 기회도 꾸준히 증가했다. 1963년에 실시한 연구에 따르면, 지난 10년 동안 새로운 기술이 발달하면서 일자리 1,300만 개가 사라졌으나 2,000만 개가 새로 생겨났다. 한 연구자는 "자동화의 증가 현상을 두려워하지 말고 오히려 환호해야 한다"라고 언급했다.[20]

하지만 그것은 1963년 이야기다.

20세기 동안 생산성과 일자리는 거의 나란히 증가했다. 인간과 기계가 어깨를 맞대고 행진한 것이다. 그러나 이제 인간이 새 세기에 발을 들여놓자 갑자기 로봇이 성장을 가속화하기 시작했다. 2000년경 시작된 이 현상을 두 MIT 경제학자들은 "거대한 탈동조화great de-coupling"라고 불렀고, 한 경제학자는 "우리 시대의 거대한 모순"이라고 언급했다. "생산성은 기록적인 수준을 보이고, 혁신은 과거 어느 때보다 빨리 진행하고 있지만 이와 동시에 사회 구성원의 중간 소득은 감소하고 일자리는 줄어들고 있다."[21]

오늘날 새 일자리는 슈퍼마켓, 패스트푸드 체인점, 양로원 등 거의 피라미드의 밑바닥에 집중돼 있다. 이러한 직업들은 아직 안전하지만 그것도 잠시뿐일 것이다.

사람들이 여전히 중요했을 때

100년 전만 해도 컴퓨터는 여전히 사람과 같았다. 당신이나 나와 다를 것이 없었다. 농담이 아니다. 당시 "컴퓨터"라는 단어는 그저 직책에 불과했다. 하루 종일 단순히 합산을 하는 근로자, 대개 여성과 같았다. 하지만 자동화 컴퓨터가 들어서면서 많은 일자리가 사라질 때, 근로자들이 종사했던 계산직도 이내 계산기에 자리를 넘겨주고 가장 먼저 사라졌다.

1990년 기술 분야 예언자인 레이 커즈와일Ray Kurzweil은 1998년이 되면 컴퓨터가 체스 대가를 이길 수 있으리라 예언했다. 물론 예언은 빗나갔다. 한 해 앞선 1997년 슈퍼컴퓨터 딥블루Deep Blue가 체스 세계 챔피언 개리 카스파로프Garry Kasparov를 물리쳤기 때문이다. 당시 세상에서 가장 빠른 컴퓨터는 미군이 개발한 ASCI Red로 최고 연산 성능이 1테라플롭teraflop을 넘어섰다. 딥블루의 크기는 테니스 경기장만 하고 가격은 5,500만 달러였다. 16년이 지난 2013년 연산 기능이 2테라플롭을 쉽게 넘어서면서도 가격은 훨씬 저렴한 새 슈퍼컴퓨터 플레이스테이션 4가 출시됐다.

2011년에는 컴퓨터가 텔레비전 게임 쇼에 출현해 경쟁자로 활약하기까지 했다. 컴퓨터 '왓슨Watson'이 퀴즈 쇼 〈제퍼디! Jeopardy!〉에 출현해 탁월한 일반상식을 자랑한 켄 제닝스Kenn Jennings와 브래드 러터 Brad Rutter와 지혜를 겨뤘던 것이다. 두 사람은 이미 300만 달러가 넘는 상금을 획득한 실력자였지만 컴퓨터 경쟁자에게 무참히 패배하고 말았다. 위키피디아 전체를 포함해 2억 쪽에 달하는 정보를 장전한 왓슨은 제닝스와 러터가 머리를 맞대고 제출한 것보다 훨씬 정확한 답을 내놨다. 제닝스는 이렇게 주장했다. "왓슨이 빼앗은 첫 직업은 '퀴즈쇼 경쟁자'일지 모르나 마지막 직업이 아닌 것은 확실하다."[22]

새 로봇 세대는 인간의 근력뿐 아니라 정신력도 대체한다. 칩과 알고리즘으로 무장한 용감한 신세계인 제2의 기계시대The Second Machine Age에 들어선 것을 환영한다! 제1의 기계시대는 스코틀랜드 발명가 제임스 와트James Watt가 1765년 산책을 하다가 증기기관의 효율성을 향상시킬 수 있는 아이디어를 생각해내면서 시작됐다. 그날이 일요일이었으므로, 신앙이 독실했던 와트는 하루를 기다렸다가 아이디어를 실행에 옮겼다. 그리고 1776년까지 노력해 불과 60분 만에 550센티미터 높이까지 찬 물을 끌어올리는 기계를 제작했다.[23]

거의 전 지역에서 거의 모든 인구가 여전히 가난하고 굶주리고 더럽고 두려움에 떨고, 어리석고 질병에 시달리고 추했던 시기에 기술 발달 그래프가 상승 곡선을 그리기 시작했다. 아니 거의 수직에 가깝게 치솟기 시작했다. 1800년 영국이 수력 발전으로 공급한 에너지의 양은 증기 에너지의 3배였지만, 70년 후 영국의 증기기관은 성인 남성 4,000만 명의 힘과 맞먹는 동력을 만들어냈다.[24] 이렇게 기계의 힘은 엄청난 규모로 근육의 힘을 대체해나갔다.

200년이 지난 지금은 인간의 두뇌가 대체될 때이고 시기도 무르익었다. 1987년 경제학자 밥 솔로Bob Solow는 "컴퓨터 시대의 도래를 도 처에서 특히 생산성 통계에서 볼 수 있다"고 언급했다. 컴퓨터는 이미 상당히 훌륭한 작업을 수행할 수 있었지만 그에 따른 경제적 영향력은 미미했다. 증기기관과 마찬가지로 컴퓨터도 발전을 가속화하려면 시 간이 필요했다. 아니면 컴퓨터를 전기와 비교해보자. 모든 주요 기술 은 1870년대 들어 이미 혁신됐지만 실제로 대부분의 공장이 동력을 전기로 전환한 것은 1920년경에 이르러서였다.[25]

　요즈음으로 시간을 돌려보면 10년 전만 해도 여전히 불가능하다고 생각했던 일들이 칩 덕택에 가능해졌다. 2004년 저명한 두 과학자는 "사람이 여전히 중요한 이유"라는 뜻의 제목으로 글을 썼다.[26] 그들은 어떤 주장을 펼쳤을까? 당시만 해도 자동차 운전은 결코 자동화할 수 없는 일이라고 강조했다. 하지만 6년 후 구글이 제작한 로보카Robo-car 는 이미 160만 킬로미터를 달렸다.

　미래학자 레이 커즈와일은 2029년이 되면 컴퓨터가 사람만큼 지력 을 갖추리라 확신한다. 2045년이 되면 컴퓨터는 인류 전체의 두뇌를 모두 합한 것보다 10억 배나 똑똑해질지 모르겠다. 기술 분야 예언자 들의 주장을 빌리자면 컴퓨터 연산 능력의 기하급수적 성장에는 한계 가 없다. 물론 커즈와일은 천재이기도 했지만 제정신이 아니었으며, 연산 능력은 지력과 다르다는 사실을 기억해야 한다.

　하지만 우리는 여전히 커즈와일의 예측을 간과하고 있다. 결국 우리 가 기하급수적 성장의 힘을 과소평가하는 것은 처음이 아닐 것이다.

이번은 다르다

백만 달러짜리 질문을 던져보자. 그렇다면 우리는 어떻게 해야 할까? 미래에는 어떤 일자리가 새로 생겨날까? 더욱 중요하게는, 우리가 이 새 일자리를 원할까?

물론 구글 같은 기업의 직원들은 군침이 돌 정도로 맛있는 음식을 먹고 매일 안마를 받으며 넉넉한 급여를 벌어들인다. 그러나 실리콘밸리에서 일할 수 있으려면 재능이 넘쳐야 하고 야망과 운도 있어야 한다. 이것이 경제학자들이 말하는 "노동시장 양극화" 또는 "열악한 직업"과 "훌륭한 직업" 사이에 벌어진 틈이다. 고도의 기술이 필요한 직업과 기술이 전혀 필요하지 않은 직업은 매우 안정적인 상태로 남아 있지만 보통 기술을 보유한 사람이 종사할 수 있는 일자리는 감소 추세이다.[27] 현대 민주주의의 근본인 중산층은 서서히 그러나 확실하게 쇠퇴하고 있다. 이 과정의 진행 속도로 보면 미국이 단연 앞서 있지만 다른 선진국도 머지않아 그렇게 될 것이다.[28]

오늘날 풍요의 땅에 거주하는 일부 주민은 자신들이 여전히 원기 왕성하고 진정성이 있으며 기꺼이 소매를 걷어붙이고 일할 준비를 갖추고 있는데도 한쪽으로 완전히 밀려났다고 실감한다. 20세기 전환기를 맞은 영국 짐수레 말의 처지와 비슷하게도 그들은 임금의 많고 적음을 떠나 자신을 기꺼이 써줄 고용주를 찾지 못할 것이다. 아시아와 아프리카의 인력이나 로봇 노동력이 틀림없이 더 쌀 것이기 때문이다. 물론 임금이 더욱 싼 아시아나 아프리카에 외주를 주는 편이 훨씬 효율적인 경우가 많겠지만,[29] 아시아나 아프리카 국가에서도 임금과 기술이 선진국을 따라잡는 순간 로봇이 승리할 것이다. 베트남과 방글라데시에서 노동력을 착취하는 작업장까지도 결국 자동화할 것이다.[30]

로봇은 아프지 않고 휴가도 내지 않고 불평도 하지 않지만 사람들을 박봉에다가 장래성이 없는 직업에 몰아넣는다면 골칫거리가 아닐 수 없다. 영국 경제학자 가이 스탠딩Guy Standing은 새롭고 위험한 "프레카리아트precariat"가 출현하리라고 예언했다. 프레카리아트는 박봉에 임시직 직업을 전전하면서 정치적 목소리를 전혀 내지 않는 사회계급이다. 프레카리아트가 겪는 좌절은 윌리엄 레드비터가 느끼는 좌절처럼 암울하게 들린다. 영국인 장인인 레드비터는 기계가 조국과 아니 세상 전체를 파괴할까 봐 두려워했고, 위험한 계급의 일원으로 자본주의의 초석을 놓은 운동에 가담했다.

이제 러다이트Luddite(영국에서 산업혁명이 초래할 실업의 위험에 반대해 기계를 파괴하는 등 폭동을 일으킨 직공들―옮긴이)를 만나보자.

로폴즈 밀 전투

1812년 4월 11일 100~200여 명이 복면을 쓰고 영국의 맨체스터와 리즈 사이에 있는 허더즈필드 근처 어두컴컴한 장소에 모였다. 망치와 도끼, 권총 등으로 무장하고 덤 스티플Dumb Steeple로 알려진 돌기둥을 빙 둘러 집결했다.

무리의 지도자는 카리스마 넘치는 젊은 농부 조지 멜러George Mellor였다. 그는 러시아에서 가져왔다는 기다란 총을 무리가 볼 수 있도록 높이 쳐들었다. 무리의 표적은 윌리엄 카트라이트William Cartwright가 소유한 공장인 로폴즈 밀Rawfolds Mill이었다. 부유한 사업가 카트라이트가 숙련된 직공 네 명이 하는 작업을 도맡아 처리할 수 있는 직조 기계를 새로 들여왔기 때문이다. 그때부터 복면을 쓴 무리, 자칭 '요크셔

러다이트Yorkshire Luddites'의 실업률이 치솟았다.

러다이트들이 공격해온다는 정보를 입수한 카트라이트는 군인들을 불러들여 매복시켰다. 20여 분이 지나 총알 140여 발이 오가고 2명이 사망하자 멜러를 포함한 러다이트 무리는 퇴각해야 했다. 6킬로미터나 떨어진 곳에 있던 핏자국으로 미루어 수십 명이 총상을 입었다.

로폴즈 밀이 공격을 당한 것에 분노한 다른 공장 소유주인 윌리엄 호스폴William Horsfall은 "전장을 러다이트들의 피로 물들이겠다"고 맹세하면서 2주 후 허더즈필드에서 근처 마을인 마스든Marsden으로 말을 몰았다. 하지만 멜러를 포함해 네 명의 러다이트가 매복해 있다는 사실을 모르고 출발했다가 정오가 되기도 전에 러시아제 권총에서 날아온 총알을 맞고 살해됐다.

그 후 몇 달 동안 요크서 러다이트 전체가 반기를 들었다. 로폴즈 밀 전투와 윌리엄 호스폴의 살해를 조사할 목적으로 위원회가 소집되었다. 정력적인 치안 판사 조지프 래드클리프Joseph Radcliff가 이끄는 위원회가 범인을 수색하기 시작했다. 호스폴을 함정으로 유인한 사람 중 하나인 벤저민 워커Benjamin Walker는 래드클리프에게 자수하면서 자신의 신변을 보장하고 현상금 2,000파운드를 달라고 요구했다. 그러면서 공모자로 윌리엄 소프William Thorpe, 토머스 스미스Thomas Smith, 러다이트의 지도자 조지 멜러를 지목했다.

그 결과 얼마 지나지 않아 세 사람은 형장의 이슬로 사라졌다.

우파 러다이트

세 사람이 처형된 다음 날 지역 신문 〈리즈 머큐리Leeds Mercury〉는

"어떤 죄수도 눈물을 흘리지 않았다"고 보도했다. 처형되기 전에 멜러는 자신의 죄를 용서해달라고 기도했지만 러다이트 활동에 관해서는 함구했다. 배신자인 워커는 교수형을 면했지만 현상금을 받지 못하고 런던 거리에서 가난에 찌들어 살다가 삶을 마쳤다고 전해진다.

로폴즈 밀은 오래전에 없어졌지만 200여 년이 지난 요즈음 근처 로프 공장 근로자들은 밤이면 러다이트 유령들이 나타나 들판을 배회한다고 수군댄다.[31] 어떤 면에서는 그들의 말이 맞다. 러다이트들이 두려워했던 점이 오늘날 사람들의 마음속에 남아 있기 때문이다. 제1의 기계시대 초기에 영국 중부와 북부의 직조공들은, 1779년 격렬하게 분노하며 봉기해 직조 기계 2대를 부쉈다는 가상의 지도자 네드 러드Ned Ludd의 이름을 따서 자신들을 러다이트라 부르며 폭동을 일으켰다. 당시에는 노동조합을 결성하는 것이 불법이었으므로 러다이트는 역사가 에릭 홉스봄Eric Hobsbawm이 언급하듯 "폭동에 의한 협상" 방법을 선택했다. 그래서 공장들을 차례로 휩쓸고 지나가며 파괴의 흔적을 남겼다.

물론 기계가 우주를 파괴하리라는 윌리엄 레드비터의 예언은 약간 과장일 수 있지만 러다이트들이 우려하는 데는 근거가 있었다. 근로자의 임금은 곤두박질쳤고 일자리는 바람에 부는 먼지처럼 사라지고 있었기 때문이다. 18세기 말 리즈의 직조공들은 이렇게 탄식했다. "일자리에서 쫓겨난 사람들은 어떻게 가족을 부양해야 하는가? 다른 일을 배워 새로 시작하라고 말하는 사람들이 있다. 우리가 그렇게 한다고 치자. 그렇게 고되게 애쓰는 동안 가족의 생계는 누가 책임질 것인가? 그 고통을 겪으며 다른 기술을 습득하고 나서 생활 형편이 나아지리라는 것을 어떻게 알 수 있는가? 그때가 되면 다른 종류의 기계가 생겨나서 그 일마저 빼앗길 수 있다."[32]

1811년 절정에 다다른 러다이트 폭동은 처참히 짓밟혔다. 100명 이상이 교수형을 당했다. 러다이트들은 기계에 거슬러 전쟁을 선포했지만 승리를 거둔 것은 기계였다. 결과적으로 이 사건은 대개 기계가 발달하는 과정에서 생겨난 가벼운 딸꾹질 정도로 여겨질 뿐이다. 결국 기계가 새 일자리를 매우 많이 창출했으므로 20세기 들어 인구가 폭발적으로 증가했음에도 일자리는 여전히 많다. 급진적 자유사상가 토머스 페인Thomas Paine은 "노동량을 줄이기 위한 모든 기계는 우리가 속한 거대한 집단에게 일종의 축복이다"[33]라고 주장했다.

　물론 그렇기도 하다. 실제로 "로봇robot"이라는 단어의 실질적 어원은 "고역toil"을 뜻하는 체코슬로바키아어 robota이다. 인간은 자신이 하고 싶지 않은 일을 시키려고 로봇을 만들었다. 1890년 오스카 와일드는 "기계가 석탄 광산에서 우리 대신 일해야 한다"면서 열광했다. 기계는 "증기선에 불을 때고, 거리를 청소하고, 비 오는 날 심부름을 다니고, 지루하거나 괴로운 일을 처리해야 한다." 와일드에 따르면 고대 그리스는 노예제도가 문명을 형성하기 위한 전제조건이라는 불편한 진실을 알고 있었다. "세계의 미래는 기계 노예제도에 의존한다."[34]

　하지만 미래에 기계 노예제도만큼 중요한 것은 바로 재분배이다. 승자뿐 아니라 패자에게도 보상해 누구나 제2의 기계 시대를 살며 혜택을 누릴 수 있는 제도를 고안해야 한다. 200년 동안 노동시장은 일자리를 끊임없이 새로 만들어내면서 발전의 열매를 분배해왔다. 하지만 이러한 제도가 얼마나 오랫동안 지속될까? 러다이트들이 두려움을 느낀 것이 시기적으로 이르기는 했지만 궁극적으로 미래를 예언했다면 어떡할까? 결국 인간이 기계와 벌이는 경쟁에서 대부분 패배할 운명에 처해 있다면 어떡할까?

　그렇다면 우리는 어떻게 해야 할까?

구제 방법

　많은 경제학자는 우리가 할 수 있는 일이 그다지 많지 않다고 말한다. 사회가 나아가는 경향은 뚜렷하다. 불평등은 계속 증가할 것이고, 기계가 대신할 수 없는 기술을 습득하지 못한 사람은 결국 일자리에서 밀려날 것이다. 미국 경제학자 타일러 코언Tyler Cowen은 "고소득자들을 삶의 거의 모든 영역에서 자부심을 느끼도록 만드는 것이 앞으로 직업을 성장시키는 주요 원동력이 될 것이다"라고 썼다.[35] 저소득층이 저렴한 태양열과 무료 와이파이 같은 새로운 생활 편의 시설을 누릴 수 있을지 모르나 최상위 부자와 벌어진 격차는 과거 어느 때보다 커질 것이다.

　게다가 주변 마을과 도시가 갈수록 빈곤해지더라도 고학력 부자들은 계속 한데 뭉칠 것이다. 유럽에서는 이러한 현상이 이미 나타나고 있다. 스페인 기술 전문가는 마드리드보다 네덜란드의 암스테르담에서 훨씬 쉽게 직장을 구할 수 있고, 그리스 엔지니어는 조국을 떠나 독일의 슈투트가르트와 뮌헨으로 향한다. 대학 졸업자는 다른 대학 졸업자 가까이 살려고 거주지를 옮긴다. 1970년대 미국에서 4년제 대학 졸업자의 비율을 기준으로 도시의 순위를 매겼을 때 최고와 최저의 차이는 16%포인트였다. 하지만 오늘날 그 차이는 2배로 벌어졌다.[36] 사람들을 판단하는 기준이 과거에 태생이었다면 지금은 벽에 걸린 학교 졸업장이다. 기계가 대학에 갈 수 없는 한 학위는 우리에게 과거 어느 때보다 큰 이익을 안길 것이다.

　그러므로 사람들이 일반적으로 교육에 더욱 많이 투자하는 것은 의외가 아니다. 우리는 기계를 능가하기 위해서가 아니라 따라잡기 위해 최선을 다한다. 어쨌거나 19세기와 20세기에는 학교 교육에 막대하게 투자하는 방식으로 기술 발달의 쓰나미에 적응할 수 있었다. 하지만 당시 농부의 수입 능력을 끌어올리기 위해서는 읽기와 쓰기, 산수 같은 기본 기술을 제외하고 그다지 많은 지식이 필요하지 않았다. 하지만 새로 맞이하는 세기에 대비해 자녀 세대를 준비시키려면 비용이 많이 드는 것은 물론이고 상당한 애로가 따를 것이다. 낮은 가지에 매달려 있는 열매는 이미 따먹고 없기 때문이다.

네덜란드인 체스 그랜드마스터 얀 하인 도너Jan Hein Donner에게 비결을 들어보자. 컴퓨터와 대결한다면 어떤 전략을 쓰겠느냐는 질문을 받자 도너는 오래 생각하지 않고 "망치를 쓰겠다"고 대답했다. 이것은 공장과 철도의 건설을 허락하지 않았던 신성로마제국 황제 프란시스 2세(1768~1835년) 같은 사람들이 취하는 종류의 태도이다. 황제는 "절대 안 된다. 나라에 혁명이 비집고 들어올 틈을 주지 않기 위해 나는 절대 허락하지 않을 것이다"[37]라고 선언했다. 황제가 거세게 저항했으므로 오스트리아에서는 19세기에도 말이 기차를 끌었다.

발전의 열매를 계속 따고 싶다면 좀 더 급진적인 해결책을 생각해내야 한다. 교육과 복지에서 혁명을 일으켜 제1의 기계 시대에 적응했듯 제2의 기계 시대에 대처하려면 주당 근로시간의 단축이나 보편적인 기본소득 같은 급진적인 수단을 강구해야 한다.

자본주의의 미래

우리 존재의 궁극적 목적이 유급 노동이 아닌 미래를 상상하는 것이라는 점은 오늘날 여전히 어렵다. 하지만 상황이 다른 세상을 상상할 수 없는 것은 상상력이 빈약하다는 뜻일 뿐 상황을 바꿀 수 없다는 증거는 아니다. 1950년대 냉장고와 진공청소기, 무엇보다 세탁기 등이 등장했을 때만 해도 이러한 기술 발전 덕택에 기록적인 수의 여성이 노동시장에 진출할 수 있으리라고는 생각할 수도 없었지만 실제로 그렇게 됐다.

그렇더라도 역사의 경로를 결정하는 요인은 기술 자체가 아니다. 결국 인간의 운명을 어떻게 형성할지 결정하는 주체는 인간이기 때문이다. 미국에 널리 퍼져 있는 급진적 불평등은 어쩔 수 없이 선택해야 하는 각본이 아니다. 이러한 현상에 맞서려면 생계를 위해 일해야 한다는 독단적 견해를 21세기 어느 시점에서 거부해야 한다. 사회가 부유해질수록 노동시장은 더욱 비효과적으로 번영을 분배할 것이다. 기술이 베푸는 축복을 누리고 싶다면 궁극적으로 재분배를 선택해야 한다. 그것도 대규모로 재분배해야 한다.

돈의 재분배(기본소득), 시간의 재분배(주당 근로시간의 단축), 과세의 재분배(노동이 아닌 자본에 부과하는 세금), 로봇의 재분배가 필요하다. 19세기로 거슬러 올라가 오스카 와일드는 "모두의 재산"인 지적인 기계로 누구나 혜택을 받는 시대가 오리라 고대했다.[38] 기술적 진보는 사회를 전체적으로 더욱 번성하게 만들지는 모르나 구성원 전체가 혜택을 받으리라고 주장하는 경제 법칙은 없다.

얼마 전 프랑스 경제학자 토마 피케티Thomas Piketty는 사회가 현재 선택한 길을 계속 걸어가면 어느 결에 19세기 말 도금시대The Gilded Age로 돌아가리라고 주장해 이목을 끌었다. 주식과 주택, 기계 등, 자본을 소유한 사람이 누리는 생활수준이 자본 없이 열심히 일만 하는 사람보다 훨씬 높았기 때문이다. 수백 년 동안 연간 경제 성장률은 2%를 밑돌았지만 자본 수익률은 4~5%였다. 불평등은 강력하고 포괄적인 성장의 재기(도저히 일어날 것 같지 않다), 자본에 대한 중과세(이것도 가능할 것 같지 않다), 3차 세계대전의 발발(일어나지 않기를 바란다)을 차단하면서 다시 한 번 위협적인 기세로 확대될 수 있었다.

교육과 규제, 긴축재정을 늘리는 일반적인 해결책은 새 발의 피에 불과할 것이다. 피케티에 따르면 전 세계적으로 재산에 누진세를 매기는 것이 불평등을 해소할 수 있는 유일한 방법이다. 미래는 정해져 있지 않다. 역사를 통틀어 정치에서는 평등을 향한 행진이 늘 존재했다. 공동 발전의 법칙이 스스로 출현하지 않는다면 우리가 앞장서서 법을 만들어야 한다. 이러한 법이 없으면 자유 시장 자체가 위험에 빠질 것이다. 피케티는 이렇게 결론을 내렸다. "자본주의자에게서 자본주의를 구출해야 한다."[39]

1960년대 있었던 일화를 인용하면 이러한 역설을 말끔하게 설명할 수 있다. 헨리 포드의 손자가 노조 지도자 월터 루서Walter Reuther에게 새 자동화 공장을 견학시키며 "월터, 이 로봇에게 어떻게 조합비를 받아낼 건가요?"라고 물었다. 그러자 루서는 조금도 지체하지 않고 이렇게 받아쳤다. "헨리, 이 로봇에게 어떻게 자동차를 사게 할 건가요?"

미래에는 이미 도달해 있다.
단지 골고루 분배되어 있지 않을 뿐이다.

– 윌리엄 깁슨William Gibson(1948~), 소설가

풍요의 땅 너머

9

풍요의
땅 너머

죄책감이 꼬리에 꼬리를 물고 고개를 든다.

인구 수억 명이 하루 1달러로 연명해야 하는데 우리는 풍요의 땅에 살면서 현금을 무상으로 지원하고 주당 15시간 일하자는 퇴폐적인 유토피아 이론을 들먹이고 있기 때문이다. 오히려 풍요의 땅에서 누릴 수 있는 기쁨을 세계 모든 인구에게 누리게 하자는 시대 최고의 과제에 도전해야 하지 않을까?

사실 우리는 지금까지 그렇게 시도해왔다. 서구 세계는 외국의 경제 개발을 원조한다는 명목으로 연간 1,348억 달러를 쓴다. 1달에 112억 달러, 1초에 4,274달러이다.[1] 지난 50년 동안 이렇게 쓴 돈을 모두 합산하면 거의 5조 달러에 이른다.[2] 많다고 생각하는가? 사실 이라크와 아프가니스탄에서 벌인 전쟁에 들어간 액수와 거의 비슷하다.[3] 게다가 선진국이 매년 자국의 농업에 지원하는 금액은 외국을 원조하는 금액의 두 배이다.[4] 그렇더라도 거액인 것만큼은 틀림없다. 솔직히 5조 달러는 천문학적인 액수이다.

그렇다면 그 돈은 도움이 됐을까?

대답하기가 모호하다. 이때 유일하게 나올 수 있는 대답은 아무도 모른다는 것이다.

있는 그대로 말하자면 우리는 전혀 모른다. 상대적으로 말해 1970년 대는 인도주의적 원조의 전성기였지만 당시 아프리카의 상황은 철저하게 끔찍했다. 요즈음 미국이 원조를 줄이고 있는데도 상황은 계속 나아지고 있다. 두 상황은 어떤 관계가 있을까? 누가 알 수 있겠는가? 밴드 에이드Band Aid와 보노Bono가 없었다면 상황은 100배나 나빠졌을 수 있다. 아니, 그렇지 않았을 수도 있다. 세계은행이 실시한 연구에 따르면 20세기 들어 서구 국가들이 제공한 전체 원조의 85%는 의도와 다르게 사용됐다.[5]

그렇다면 원조는 모두 허사였을까?

그것도 알 수 없다.

우리가 의존하는 경제 모델은 인간을 완전히 이성적인 존재로 전제하고 앞으로 어떻게 행동할지 알려준다. 회고적 조사를 실시해 학교와 마을, 국가가 돈 더미를 차지한 후에 어떻게 달라졌는지 살펴볼 수 있다. 사례 연구를 거치면서 도움이 됐거나 도움이 되지 않은 원조에 얽힌 보람 있거나 애석했던 일화를 수집할 수 있다. 게다가 강력한 직감을 활용할 수도 있다.

MIT 교수로 프랑스어 억양이 강한 영어를 구사하는 에스더 듀플로 Esther Duflo는 이처럼 개발 원조에 관한 통상적인 연구 전체를 중세시대에 실시했던 사혈에 비유했다.[6] 과거에 유행한 의학 관행인 사혈은 체질의 균형을 바로 잡으려고 환자의 혈관에 거머리를 올려놓는 방법이다. 환자가 다시 건강해지면 의사는 자신의 처치에 대견해하고, 환자가 사망하면 명백한 신의 뜻으로 돌렸다. 의사들이 좋은 의도로 사혈을 시행했다고 하더라도 돌이켜보면 수백만 명의 목숨을 앗아갔다. 심지어 이탈리아 물리학자 알레산드로 볼타Alessandro Volta가 전기 배터리를 발명한 1799년에도 미국 대통령 조지 워싱턴은 인후염을 치료하려고 피 몇 리터를 뽑았다가 이틀 후 사망했다.

달리 말해 사혈은 치료가 질병보다 나쁜 경우이다. 그렇다면 개발 원조에도 같은 논리가 적용될까? 듀플로 교수에 따르면 두 가지 치유책에 공통되는 주요 특성 중 하나는 근본적으로 과학적 증거가 없다는 것이다.

2003년 듀플로는 MIT에 빈곤퇴치연구소Poverty Action Lab를 설립하는 데 기여했다. 해당 연구소는 오늘날 56개국에서 연구자 150명을 고용해 500가지 이상의 연구를 수행하고 있다.

옛날에도 통제집단이 있었다

이 이야기는 이스라엘에서 시작한다. 기원전 7세기 무렵 바빌론의 왕 네부카드네자르Nebuchadnezzar는 막 예루살렘을 점령하고 수석 환관에게 이스라엘 귀족 몇 명을 궁정으로 데려오라고 명령한다. 귀족들 중에는 신앙이 깊기로 이름 높은 다니엘이 있다. 다니엘은 궁전에 도착하자마자 수석 환관에게 자신들은 종교에 적합한 음식을 먹어야 하므로 "왕의 음식과 포도주"를 사양하겠다고 부탁한다. 수석 환관은 깜짝 놀라며 반대한다. "나는 주군인 왕이 두렵습니다. 당신이 무엇을 먹고 마실지 왕께서 미리 정해놓았습니다. 왕이 보시기에 당신의 혈색이 동년배보다 좋지 않으면 내 머리를 온전히 붙여놓지 않으실 겁니다."

그래서 다니엘은 전략을 짜낸다. "왕의 신하를 열흘 동안 시험해보십시오. 저희에게는 채소와 물만 주십시오. 그러고 나서 궁정의 음식을 먹은 젊은이들과 저희의 건강 상태를 비교한 후에 저희를 어떻게 할지 결정하십시오." 바빌론 왕은 그리하겠다고 수락한다. 열흘이 지났을 때 다니엘과 친구들은 다른 신하보다 "건강하고 영양이 좋아 보이므로" 그때부터 더 이상 궁정의 산해진미와 포도주를 대접받지 않고 순수하게 채소만 먹을 수 있게 된다. 이렇게 다니엘은 자신의 의견이 옳다는 것을 확실히 증명했다(증명 끝).

이것은 통제집단control group을 사용한 비교 실험을 통해 가설을 입증하고 글로 남긴 첫 사례이다. 이 사건은 수백 년이 지난 후에 세계 최고의 베스트셀러인 성서(《다니엘서》 1장 1절~16절)에 기록됐다. 하지만 이러한 종류의 비교연구가 귀중한 과학적 척도로 받아들여지기까지는 다시 수백 년이 흘러야 했다. 요즈음은 이러한 연구 방식을 무작위 비교연구RCT, randomized controlled trials라 부른다. 의학 연구자라면 우선 같은 건강 문제를 앓는 사람들을 추첨 방식을 사용해 두 집단으로 나누고, 한 집단에는 시험하고 싶은 약을 주고 다른 집단에는 위약을 줄 것이다.[7]

사혈을 예로 들어보자. 1836년 최초로 비교 실험 결과를 발표한 사람은 프랑스 의사 피에르 루이스Pierre Louis로 한 집단에게서는 혈액 몇 리터를 뽑고, 다른 집단에게는 며칠 동안 거머리를 떼어놓는 방식으로 폐렴환자들을 치료했다. 그 결과 첫 집단의 44%, 둘째 집단의 25%가 사망했다.[8] 루이스가 사상 최초로 임상실험을 실시한 결과, 사혈은 상당히 위험했다.

이상하게도 외국 개발 원조에 대한 첫 무작위 비교연구는 1998년이 돼서야 실시됐다. 마이클 크레머Michael Kremer라는 젊은 미국인 교수가 케냐 초등학교 학생들에게 교과서를 무상으로 지원한 정책이 효과가 있었는지 조사했는데, 루이스 박사가 사혈을 역사의 쓰레기통에 폐기하고 150년이 넘은 후였다. 교과서를 무상으로 지원하면 최소한 이론적으로는 무단결석을 줄이고 시험 점수를 높일 수 있으리라 생각했다. 그렇게 주장하는 학계 문헌이 많았을 뿐 아니라 세계은행도 몇 년 전인 1991년 교과서 무상 배포 프로그램을 열정적으로 추천했었다.[9]

하지만 여기에는 사소한 문제가 하나 있었다. 이러한 초기 연구들은 다른 변수들이 작용하는 경우에 어떤 결과가 파생될지 검증하지 못했던 것이다.

크레머는 교과서 무상 배포 프로그램의 효과를 검증하는 연구에 몰두했다. 인도주의 조직과 손을 잡고 50개 학교를 선정한 후에 25개 학교에는 교과서를 무상으로 지급하고 나머지 25개 학교에는 빈손으로 찾아갔다. 커뮤니케이션 인프라가 열악하고, 도로 상태가 비참하고, 매일 기근에 허덕이는 국가에서 무작위 비교연구를 실시하는 것은 결코 쉽지 않지만 4년이 지나면서 자료가 입수되기 시작했다.

교과서 무상 배포는 아무 효과도 없었고, 학생들의 시험 점수는 전혀 향상되지 않았다.[10]

크레머가 실시한 실험은 획기적이었다. 그때 이후로 개발 원조를 둘러싸고 명칭도 그럴듯한 '랜도미스타randomista'가 주도하는 무작위 비교연구가 발달했다. 랜도미스타들은 풍부한 직관의 소유자들로서 아프리카 등에서 고통을 겪으며 생활하는 사람들의 필요에 관해 상아탑 학자들과 이념적 논쟁을 벌인다. 그들이 원하는 것은 어떤 원조가 유용한지 여부를 숫자로 명백하게 보여주는 자료이다.

체구가 작고 프랑스어 억양이 강한 영어를 구사하는 MIT 여자 교수인 에스더 듀플로가 대표적인 랜도미스타이다.

돈 다발과 좋은 계획

얼마 전 나는 대학교에서 개발 원조에 관한 수업을 들었다. 필독 도서에는 이 분야를 주도하는 사상가들인 제프리 삭스Jeffrey Sachs와 윌리엄 이스터리William Easterly가 쓴 책이 포함되어 있었다. 2005년 삭스는 팝 스타 보노가 서문을 쓴《빈곤의 종말The End of Poverty》에서, 극단적인 빈곤은 2025년 이전에 완전히 사라질 수 있고 그러려면 돈다발과 좋은 계획이 필요하다고 주장했다. 여기서 좋은 계획이란 삭스 자신이 제시하는 계획을 가리킨다.

이스터리는 삭스를 후기 식민주의의 메시아식 사회 개량주의자라고 비난하면서, 개발도상국은 지역 민주주의와 결정적으로 시장을 통해야 밑바닥부터 바뀔 수 있다고 주장했다. "최고 계획은 아무 계획도 실행하지 않는 것이다."

옛날 내 강의 노트에는 에스더 듀플로라는 이름이 없었다. 듀플로가 삭스와 이스터리처럼 야심이 많은 유형의 학자들과 가까이 하지 않는 것으로 미루어 의외는 아니다. 간단하게 말해서 듀플로의 야심은 "정책수립 과정에서 어림짐작을 배제하는 것"이다.[11]

말라리아를 예로 들어보자. 말라리아는 매년 아동 수십만 명의 생명을 앗아가지만, 개당 10달러를 들여 모기장을 생산하고 운송하고 배포하고 사용법을 가르치기만 해도 예방할 수 있다. 2007년 발표한 '10달러짜리 해결책'이라는 제목의 논문에서 삭스는 이렇게 주장했다. "적십자 소속 자원봉사자들을 대규모로 투입해 침대용 모기장을 배포하고, 아프리카 전역에 흩어져 있는 마을에 훈련을 시켜주어야 한다."

이스터리는 이러한 계획을 어떤 방향으로 진행할지 훤히 내다볼 수 있었다. 삭스와 그의 친구인 보노는 자선 콘서트를 조직해 200만 달러를 모금한 후에 아프리카 전역에 모기장 수천 개를 떨어뜨릴 것이다. 그러면 이내 해당 지역의 모기장 소매상들이 망하고, 배포되고 남은 모기장은 곧 낚시용 그물이나 신부 면사포로 탈바꿈할 것이다. 구세주 삭스 운동Sachs the Redeemer's campaign을 벌인 지 몇 년이 지나고 나서 무상으로 배포했던 모기장이 해어지면 말라리아로 사망하는 아동의 수는 어느 때보다 늘어날 것이다.

타당하게 들리는가? 두말하면 잔소리다.

하지만 에스더 듀플로는 이론을 전파하러 다니거나 그럴듯하게 포장하는 일에는 관심이 없다. 주민에게 모기장을 배포하는 것이 나을지 돈을 받고 판매하는 것이 나을지 판단하려면 얼굴이 창백해질 때까지 탁상공론을 벌이든지, 밖으로 나가 연구를 실시해야 한다. 케임브리지 대학교 소속인 제시카 코헨과 동료는 케냐에서 무작위 비교연구를 실시하기로 하고, 한 집단에게는 모기장을 무료로 배포하고 다른 집단에게는 할인가로 제공했다. 돈을 받고 판매하는 즉시 모기장 가격은 개당 3달러로 수직 하락했고 주민의 20% 미만만 구입했다. 다른 집단은 모기장을 무상 제공하겠다는 제의를 그대로 수락했다. 더욱 중요한 사실로서 주민들은 모기장을 무상으로 얻든 돈을 주고 샀든 상관없이 처음에는 모기장의 90%를 원래 의도대로 사용했다.[12]

연구는 이 단계에서 끝나지 않았다. 1년 후 실험 참가자들에게 다른 모기장을 이번에는 2달러에 구매할 수 있는 기회를 줬다. 이스터리의 책을 읽은 사람이라면, 전에 "무상"으로 모기장을 받은 집단은 무상으로 받는 것에 이미 익숙해져 있으므로 돈을 내고 싶어 하지 않으리라 추측할 것이다. 충분히 그럴 법한 추측이다. 하지만 애석하게도 이 이론에는 결정적으로 중요한 요소인 증거가 빠져 있다. 처음에는 무상으로 모기장을 받았지만 다음에는 돈을 지불하고 구매한 주민의 수가 처음에 3달러를 지불하고 모기장을 구매한 주민보다 2배 많았다.

듀플로는 간단명료하게 지적했다. "사람들은 무상 배포에 익숙해지지 않습니다. 모기장에 익숙해지는 거죠."

기적적인 방법?

이것은 경제학에 접근하는 완전히 새로운 방법이다. 랜도미스타들은 모델로 경제학에 접근하지 않고, 인간이 이성적으로 행동한다고 생각하지 않는다. 오히려 인간은 비현실적이고, 때로 어리석기도 하고 명민하기도 하며, 경우에 따라 겁이 많기도 하고 이타적이기도 하고, 자기중심적이기도 한 존재라고 추측한다. 그리고 이러한 접근 방법은 상당히 준수한 결과를 산출하는 것 같다.

그렇다면 이러한 사실을 깨닫는 데 그토록 시간이 오래 걸린 까닭은 무엇일까?

몇 가지 원인이 있다. 빈곤에 찌들어 있는 국가에서는 무작위 비교연구를 수행하기 어렵고 시간도 오래 걸릴뿐더러 비용도 많이 든다. 지역 조직들은 특히 자신들의 활동이 비효율적이라는 사실이 드러날까 우려해서 대부분 흔쾌히 협조하지 않는다. 무담보 소액대출microcredit을 예로 들어보자. 21세기 초 개발 원조의 경향은 "좋은 통치good governance"에서 "교육"으로, 다시 불운한 "무담보 소액대출"로 계속 바뀌었다. 인도 하이데라바드Hyderabad에서 무작위 비교연구를 실시할 계획을 세운 에스더 듀플로는 마음이 훈훈해지는 일화는 있지만, 무담보 소액대출이 빈곤과 질병에 맞서 싸우는 데 효과적인 수단이라고 입증해줄 확실한 증거가 없다는 사실을 밝혀냈다.[13] 오히려 현금을 지원하는 방식이 훨씬 나을 터였다. 현금지원은 가장 폭 넓게 연구되고 있는 빈곤 퇴치 방식이다. 세계적으로 무작위 비교연구를 거치면서 기간과 규모를 막론하고 현금지원이 대단히 성공적이고 효율적인 도구라는 사실이 입증되고 있다.[14]

하지만 무작위 비교연구는 특효약이 아니다. 무엇이든 측정 가능한 것은 아니며, 연구 결과를 항상 일반화할 수는 없다. 교과서 무상 배포가 서부 케냐와 북부 방글라데시에 같은 영향을 미치리라고 누가 장담할 수 있겠는가? 게다가 윤리 문제도 고려해야 한다. 자연재해가 발생한 지역을 대상으로 연구 프로젝트를 가동시켜 피해자의 절반에 원조를 제공하고 통제집단은 방치한다고 치자. 이러한 방식은 윤리적으로 문제가 많다. 하지만 구조적인 개발 원조 문제에 이르면 생각해볼 여지가 있다. 어쨌거나 모든 문제를 바로잡을 만큼 돈이 충분히 있을 수는 없으므로 무엇이든 효과가 있어 보이는 방법을 시도하는 것이 최상이다. 이것은 신약의 경우와 마찬가지여서 시험을 거치지 않고 출범시킬 수는 없다.

아니면 학교 출석을 예로 들어보자. 학교 출석률을 높이는 방법에 관해서는 사람마다 생각이 다르다. 교복 값을 지급하자, 학교 등록금을 대출 형식으로 빌려주자, 점심을 무상으로 제공하자, 교육의 가치에 대한 대중의 인식을 높이자, 채용하는 교사 수를 늘리자 등등. 모든 제안이 완전히 논리적으로 들린다. 하지만 무작위 비교연구를 실시해보면 100달러 상당의 무상 점심을 제공하면 교육을 2.8년 추가로 실시한 것과 같아서 그 효과가 교복을 무상으로 지급하는 경우의 3배에 이른다는 사실을 알 수 있다. 연구로 입증된 영향력을 언급하면, 배가 아프다고 호소하는 아동에게 구충제를 복용시키면 10달러라는 터무니없이 적은 비용으로 교육을 2.9년 추가로 제공하는 효과가 있다. 탁상공론에서 헤어 나오지 못하는 사람들은 결코 예측할 수 없었지만 이러한 연구 결과가 밝혀진 덕택에 아동 수천만 명은 기생충에게서 해방될 수 있었다.

사실상, 어떤 직관도 무작위 비교연구에서 산출된 증거를 거스를 수 없다. 전통적인 경제학자들은 혜택이 분명히 눈에 띄는 데다가 인간은 합리성을 타고나기 때문에 빈곤층이 자발적으로 구충 치료를 받을 것이라고 주장할 것이다. 하지만 이러한 주장은 착오이다. 몇 년 전 뒤플로는 〈뉴요커The New Yorker〉에 글을 발표하면서, 거리에서 100달러 지폐를 본 경제학자에 관해 항간에 잘 알려진 농담을 상세히 전했다. 그 경제학자는 이성적인 사람이므로 지폐를 집지 않는다. 그 지폐가 가짜가 아니라고 어떻게 확신할 수 있는가?

뒤플로와 같은 랜도미스타에게는 100달러 지폐가 거리에 여기저기 버려져 있다.

세 가지 I

뒤플로가 개발 원조의 세 가지 I로 지목한 이념Ideology, 무지Igno-rance, 무력Inertia을 이제 끝내야 한다. 수년 전 인터뷰에서 그녀는 이렇게 말했다. "내 주장은 간단합니다. 상황을 평가해야 한다고 강력하게 강조하고 싶어요. 나는 결코 결과에 불만을 품지 않습니다. 마음에 들지 않는 결과는 아직 없었어요."[15] 많은 미래 공상적 사회계량 운동가들은 듀플로의 이러한 태도에서 교훈을 얻어야 한다. 듀플로는 이념에 얽매이지 않으면서 이상주의자가 되기 위해 거대한 이상과 지식을 향한 갈증을 조합한다.

하지만 개발 원조는 아무리 효과적이라도 늘 빙산의 일각일 뿐이다. 돈을 던져주어 빈곤 문제를 해결할 수 없는 것처럼 어떻게 민주주의를 구축할지, 국가는 무엇을 번성시켜야 할지 등 주요 딜레마에 대한 답은 무작위 비교연구로 찾을 수 없다. 이러한 연구에 몰두하는 것은 가장 효과적인 빈곤 퇴치 수단이 경제적 먹이 사슬 이외의 곳에 있다는 사실을 망각한 태도이다. OECD의 추산에 따르면 빈곤국은 외국에서 받는 원조액의 3배를 탈세로 잃는다.[16] 예를 들어 조세 피난처에 대항하는 조치를 취하면 선의의 원조 프로그램을 가동했을 때보다 큰 효과를 낼 가능성이 다분하다.

생각의 범위를 좀 더 넓혀보자. 아프리카 인구 전체의 생활수준을 서구의 빈곤선 이상으로 끌어올리면서 전 지역에서 가난을 몰아내고 그 과정에서 초과 임금을 우리 주머니에 챙길 수 있는 한 가지 수단이 있다고 치자. 그렇다면 우리는 그 수단을 사용할까?

물론 아니다. 어쨌거나 이 수단은 오랫동안 있어왔다. 최고의 계획이지만 우리는 실천하지 않았다.

바로 국경을 개방하는 것이다.

단순히 바나나나 파생상품, 아이폰을 거래하기 위해서가 아니라 좀 더 나은 환경의 직장을 찾는 보통 사람과 지식 근로자, 난민을 위해서도 국경을 개방하자는 뜻이다.

경제학자 존 케네스 갤브레이스가 경제 예측의 유일한 목적은 점성술을 더욱 그럴듯하게 포장하는 것뿐이라고 빈정댔듯 우리는 경제학자들이 점쟁이가 아니라는 사실을 험난한 과정을 겪으며 터득했다. 이 점에 관한 경제학자들의 견해는 상당히 일관성이 있다. 네 가지 연구의 결과에 따르면 세계 노동 시장의 동향에 따른 "세계총생산"의 추정 성장치는 67~147%이다.[17] 이는 국경을 개방하면 전 세계의 부가 2배 증가하는 것을 의미한다.

따라서 뉴욕대학교 소속 연구자는 "조 단위 달러 지폐들을 도로에" 버려두고 있다는 결론을 내렸다.[18] 위스콘신대학교 소속 경제학자는 국경을 개방하는 경우에 1인당 연간 소득은 앙골라인이 약 1만 달러, 나이지리아인이 약 2만 2,000달러 상승하리라고 계산했다.[19]

그러니 풍요의 땅으로 들어가는 문을 활짝 열 수만 있다면 개발 원조라는 부스러기를 거론하며 쓸데없이 논쟁을 벌일 필요가 없지 않을까?

65,000,000,000,000달러

국경 개방 계획이 성사되더라도 이 수치는 약간 터무니없게 들린다. 100년 전만 해도 세계의 국경은 거의 개방되어 있었다. 쥘 베른Jules Verne의 소설 《80일간의 세계일주Around the World in 80 Days(1874년)》에서 탐정은 수에즈 영국 영사에게 "여권은 정직한 사람들을 짜증나게 할 뿐이다"라고 언급한다. 주인공인 필리아스 포그Phileas Fogg가 도장을 찍어달라고 하자 영사는 "비자가 무용지물이고 여권이 필요 없다는 것을 알지 않습니까?"라고 묻는다.

1차 세계대전이 터지기 직전에 국경은 대부분 서류상의 선으로만 존재했다. 여권은 좀처럼 보기 힘들었고 러시아와 오스만 제국처럼 여권을 발행하는 국가는 미개한 곳으로 인식되었다. 이 밖에도 19세기의 경이로운 기술과 기차의 등장으로 국경은 영원히 사라질 것 같았다.

그때 전쟁이 터졌다. 스파이를 들어오지 못하게 막고, 전쟁을 수행하는 데 필요한 사람은 국내에 가둘 목적으로 국경이 봉쇄됐다. 1920년 국제사회는 파리에서 회의를 열고 여권을 사용하자는 협정에 최초로 서명했다.

오늘날 필리아스 포그의 여정을 따라가려면 비자를 수십 번 신청해야 하고, 보안검색대를 수백 번 통과해야 하며, 몸수색도 여러 번 받아야 한다. 요즘 같은 "세계화" 시대에도 출생 국가가 아닌 곳에 거주하는 인구는 전체의 3%에 불과하다.

하지만 야릇하게도 세계의 문은 사람을 제외한 모든 것에 활짝 열려 있다. 제품과 서비스, 주식은 전 세계에 퍼져 있다. 정보는 자유롭게 순환하고, 위키피디아는 300개 언어로 번역되고 있으며, 미국 국가안전보장국은 텍사스 주 주민이 스마트폰으로 어떤 게임을 하고 있는지까지도 쉽게 알아낼 수 있다.

물론 무역 장벽은 여전히 존재한다. 예를 들어 유럽은 껌에 관세를 부과하고(킬로그램당 1.20유로), 미국은 산 채로 수입하는 염소에 세금을 매긴다(한 마리당 0.68달러).[20] 이러한 장벽을 무너뜨리면 세계 경제가 몇 %포인트라도 더 성장할 것이다.[21] 국제통화기금에 따르면, 자본에 가하는 나머지 제약을 걷어내더라도 기껏해야 650억 달러가 풀릴 것이다.[22] 하버드대학교 경제학자 랜트 프리쳇Lant Pritchett은 이것을 푼돈이라 불렀다. 하지만 노동인구에게 국경을 개방하면 부는 천 배 이상 성장할 것이다.

그 결과를 숫자로 나타내면 65,000,000,000,000달러, 다시 말해 65조 달러이다.

국경이 차별을 유발한다

　물론 경제 성장이 만병통치약은 아니지만 풍요의 땅 너머에서는 여전히 진보를 추진하는 주요 동력이다. 오지에 사는 무수히 많은 인구에게 식량을 공급해야 하고, 아이들을 교육시켜야 하고, 집을 지어야 한다.

　물론 윤리적 측면에서도 국경은 개방돼야 한다. 텍사스 출신 존이 굶주려서 죽어가고 있다고 치자. 음식을 달라는 존의 부탁을 내가 거절한다. 그래서 존이 죽으면 내가 잘못한 것일까? 논쟁의 여지가 있기는 하지만 엄밀하게 따지면 태도가 호의적이지 않아 존이 죽도록 방치했을 뿐 살인했다고는 볼 수 없다.

　이제 존이 음식을 달라고 부탁하지 않고 상인이 많은 시장으로 가서 노동력을 제공하고 물건으로 임금을 받으려 했다고 치자. 이번에는 내가 무기로 무장한 악당을 고용해 존을 방해하고, 며칠 뒤 존이 기아로 사망한다.

　이러한 경우에도 여전히 나는 무죄라고 주장할 수 있을까?

　존의 이야기는 "노동을 제외한 모든 것"의 세계화를 가리킨다.[23] 수십억 인구는 풍요의 땅에서 제품 가격의 작은 일부에 해당하는 임금을 받고 노동력을 팔도록 강요당한다. 모두 국경이 있기 때문이다. 국경은 세계 역사를 통틀어 최대 단독 차별 요인이다. 같은 국가의 국민 사이에 존재하는 불평등 차이는 분리된 세계 시민 사이에 존재하는 불평등 차이와 비교하면 아무것도 아니다. 오늘날은 소득 상위 8% 부자가 전체 세계 소득의 절반을 차지하고,[24] 상위 1% 부자가 세계 부의 절반 이상을 소유하고 있다.[25] 최하위층 10억 명이 소비하는 금액은 세계 전체 소비액의 1%에 불과하지만 최상위층 10억 명의 소비액은

222

어느 국가가 가장 부유할까?

이 지도는 1인당 국내총생산이 가장 높은 국가를 나타낸다. 지도에서 면적이 클수록 부유한 국가이다.

출처: 사회 및 공간 불평등 연구 그룹Sasi Group, University of Sheffield, 2005

72%이다.[26]

세계로 눈을 돌려보면 풍요의 땅에 거주하는 사람들은 그냥 부유한 정도가 아니라 엄청나게 부유하다. 미국에서 빈곤선에 속한 사람도 세계 인구 중 소득 상위 14%에 들어가고, 중위 임금을 받는 사람은 상위 4%에 들어간다.[27] 최상위층을 살펴보면 격차가 더욱 두드러진다. 2009년 신용경색이 계속 악화될 때 투자은행인 골드만삭스는 세계 최하위 2억 2,400만 명의 소득을 모두 합한 것과 맞먹는 금액을 직원들에게 보너스로 지급했다.[28] 그리고 세계 최대 부자 62명의 재산은 세계에서 가난한 인구 절반의 재산을 모두 합한 것과 같다.[29]

지역 우위

인구 수백만 명이 풍요의 땅으로 들어가는 문을 두드리는 것은 당연한 현상이다. 선진국에서 고용인은 유연한 노동력이 되어야 한다. 일자리를 원하면 돈을 따라야 한다. 하지만 과도하게 고분고분한 노동력이 개발도상국을 벗어나 풍요의 땅으로 이동하면 갑자기 경제적으로 무임승차하는 사람으로 보이기 시작한다. 피난처를 찾는 사람들은 조국에서 종교나 출생 때문에 박해를 받을 위험에 처할 때만 체류를 승인 받는다.

곰곰이 생각해보면 이것은 완전히 기이한 정책이다.

소말리아 유아를 예로 들어보자. 그들이 5세가 되기 전에 사망할 확률은 20%이다. 최전선에서 싸우는 미군의 사망률은 남북전쟁 시기가 6.7%, 2차 세계대전 시기가 1.8%, 베트남 전쟁 시기가 0.5%였다.[30] 하지만 어머니가 "진짜" 난민이 아니라는 사실이 밝혀지면 조금도 주저하지 않고 소말리아 유아를 사지로 돌려보낸다.

19세기에 불평등의 발단은 계급이었지만 요즈음은 지역이다. "전 세계 노동자들이여, 단결하라!"는 모든 빈곤층의 생활이 거의 똑같이 비참했던 시절에 외쳤던 슬로건이다. 하지만 지금은 세계은행을 이끄는 경제학자 브랑코 밀라노비치Branko Milanovic가 주장하듯 "세계적인 프롤레타리아 계급이 더 이상 존재하지 않으므로 프롤레타리아 계급의 결속은 죽었다."[31] 풍요의 땅에서 빈곤선은 코케뉴 너머에 있는 황야보다 17배나 높다.[32] 미국의 저소득층 식비지원 제도인 푸드스탬프 수혜자조차도 세계 최극빈층과 비교하면 왕처럼 생활한다.

지금도 미국은 자국 국경 안에서 발생하는 불공정성에 분노한다. 같은 일을 하면서도 남성의 임금이 여성보다 많고, 백인의 소득이 흑인보다 많다는 사실에 분개한다. 하지만 1930년대 인종별 소득 격차가 150%였다는 사실도 국경 때문에 초래되는 불공정성에 비교하면 미미하다. 미국에서 생활하고 일하는 멕시코인의 소득은 여전히 멕시코에 거주하는 동포의 2배가 넘는다. 같은 일을 하고 심지어 기술 수준과 나이, 성별이 같은 경우에도 미국인의 소득은 볼리비아인의 거의 3배이다. 나이지리아인과 비교하면 소득 격차는 8.5배로 벌어진다. 이때 소득 격차는 두 국가의 구매력 차이를 반영한다.[33]

세 명의 경제학자들은 "본래 생산성이 동일한 근로자의 임금에 미치는 미국 국경의 영향은 성별이나 인종, 민족을 포함해 어떤 형태의 임금 차별 요인보다 크다"고 주장한다. 이것은 세계적 규모로 자행되는 차별이다. 21세기 들어 진정한 엘리트는 합당한 가정이나 계급이 아니라 합당한 국가에서 출생한 사람이다.[34] 그런데도 현대 엘리트 계급은 자신이 얼마나 운이 좋은지 대부분 알지 못한다.

유아 사망률이 가장 높은 지역은 어디일까?

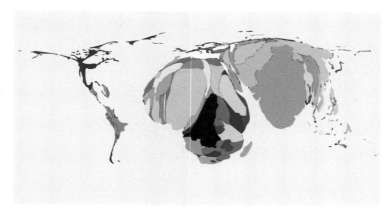

이 지도는 5세까지 유아 사망률이 최고 수치를 기록한 지역을 나타낸다. 지도에서는 면적이
큰 국가일수록 유아 사망률이 높다.

출처: 사회 및 공간 불평등 연구 그룹과 마크 뉴먼Mark Newman, University of Michigan, 2012

리얼리스트를 위한
유토피아 플랜

잘못된 생각을 바로잡자

에스더 듀플로가 시도했던 구충제 치료는 이민 기회를 확대하는 정책에 비교하면 어린아이의 장난이다. 국경을 아주 조금이라도 개방하는 정책을 펼친다면 세계를 무대로 빈곤을 퇴치하려는 전쟁에서 단연코 가장 강력한 무기로 무장할 수 있다. 그러나 애석하게도 이러한 정책은 다음과 같이 잘못된 주장에 밀려 계속 배척당하고 있다.

(1) 그들은 모두 테러리스트이다

뉴스를 보고 듣다 보면 이런 생각이 들기 마련이다. 그러니 탓할 수도 없다. 뉴스는 늘 일어나는 사건이 아니라(뉴스 속보입니다. 세계의 기온이 0.00005℃ 증가했습니다) 당일 발생한 사건을 보도하므로(뉴스 속보입니다. 테러리스트들이 파리를 공격했습니다), 국민이 직면한 최대 위협은 테러리즘이라고 믿는 사람이 많다. 하지만 1975~2015년 미국에서 외국인이나 이민자에게 공격을 받아 사망할 확률은 연간 3,609,709분의 1에 불과했고, 그 41년 중 30년 동안에는 사망자가 단 한 명도 없었다. 9월 11일 발생한 테러로 사망한 2,983명을 제외하고 해당 기간에 외국 출신 테러리스트에게 살해당한 사람은 41명에 지나지 않았다.[35]

영국 워릭대학교가 145개국 사이에 존재하는 이주 흐름을 주제로 연구를 실시한 결과 이민은 테러 행위의 감소와 관계가 있다. 주요 연구자는 이렇게 썼다. "이민자들은 다른 나라로 이주하면서 새 기술과 지식과 관점을 옮겨간다. 경제 발달이 극단주의의 감소와 관계가 있다고 믿는다면 이민의 증가가 긍정적인 효과를 내리라 기대해야 한다.[36]

(2) 그들은 모두 범죄자다

이것은 자료에 근거한 주장이 아니다. 미국에서 새 삶을 시작하는 사람들은 본토박이 인구보다 범죄율이나 수감률이 낮다. 불법 이민자 수가 1990~2013년 3배로 불어나 1,100만 명을 넘어섰을 때도 범죄율은 극적으로 뒤집혔다.[37] 영국도 마찬가지다. 몇 년 전 런던 경제대학 연구자들은 동부 유럽에서 이민자가 대량으로 투입된 지역의 범죄율이 현격하게 감소했다고 보고했다.[38]

그렇다면 미국 이민자의 자녀는 어떨까? 범죄자의 삶으로 진입하는 아이들의 수가 본토박이 아이들보다 적다. 하지만 유럽의 상황은 다르다. 내 조국인 네덜란드를 예로 들더라도 모로코인 이민자가 범법행위를 저지르는 사례가 더 많다. 대체 왜 그럴까? 이 문제에 관한 연구는 '정치적 정당성political correctness' 원칙이라는 명목 아래 오랫동안 금지됐다. 그런데 2004년, 민족성과 청년 범죄의 관계를 집중적으로 탐색하는 연구가 로테르담에서 최초로 시작되었다. 10년이 지나면서 연구 결과가 발표됐고, 민족적 배경과 범죄의 상관관계는 정확히 없다고 밝혀졌다.[39] 전혀 눈곱만큼도 없다. 보고서는 청년 범죄의 뿌리는 아이들이 성장하는 이웃에 있다고 설명했다. 가난한 지역사회에서는 네덜란드 본토박이 자녀들도 소수 민족 자녀들만큼 범죄 활동에 가담한다.

뒤이어 진행된 연구들도 이러한 발견을 뒷받침한다. 실제로 성별과 나이, 소득 요소를 감안하면 민족성과 범죄 행위는 무관하다. 네덜란드인 연구자들은 최근 발표한 글에서 "게다가 망명 이민자들의 범죄율은 본토박이 인구와 비교해 사실상 낮다"고 썼다.[40]

하지만 아무도 이러한 주장에 별다른 관심을 보이지 않을 뿐 아니라, 새로운 종류의 정치적 정당성이 등장해 민족성과 범죄가 모든 측면에서 관계가 있다고 주장한다.

(3) 그들은 사회적 결속을 해칠 것이다

2000년 유명한 사회학자 로버트 퍼트남Robert Putnam이 연구를 실시하고 나서 다양성이 지역사회의 결속을 저해한다고 발표했을 때만 해도 확실히 불편한 진실처럼 들렸다. 특히 퍼트남은 다양성 때문에 사람들은 서로 불신하거나, 우정을 형성하려 하지 않거나, 자원봉사 활동을 하지 않으려는 경향이 강해진다고 주장했다. 무려 3만 명을 인터뷰한 내용을 근거로 퍼트남이 결론을 내렸듯 기본적으로 다양성은 사람들을 "거북이처럼 움츠리게" 만든다.[41]

퍼트남은 연구 결과를 접하고 충격을 받은 나머지 몇 년 동안 발표를 미뤘다. 마침내 2007년 연구 결과가 출간되자 그 파급력은 예측한 대로 폭탄을 떨어뜨린 것 같았다. 당대에 가장 영향력 있는 사회 연구의 하나로 갈채를 받으면서 무수한 신문과 보고서에 인용되었고, 지금까지도 다문화 사회가 이롭다는 점에 의혹을 제기하는 정치인들에게 이론적 근거를 제공하고 있다.

하지만 문제가 하나 있다. 퍼트남의 연구 결과가 틀렸다는 사실이 이미 오래전에 입증되었기 때문이다.

나중에 90가지 연구 사례를 검토해본 결과 다양성과 사회 결속의 상관관계는 전혀 발견되지 않았다.[42] 그뿐만 아니라 프린스턴대학교 사회학자 마리아 아바스칼Maria Abascal과 뉴욕대학교 사회학자 델리아 볼다사리Delia Baldassarri가 밝혀냈듯 퍼트남은 결정적인 실수를 저질렀다. 아프리카계 미국인과 라틴 아메리카계 미국인이 거주지와 상관없이 신뢰 수준이 더 낮다고 보고한 사실을 고려하지 않았던 것이다.[43] 이 점을 적용하면 퍼트남이 발표한 충격적인 연구 결과는 의미를 잃는다.

현대 사회에서 사람들의 결속이 부족한 현상이 다양성 탓이 아니라면 대체 무엇 때문일까? 대답은 간단하다. 바로 빈곤과 실업, 차별 때문이다. 아바스칼과 볼다사리는 이렇게 결론을 내렸다. "신뢰를 해치는 요인은 공동체의 다양성이 아니라, 다양한 공동체가 직면한 불리한 상황이다."

(4) 그들은 우리의 직업을 빼앗아갈 것이다

이런 말은 전에도 한 번쯤 들어봤을 것이다. 1970년대 엄청난 수의 여성이 노동 시장에 진입할 때 언론은 값싼 여성 노동력이 물밀듯 들어오면서 남성 가장들이 일자리를 빼앗기리라는 예측을 일제히 쏟아냈다. 직업 시장이 의자놀이 같다고 잘못 생각하는 경향이 강하다. 실제로는 그렇지 않다. 생산성 있는 여성과 노인, 이민자는 남성과 젊은 성인, 열심히 일하는 시민의 일자리를 가로채지 않고, 실제로 더욱 많은 고용 기회를 창출한다. 노동 인구가 늘어날수록 소비가 늘어나고 수요가 늘어나고 일자리가 늘어나기 때문이다. 직업 시장을 의자놀이에 비교한다면, 사람들이 계속 더욱 많은 의자를 가지고 새로 등장할 것이다.[44]

(5) 값싼 이민자 노동력이 투입되면 우리의 임금이 감소할 것이다

이민연구소가 수행한 연구를 예로 들어 이 주장이 옳지 않다는 사실을 입증해보자. 이민에 반대하는 두뇌집단인 이민연구소는 이민이 임금에 전혀 영향을 미치지 않는다는 사실을 발견했다.[45] 다른 연구를 살펴보더라도 이민자들은 심지어 국내 노동인구의 소득을 끌어올린다.[46] 열심히 일하는 노동자들은 생산성을 증대시켜 모든 근로자에게 돌아가는 임금을 상승시킨다.

이뿐이 아니다. 1990~2000년 기간을 분석한 세계은행 소속 연구자들은 국가에서 이주해 나가는 현상이 유럽인의 임금에 부정적인 영향을 미쳤다는 사실을 밝혀냈다.[47] 미숙련 근로자들은 언제나 불리한 입장에 놓였다. 같은 기간 동안 이민자들은 일반적으로 추측한 것보다 훨씬 생산적이고 교육 수준도 높을 뿐 아니라, 심지어 기술 수준이 떨어지는 본토박이들을 부추겨 따라잡으려는 동기를 북돋웠다. 게다가 이민자를 고용하지 않으려면 일을 다른 나라에 위탁해야 하는 경우가 매우 많은데, 그러면 얄궂게도 국내 임금이 떨어진다.[48]

(6) 그들은 너무 게을러서 일하지 않는다

이민자가 풍요의 땅에 들어오고 나서 예전보다 편하게 일하면서도 임금을 더 많이 받는 것은 사실이지만 본토박이 시민보다 생활 지원을 신청하는 경향이 두드러진다는 증거는 전혀 없다. 사회 안전망이 튼튼한 국가가 이민자의 비중을 높이는 것도 아니다. 실제로 소득과 직업상 지위를 감안하면 이민자가 공공 부조를 이용하는 비율은 줄어든다.[49] 전반적으로 이민자의 순수가치는 거의 전적으로 긍정적이다. 오스트리아·아일랜드·스페인·영국 등의 국가에서 이민자가 창출하는 1인당 조세수입은 본토박이 인구보다 많다.[50]

여전히 믿기지 않는가? 국가는 정부 지원을 받을 권리를 이민자에게 부여하지 않거나, 최소 몇 년 동안 세금을 내거나, 예를 들어 납세액이 5만 달러가 되기 전까지는 정부 지원을 제공하지 않겠다고 결정할 수 있다. 그리고 이민자가 정치적으로 위협이 되거나 서로 통합하지 않을까 봐 우려한다면 본토박이 인구와 비슷한 원칙을 제시할 수 있다. 언어 시험과 문화 시험을 치르게 할 수도 있다. 일정 기간 동안 투표권을 부여하지 않거나, 직업을 찾지 못하면 고국으로 돌려보낼 수도 있다.

불공정하다고 생각하는가? 아마도 그럴 것이다. 하지만 사람들을 전부 들어오지 못하도록 국경을 원천봉쇄하는 것이 훨씬 불공정하지 않을까?

(7) 그들은 절대 고국으로 돌아가지 않을 것이다

이 주장에는 흥미진진한 역설이 숨어 있다. 국경을 개방하면 이민자들의 귀국을 촉진할 수 있다.[51] 멕시코와 유럽의 국경을 예로 들어보자. 1960년대 7,000만 명에 이르는 멕시코인이 국경을 넘었지만 결국 85%가 고국으로 돌아갔다. 1980년대 이후 특히 9월 11일 테러사건이 터지고 나서 미국 쪽 국경은 카메라와 센서, 소형 무인 정찰기로 강력하게 무장하고, 3,200여 킬로미터에 달하는 장벽을 국경 순찰대원 2만 명이 지키고 있다. 이러한 상황이 벌어지고 있는 요즈음 고국으로 돌아가는 불법 멕시코 이민자는 전체의 7%에 불과하다.

프린스턴대학교 소속 사회학과 교수는 이렇게 주장한다. "미국은 국경에서 법을 집행하느라 매년 세금 수십억 달러를 소비하는데, 이러한 정책은 유해무익할 뿐 아니라 역효과를 낳는다. 비용과 위험이 증가하자 이주자들은 국경을 넘는 횟수를 최소화하는 방식으로 대응했다."[52] 미국에 불법 체류하고 있는 멕시코인의 수가 2007년 들어 700만 명까지 증가하면서 1980년의 7배에 도달한 것은 전혀 뜻밖이 아니다.

행동을 당장 개시해 부를 쌓자

국경 경비대가 없더라도 다수의 빈곤층은 자신이 사는 곳에 그대로 눌러앉아 있을 것이다. 어쨌거나 사람은 대개 조국과 고향, 가족에서 강력한 유대감을 느끼기 때문이다. 게다가 여행하는 비용이 많이 들기 때문에 매우 빈곤한 국가의 국민은 이주할 경제적 여유가 거의 없다. 하지만 경제적인 문제를 젖혀두면 최근 실시한 여론 조사에서 인구 7억 명은 기회가 주어진다면 다른 나라로 이주하고 싶다고 대답했다.[53]

물론 국경은 하루아침에 개방할 수 없고 그래서도 안 된다. 이주가 무절제해지면 풍요의 땅에서 사회 결속을 해칠 것이 분명하기 때문이다. 하지만 이때 기억해야 할 사항이 하나 있다. 불평등이 몰지각하게 판을 치는 세상에서 이주는 빈곤과 싸울 수 있는 가장 강력한 도구라는 사실이다. 그렇다는 것을 어떻게 알 수 있을까? 이미 경험했기 때문이다. 1850년대 아일랜드와 1880년대 이탈리아에서 삶의 질이 극적으로 떨어졌을 때 가난한 농부들은 대부분 삶의 터전을 떠났다. 1830~1880년 네덜란드 국민 10만여 명도 그랬다. 그들은 바다 건너 기회가 무한히 널려 있어 보이는 땅을 향했다. 이처럼 세계에서 가장 부유한 국가인 미국은 이민을 토대로 세워졌다.

이제 150년이 지나 전 세계 인구 수억 명은 진정한 의미의 옥외 감옥에 갇혀 살아간다. 모든 국경을 빙 둘러 장벽과 철조망의 4분의 3이 세워진 시기는 2000년 이후였다. 수천 킬로미터에 이르는 철조망이 인도와 방글라데시를 가른다. 사우디아라비아는 국경을 빙 둘러 장벽을 쳤다. 심지어 유럽연합은 회원국을 분리시키는 국경을 계속 개방하고 있는 와중에도 지중해에 떠 있는 조야한 선박들의 항로를 바꾸게 한다.

이러한 정책은 미래 이민자의 홍수를 막는 데 전혀 효과적이지 않고, 불법 소개업자가 활개를 치면서 중개 과정에서 수천 명의 인명을 앗아가는 현상을 낳는다. 베를린 장벽이 무너진 지 25년이 지난 현재 우즈베키스탄에서 태국까지, 이스라엘에서 보스니아까지 세계적으로

어느 때보다 많은 장벽이 세워져 있다.[54]

인간은 한 자리에 안주하면서 진화하지 않았다. 이렇게 인간의 피에는 방랑벽이 흐른다. 가계도를 몇 세대만 거슬러 올라가더라도 거의 대부분 이민자가 있다. 현대 중국만 하더라도 20년 전 중국인 수억 명이 시골에서 도시로 유입되면서 세계 역사상 최대 이주 규모를 기록했다. 아무리 파괴적인 영향력을 미치더라도 이주는 진보를 가장 강력하게 추진하는 동력의 하나이다.

문을 열어라

국경을 개방하면 미국은 매년 1,340억 8,000만 달러, 매달 112억 달러, 매초 4,274달러를 벌어들일 수 있다. 합계가 방대하게 들리지만 사실 그렇지 않다. 세계 개발 원조금을 모두 합하면 네덜란드처럼 작은 유럽 국가가 건강관리 분야에만 소비하는 금액 정도다. 평균 미국인은 연방 정부가 국가 예산의 4분의 1 이상을 외국 원조에 소비한다고 생각하지만 실제로는 1% 미만이다.[55] 지금껏 풍요의 땅으로 들어가는 문은 빗장으로 굳게 잠겨 있었다. 마치 극빈자들이 성곽 도시의 성문을 거세게 두드리듯 수억 명 인구가 이 폐쇄된 공동체 밖에 쇄도하고 있다. 세계인권선언Universal Declaration of Human Rights 제13장은 누구에게나 자기 조국을 떠날 권리를 인정하지만 누구에게도 풍요의 땅으로 이주할 권리를 보장하지는 않는다. 피난처를 신청하는 사람들이 이내 깨닫듯 이 과정은 공적 부조를 신청하는 것보다 훨씬 제약이 많아서 분노가 끓어오르고 절망을 느낀다. 오늘날 코케뉴에 가려면 라이스 푸딩으로 덮인 수킬로미터를 헤쳐 나아가는 것이 아니라 산처럼

234

리얼리스트를 위한
유토피아 플랜

쌓인 문서 더미를 통과해야 한다.

앞으로 한 세기 남짓한 시기 동안, 우리는 오늘날 노예제도나 인종차별정책을 돌아보듯 국가 간 경계를 생각할 것이다. 하지만 확실한 사실이 있다. 세계를 더욱 살기 좋은 곳으로 만들고 싶다면 이민에 관해 우유부단하게 행동해서는 안 된다. 문을 부숴야 한다. 세계은행 소속 과학자들은 모든 선진국이 이민자 수를 3%만 늘려도 세계 빈곤층에게 추가로 3,050억 달러가 돌아간다고 추산한다.[56] 이 금액은 개발 원조금 총액의 세 배에 해당한다.

국경을 개방해야 한다고 앞장서서 주장하는 조지프 캐런스Joseph Carens는 1987년 이렇게 썼다. "자유로운 이주는 즉시 달성할 수 없겠지만 우리가 달성하려고 노력해야 하는 목표이다."[57]

새 아이디어를 생각해내는 것이 아니라
옛 아이디어에서 벗어나는 것이 어렵다.

– 존 메이너드 케인스(1883~1946년)

아이디어는
어떻게 세상을 바꾸는가?

10

RUTGER BREGMAN

아이디어는
어떻게 세상을 바꾸는가?

1954년 늦여름, 한 탁월한 젊은 심리학자가 신문 뒷장을 읽다가 별난 제목에 눈길을 멈췄다.

클라리온 행성에서 도착한 예언.
도시 시민에게 경고한다. 홍수를 피해 대피하라.
12월 21일 홍수로 도시가 물에 잠길 것이다.
지구 밖 행성이 교외 거주자에게 알린다.

호기심이 생긴 심리학자 리언 페스팅거Leon-Festinger는 계속 읽어 내려갔다. "12월 21일 먼동이 트기 직전에 거대한 호수에서 밀려오는 홍수로 레이크 시티Lake City가 파괴될 것이다." 이 메시지는 시카고 교외에 거주하는 가정주부가 게재한 것으로 다른 행성에 사는 우월한 존재에게 받았다고 했다. "그녀의 진술에 따르면, 이 존재들은 이른바 비행접시를 타고 지구를 방문하고 있다."

페스팅거가 내내 기다렸던 기회였다. 여러 해 동안 고민을 거듭했던 단순하지만 까다로운 문제를 드디어 조사할 수 있었기 때문이다. 사람들의 신념이 심각한 위기에 부딪히면 무슨 사태가 벌어질까? 자신을 구하려고 비행접시가 나타나지 않으면 이 가정주부는 어떻게 반응할까? 대규모 홍수가 일어나지 않으면 무슨 상황이 일어날까? 사실을 약간 조사하고 나서 페스팅거는 도로시 마틴Dorothy Martin이라는 이 가정주부 외에도 1954년 12월 21일에 세상의 종말이 온다고 확신하는 사람이 더 있다는 사실을 알아냈다. 마틴을 추종하는 지적이고 솔직한 미국인 10여 명은 신념이 워낙 확고해 이미 직장을 그만두거나 재산을 정리하거나 배우자를 떠났다.

페스팅거는 시카고 종파에 잠입하기로 결심했다. 그리고 종말이 다가온다는 사실을 신도들이 다른 사람에게 거의 설득시키려 하지 않는다는 사실을 깨달았다. 선택받은 소수만 구원받을 수 있다고 생각했기 때문이다. 1954년 12월 20일 아침 도로시 마틴이 위에서 내려오는 새 메시지를 받았다. "자정에 너희는 주차시킨 자동차에 들어가 특정 장소로 옮겨진 뒤 비행접시에 태워질 것이다."

추종자들은 한껏 흥분해 자신들이 하늘로 들어올려지기를 기다렸다.

1954년 12월 20일 저녁

오후 11시 15분 마틴 여사는 외투를 입고 준비하라는 메시지를 받고 집단에게 전달한다.

리얼리스트를 위한
유토피아 플랜

오전 12시	아무 일도 일어나지 않는다.
오전 12시 5분	한 추종자가 보니 방에 있는 다른 시계는 11시 55분을 가리키고 있다. 집단은 아직 자정이 되지 않았다고 판단한다.
오전 12시 10분	외계인에게서 비행접시의 도착시각이 늦어진다는 메시지가 도착한다.
오전 12시 15분	전화벨이 몇 차례 울린다. 세계의 종말이 왔는지 묻는 기자들의 전화이다.
오전 2시	젊은 추종자들 중에서 지금쯤 이미 몇 광년이 흘렀으리라 예상했던 신도가, 새벽 2시까지 집에 오지 않으면 경찰에 전화하겠다던 어머니의 말을 기억해낸다. 집단을 살리기 위해 가치 있는 희생이라며 다른 추종자들이 집으로 돌아가라고 권고하자 그 신도는 자리를 뜬다.
오전 4시	추종자 한 명이 이렇게 말한다. "나는 돌아갈 수 있는 길을 모두 차단했어요. 세상에 완전히 등을 졌죠. 이제 의심을 품을 수도 없으니 믿을 수밖에요."
오전 4시 45분	마틴 여사는 신이 지구를 구원하기로 결정했다는 메시지를 받는다. 추종자 소집단들은 오늘 밤 지구가 구원을 받았다는 희망찬 메시지를 퍼뜨린다.
오전 4시 50분	하늘에서 마지막 메시지가 내려온다. 외계인들은 좋은 소식을 "신문에 즉시 보도"하기를 원한다. 새 임무를 맡은 추종자들은 동이 트기 전에 모든 지역 신문사와 라디오 방송국에 소식을 전달한다.

예언이 빗나갈 때

"신념에 매달리는 사람은 바뀌기 힘들다." 리언 페스팅거는 1956년 처음 출간되어, 오늘날까지 사회 심리학 발달에 토대를 마련한 저작으로 인정받고 있는 《예언이 빗나갈 때Prophecy Fails》에서 이 사건을 설명했다. "그들은 자기 의견에 반대한다는 말을 들으면 등을 돌린다. 사실이나 숫자를 제시받으면 출처를 의심한다. 논리에 호소하는 소리를 듣더라도 핵심을 파악하지 못한다."

마틴 여사와 추종자들의 이야기를 읽고 콧방귀를 뀌기는 쉽지만 페스팅거가 서술한 현상에 어느 누구도 자유로울 수는 없다. 페스팅거는 이러한 현상을 "인지 부조화cognitive dissonance"라고 불렀다. 마음속 깊이 믿고 있는 신념이 현실과 충돌할 때 자신의 세계관을 바꾸기보다는 현실에 손을 댄다. 그뿐만 아니라 자신의 신념을 전보다 훨씬 엄격하게 굳힌다.[1]

우리는 실용적인 문제에 직면해서는 매우 유연한 태도를 보이는 경향이 있다. 옷에 묻은 기름을 제거하거나 오이를 써는 방법에 관해서는 대부분 타인의 조언을 흔쾌히 받아들인다. 하지만 자신의 정치적·이념적·종교적 견해를 문제 삼는 사람에게는 더할 나위 없이 완고해진다. 범죄자 처벌, 혼전 섹스, 지구 온난화 등에 관한 자기 견해가 공격을 받으면 한 발자국도 물러서지 않는다. 이러한 영역에서는 그 정도로 자기 견해에 집착하면서 웬만해서는 포기하지 않으려 한다. 이러한 태도는 교회와 가족, 친구를 포함한 사회 집단에서 자신의 정체성과 위치의 인식에 영향을 미친다.

이 과정에 개입되지 않는 것이 확실한 요소는 어리석음stupidity이다. 예일대학교 연구자들에 따르면 교육 받은 사람들은 어느 누구보다도 신념이 확고부동하다.[2] 결국 교육은 자기 견해를 방어하는 수단을 제공한다. 지식층은 쟁점을 찾고, 전문가를 물색하고, 기존 신념을 뒷받침하는 연구 결과를 찾아내는 훈련을 강도 높게 받는다. 게다가 인터넷 덕택에 마우스만 클릭해도 증거를 찾을 수 있으므로 자기 견해를 뒷받침하기가 어느 때보다 수월해지고 있다.

미국 언론인 에즈라 클라인Ezra Klein은 다음과 같이 결론을 내린다. "똑똑한 사람들은 정확한 대답을 얻기 위해서가 아니라 자신이 원하는 대답을 찾기 위해 지력을 사용한다."[3]

내 시계가 자정을 쳤을 때

여기서 한 가지 고백해야겠다. 이 책의 6장("주당 15시간 노동")을 쓰고 있을 때 우연히 '주당 근로시간이 줄어든다고 행복해지는 것은 아니다Shorter Workweek May Not Increase Well-Being'라는 제목의 기사를 읽었다.[4]

〈뉴욕 타임스〉에 실린 이 기사는 한국에서 발표한 연구 결과를 소개하면서 주당 근로시간을 10% 줄였는데도 직원의 만족도는 커지지 않았다고 주장했다. 이어서 인터넷을 검색해보고 찾은 〈텔레그래프The London Telegraph〉의 어느 기사는 근로시간을 줄이면 건강을 해칠 가능성이 있다고 언급했다.[5]

나는 졸지에 도로시 마틴이 되었고 시계는 자정을 쳤다. 즉시 방어 기제를 가동시켰다. 처음에는 출처에 대해 의구심을 품었다. 보수적 성향의 〈텔레그래프〉에 실린 기사를 진지하게 받아들일 필요가 있겠는가? 게다가 〈뉴욕 타임스〉 기사는 확실히 그렇다는 것이 아니라 그럴 가능성이 있다고 언급하지 않았는가? 연구 결과들이 그래 봤자 얼마나 결정적이겠는가? 내 고정관념까지도 꿈틀댔다. 한국인은 대단한 일중독자들이어서 아마도 근로시간을 줄였다고 보고하면서도 평소처럼 퇴근했을 것이다. 게다가 행복의 정도를 대체 어떻게 측정할 수 있겠는가?

이러한 논리에 만족한 나는 적절할 리 없다고 확신하면서 해당 연구 결과를 무시했다.[6]

다른 예를 들어보자. 2장에서는 보편적 기본소득 제도에 찬성하는 주장을 펼쳤다. 해당 제도는 내가 지난 몇 년에 걸쳐 많은 공을 들여 구축해온 신념이다. 이 주제에 관해 처음 쓴 글은 거의 백만에 가까운 구독 횟수를 기록했고 〈워싱턴포스트〉에 실렸다. 보편적 기본소득을 주제로 여러 차례 강연도 했고, 네덜란드 텔레비전에도 출연했다. 열렬한 독자들에게서 이메일이 쏟아져 들어왔다. 이내 나를 "미스터 기본소득"이라 부르는 사람도 생겨났다. 내 견해가 자신과 직업의 정체성을 서서히 하지만 확실하게 정의해간 것이다.

나는 보편적 기본소득이 때를 만났다고 진심으로 믿는다. 이 문제를 광범위하게 연구해왔고, 그동안 발견한 증거를 보더라도 그렇다. 하지만 개인적인 심정을 솔직히 털어놓자면, 내 믿음과 상반되는 증거를 스스로 알아차릴 수 있을지 이따금씩 의심이 든다. 나는 아니라는 생각이 들면 즉각 마음을 바꿀 수 있을 만큼 기민하거나 용감할까?

리얼리스트를 위한
유토피아 플랜

아이디어의 힘

나는 주당 근로시간 단축과 보편적 기본소득을 주제로 작성한 기사 두 편을 친구에게 보냈다. 기사를 읽은 친구는 "하늘에 자네의 궁전을 계속 지어보게"라고 비웃었다. 그 친구가 어떤 생각으로 그렇게 말했는지 이해할 수 있었다. 결국 정치인들이 예산 수지를 맞추지 못할 정신 나간 아이디어가 가당키나 할까?

그래서 나는 새 아이디어가 세상을 진정으로 바꿀 수 있을지 자문하기 시작했다.

이 글을 읽으면서 보이는 이성적이면서도 본능적인 반응은 '바꿀 수 없다'일 것이다. 사람들은 스스로 편안하게 느끼는 기존 아이디어에 고집스럽게 집착하기 때문이다. 하지만 아이디어는 시간이 흐르며 바뀐다. 어제의 전위적 생각이 오늘날에는 상식으로 등장한다. 사이먼 쿠즈네츠는 의지를 관철시켜 국내총생산 개념을 만들어냈다. 랜도미스타들은 유효성을 입증하라고 압박하는 방식으로 외국 원조를 방해했다. 문제는 새 아이디어가 기존 아이디어를 물리칠 수 있느냐가 아니라 어떻게 물리치느냐이다.

연구 결과를 보면 갑작스러운 충격이 기적 같은 효과를 낳을 수 있다. 일리노이대학교 소속 정치과학자 제임스 쿠클린스키James Kuklinski의 주장에 따르면, 사람들은 새롭고 유쾌하지 못한 사실에 최대한 직접적으로 맞닥뜨릴 때 생각을 바꿀 가능성이 크다.[7] 예를 들어보자. 우파 정치인들은 1990년대 이미 "이슬람 세계의 위협"을 경고했지만 2001년 9월 쌍둥이 빌딩이 테러로 파괴되는 충격적인 사건이 발생하기 전까지 그들의 주장은 그다지 관심을 받지 못했다. 과거에 중요하다고 인정받지 못했던 견해가 사건이 발생하면서 순식간에 집단적 강박 관념으로 바뀌었다.

아이디어가 상황을 점차적으로 바꾸지 못하고 단속적으로 충격을 유발해야 바꿀 수 있다면, 우리 시대를 규정하는 민주주의와 언론, 교육에 관한 기본 전제는 전부 잘못됐다. 그렇다면 인간이 정보 수집과 이성적인 숙고를 거쳐 자기 견해를 바꾼다는 계몽주의 모델이 본질적으로는 현상을 유지하는 지지대라는 뜻이다. 합리성과 미묘한 차이, 타협의 효용성을 믿는 사람들은 아이디어가 세상을 어떻게 지배하는지 파악하지 못한다는 뜻이다. 세계관은 이곳에 블록을 쌓고 저곳에서는 블록을 제거하는 레고 조립품이 아니다. 도저히 제압할 수 없는 세력에 눌려 방어벽이 허물어질 때까지 무기를 총동원해 필사적으로 지켜내야 하는 요새이다.

마틴 부인이 이끄는 종파에 리언 페스팅거가 잠입했던 몇 개월 동안 미국인 심리학자 솔로몬 애시Solomon Asch는 두 눈으로 똑똑히 볼 수 있는 진실이라도 사람들은 집단 압력에 밀려 무시할 수 있다는 사실을 입증했다. 지금은 잘 알려진 실험에서 애시는 선분 세 개를 그은 카드를 실험 대상자에게 보여주고 어느 선분이 가장 긴지 물었다. 실험 대상자는 방 안에 있는 다른 사람들, 즉 자신이 모르는 애시의 동료들이 일제히 같은 대답을 하자, 분명히 잘못된 대답인데도 그들을 따라 대답했다.[8]

정치에서도 상황은 다르지 않다. 정치학자들의 주장에 따르면 유권자의 투표 방식을 결정하는 요인은 자기 삶이 아니라 사회에 대한 인식이다. 유권자는 정부가 국민 개인에게 무엇을 해줄 수 있는지에 특별히 관심을 두지 않는다. 다만 우리 모두에게 무엇을 해줄 수 있는지 알고 싶어 한다. 그래서 자신을 위해서만이 아니라 자신이 속하고 싶은 집단을 위해 투표한다.

하지만 솔로몬 애시는 다른 사실을 발견했다. 한 사람의 반대 목소리가 상황의 흐름을 바꿀 수 있다는 것이다. 집단에 속한 단 한 사람이 진실을 고수하면서 주장을 굽히지 않으면 다른 실험 대상자들은 그 주장을 믿는 경향이 강해졌다. 이것은 광야에서 혼자 외치고 있다고 느끼는 사람에게 용기를 북돋워주는 발견이다. 그러니 쉬지 말고 하늘에 궁전을 짓자. 때가 올 것이다.

밤은 길었다

2008년 마침내 올 것이 온 것 같았다. 1930년 이후로 인지 부조화의 최대 사건이 터졌기 때문이다. 9월 15일 투자 은행 리먼 브라더스 Lehman Brothers가 파산을 신청했다. 갑자기 전 세계 은행업이 일렬로 늘어선 도미노처럼 무너지는 듯했다. 그 후 몇 개월 동안 자유 시장을 옹호하는 신조가 하나둘씩 붕괴되고 불에 탔다.

한때 "현인Oracle"이나 "대가Maestro"로 불렸던 전임 미국 연방준비제도이사회 의장 앨런 그린스펀Alan Greenspan은 혼비백산했다. 그는 2004년 자신만만하게 다음과 같이 주장했었다. "개별 금융기관들이 근본적인 리스크 요소 때문에 타격을 입을 가능성은 줄어들었을 뿐 아니라 금융계 전체의 회복 탄력성이 더욱 커지고 있다."[9] 2006년 그린스펀이 은퇴하자 그의 이름이 금융계 명예의 전당에 올라가리라고 모두들 추측했다.

2년 후 하원 위원회에서 열린 청문회에 참석한 그린스펀은 자신이 "믿을 수 없는 충격에 빠졌다"고 시인했다. 자본주의에 대한 그린스펀의 신념은 심각하게 타격을 입었다. "오류를 발견했습니다. 그 오류가 얼마나 심각한지, 영구적인지 모르겠습니다. 하지만 그 사실 때문에 매우 침통합니다."[10] 한 하원의원이 자기 생각대로 일을 추진하다가 잘못된 것 아니냐고 묻자 이렇게 대답했다. "바로 그러한 이유로 충격을 받았습니다. 내 생각이 매우 잘 작용한다는 증거를 상당히 확실하게 확보하면서 40여 년을 일해왔으니까요."

1954년 12월 21일 얻은 교훈은 모든 것이 한순간의 위기에 집중되어 있다는 것이다. 시계가 자정을 치고 나면 무슨 일이 벌어질까? 위기를 겪으면 새 아이디어를 샘솟게 하는 출구를 얻기도 하지만 기존 신념을 계속 유지할 수도 있다.

그렇다면 2008년 9월 15일 이후에는 무슨 일이 일어났을까? 월스트리트 점거 운동이 벌어져 잠깐이나마 국민을 자극했지만 재빨리 쇠퇴했다. 그사이 대부분의 유럽 국가에서는 좌경화 정당이 선거에서 패배했다. 그리스와 이탈리아는 민주주의를 거의 포기했고, 채권국을 만족시키기 위해 신자유주의 경향의 개혁을 실시해서 정부의 규모를 줄이고 노동 시장의 유연성을 증진시켰다. 북부 유럽에서도 새로운 궁핍의 시대가 도래했다고 선언했다.

그렇다면 앨런 그린스펀은 어떻게 됐을까? 몇 년 후 한 기자가 그의 생각에 오류가 있었느냐고 묻자 그린스펀은 단호하게 "전혀 없었습니다. 대안이 없었다고 생각합니다"[11]라고 대답했다.

시계를 돌려 오늘날로 돌아와보자. 은행 부문은 여전히 개혁돼야 한다. 월스트리트 은행가들은 금융계가 붕괴한 이후로 가장 많은 보너스를 받고 있다.[12] 은행의 자기 자본은 어느 때보다 작다. 〈가디언〉 기자인 요리스 라위언데이크Joris Luyendijk는 런던의 금융 분야에서 2년을 보내고 나서 당시 겪었던 경험을 2013년 이렇게 정리했다. "체르노빌Chernobyl(1986년 핵발전소 사고가 났던 우크라이나의 도시―옮긴이) 사태와

리얼리스트를 위한
유토피아 플랜

비슷해서 리액터를 재가동했지만 관리방식은 여전히 과거를 벗어나지 못했다."[13]

그러면 이런 의문이 생길 것이다. 2008년 발생한 인지 부조화는 충분히 컸을까? 아니면 지나치게 컸을까? 우리의 기존 신념에 지나치게 투자했을까? 아니면 단순히 대안이 전혀 없었을까?

마지막 가능성이 가장 우려할 만한 점이다.

"위기crisis"의 어원은 고대 그리스어로서 "분리하다" 또는 "거르다"를 뜻한다. 위기의 순간은 진리를 따르는 순간이어야 하고, 근본적인 선택을 하는 시점이어야 한다. 하지만 2008년으로 돌아가보면 그러한 선택을 할 수 없었던 것 같다. 은행업 전체가 갑자기 붕괴하는 사태에 직면했을 때는 진정한 대안을 찾을 수 없었으므로 우리 모두 할 수 있는 일이라고는 그저 같은 길로 계속 나아가는 것이었다.

아마도 위기는 우리가 현재 처한 상황을 정확하게 표현하는 단어가 아닐 것이다. 차라리 혼수상태에 빠져 있는 것 같다. 실제로 혼수상태coma도 고대 그리스어이고 "깊고 깊은 잠"을 뜻한다.

자본주의자 저항 투사

생각해보면 이 표현은 매우 반어적이다.

언젠가는 자신들의 생각이 옳다고 밝혀지리라 확신하면서 하늘에 궁전을 짓느라 삶을 바친 두 사람이 신자유주의 사고를 창시했다. 나는 철학자 프리드리히 하이에크와 사회참여 지식인 밀턴 프리드먼을 모두 존경한다.

오늘날 "신자유주의자"라는 단어는 좌파에 동조하지 않는 사람을 한데 묶어 몰아세우는 의미로 쓰인다. 하지만 하이에크와 프리드먼은 자유주의의 재창조를 자신의 임무로 생각하는 자랑스러운 신자유주의자들이었다.[14] 하이에크는 "다시 한 번 자유 사회를 건설하는 사명을 지적 모험으로 삼아야 한다. 우리에게는 자유주의 유토피아가 없다"[15]라고 썼다.

프리드리히 하이에크와 밀턴 프리드먼이 탐욕을 퍼뜨리고 수백만 인구를 찢어지게 가난하게 만든 금융위기를 초래한 책임을 져야 한다고 믿더라도, 두 사람에게 배울 만한 점은 많다.

하이에크는 오스트리아 수도 빈에서, 프리드먼은 뉴욕에서 태어났다. 두 사람 모두 아이디어의 힘을 굳게 믿었다. 여러 해 동안 두 사람은 소수 집단에 속해 주류 사고의 보호막 바깥에 있었다. 그러다가 주류의 보호막을 찢고 독재자와 갑부만 꿈꿀 수 있는 방식으로 세상을 뒤엎었다. 그리고 자신들의 최대 적수인 영국 경제학자 존 메이너드 케인스가 이룩해놓은 일생일대의 역작을 망가뜨리기 시작했다. 겉으로 판단할 때 두 사람과 케인스의 유일한 공통점은 경제학자와 철학자의 생각이 재계 지도자와 정치인의 기존 이해관계보다 강력하다는 신념이었다.

앞으로 소개할 특별한 이야기는 존 메이너드 케인스가 사망한 지 1년도 채 지나지 않은 1947년 4월 1일에 시작한다. 철학자, 역사가, 경제학자 등 40명이 자그마한 스위스 마을 몽 펠르랭에 모였다. 일부 학자는 바다를 건너 몇 주를 여행해 도착했다. 여러 해가 지나고 나서 그들 집단은 몽 펠르랭 소사이어티라고 불렸다.

스위스 마을에 도착한 사상가 40명은 자신들의 생각을 발표하고, 사회주의 패권에 맞서서 자본주의 저항의식을 강조하는 집단을 결성했다. 행사를 주도한 하이에크는 "물론 오늘날 사회주의자가 되지 않은 사람은 거의 없다"라고 탄식했다. 뉴딜 정책이 사회주의적 정책을 더욱 늘리는 방향으로 정부를 압박했던 시기에 자유 시장 개념을 방어하는 것은 영락없이 혁명적인 태도로 보였고, 하이에크는 "당시 시대와 맞지 않는다는 절망"을 느꼈다.[16]

당시 모임에 참석했던 밀턴 프리드먼은 후에 이렇게 회고했다. "그때 젊고 순진한 시골 미국인이었던 나는 세계적으로 동일한 자유주의 원칙에 헌신하고 있는 사람들을 만났다. 학자들은 모두 조국에서 괴롭힘을 당하는 상황에 놓여 있었지만 그중 일부 학자는 이미 세계적으로 유명해졌고, 앞으로 유명해질 학자들도 있었다."[17] 실제로 몽 펠르랭 소사이어티에서 8명이 나중에 노벨상을 수상했다.

하지만 1947년만 해도 이곳에서 이토록 유명한 학자가 많이 배출되리라고는 어느 누구도 예측하지 못했다. 유럽의 넓은 면적이 폐허로 바뀌면서 완전고용, 자유시장 억제, 은행 규제 등 케인스가 주장한 이상이 재건 노력을 뒷받침했다. 전쟁국가가 복지국가가 되었다. 하지만 같은 시기에 몽 펠르랭 소사이어티가 활발한 활동을 전개하자 신자유주의 사고에 관심이 쏠리면서 20세기를 주도하는 두뇌 집단이 되었다. 역사가 앵거스 버진Angus Burgin은 이렇게 설명했다. "그들은 서로 협력해 수십 년 동안 끊이지 않고 지속할 국제 정책 변화를 재촉하는 데 유용한 역할을 담당했다."[18]

1970년대 하이에크는 소사이어티의 회장직을 프리드먼에게 넘겨주었다. 자그마한 체구에 안경을 쓴 미국인 신임 회장이 오스트리아인 전임자 하이에크를 능가하는 에너지와 열정을 발휘한 덕택에 소사이어티는 급진적인 집단으로 바뀌었다. 원래 프리드먼은 모든 문제에 대해 정부를 비난했고, 어떤 경우에서든 해결책은 자유 시장이었다. 실업 문제의 해결책은? 최저 임금을 없애라. 자연 재해는? 기업이 구호 활동을 조직하게 하라. 가난한 학교는? 교육을 민영화하라. 비싼 건강 관리 비용은? 그것도 민영화하고, 공공 감독을 배제하라. 약물 남용은? 마약을 합법화하고 시장에 맡겨라.

프리드먼은 강연을 하고, 신문에 논평을 발표하고, 라디오 방송국에서 인터뷰를 하고, 텔레비전에 출연하고, 책을 쓰고, 심지어 기록물에 출연하는 등, 자신의 생각을 전파하려고 수단을 총동원했다. 자신이 쓴 베스트셀러《자본주의와 자유Capitalism and Freedom》의 서문에서는 대안을 계속 제시하는 것이 사상가들의 의무라고 썼다. 오늘날 "정치적으로 불가능"해 보이는 아이디어가 언젠가 "정치적으로 불가피한" 아이디어가 될지 모른다.

이제 결정적인 순간을 기다리는 일만 남았다. 프리드먼은 이렇게 설명했다. "실제 위기이든 인지된 위기이든 위기만이 진정한 변화를 일으킨다. 위기가 발생할 때 내리는 조치는 주위에 존재하는 아이디어에 의존한다."[19] 위기가 찾아온 것은 1973년 10월로, 아랍석유수출기구가 석유금수 조치를 내렸다. 인플레이션이 극성을 부리고 경제는 침체의 늪으로 빠져들었다. 그 결과인 "스테그플레이션stagflation(불황인데도 물가가 계속 상승하는 상황―옮긴이)"은 케인스 이론으로는 예측할 수 없었지만, 프리드먼은 이미 예측했었다.

프리드먼은 1947년 이후에 기초를 쌓았기 때문에 자신이 성공할 수 있었다고 평생 끊임없이 강조했다. 신자유주의의 부상은 계주와 같아서 두뇌 집단은 저널리스트에게 배턴을 넘겨주고, 저널리스트들은 정치인들에게 배턴을 넘겨주었다. 계주의 마지막 구간을 달린 인물은 서구 세계를 이끈 가장 강력한 두 지도자인 로널드 레이건과 마거릿 대처였다. 자신이 이룩한 가장 위대한 승리가 무엇이냐는 질문을 받은 대처는 "신노동당"이라고 대답했다. 신자유주의자 토니 블레어Tony

Blair의 지휘 아래, 노동당 내 사회 민주주의 정적들까지도 대처의 세계관에 동조했다.

그로부터 50년이 채 지나지 않아 대처의 아이디어는 급진적이라는 이유로 내쳐지고 주변 의견이 세계를 지배하게 되었다.

신자유주의의 교훈

일부 사람들은 유권자가 누구에게 투표했는지는 더 이상 중요하지 않다고 주장한다. 여전히 좌파와 우파가 존재하지만 어느 쪽도 미래에 대해 매우 분명한 계획을 제시하는 것 같지 않다. 얄궂게도 아이디어의 힘을 열렬하게 믿었던 두 인물의 신자유주의 소산이 새 아이디어의 발달을 억제하고 있다. 우리는 자유민주주의가 종착역이고 "자유 소비자"가 인류의 한계인 "역사의 종말"에 도달한 것 같다.[20]

1970년 프리드먼이 몽 펠르랭 소사이어티의 회장으로 임명되었을 무렵에는 대부분의 철학자들과 역사가들이 이미 탈퇴했고 논쟁은 과도하게 기술적이고 경제적인 경향을 띠었다.[21] 뒤늦게 깨달은 사실이지만 프리드먼의 취임으로 경제학자들이 서구 세계를 주도하는 사상가가 되는 시대가 시작되었고 우리는 여전히 그 시대에 속해 있다.[22]

우리는 관리자와 전문기술가 집단이 활동하는 세상에 살고 있다. 그들은 "문제를 해결하는 데 집중하자. 수지를 맞추는 데 집중하자"라고 주장한다. 계속해서 정치적 결정은 긴급한 문제로, 마치 다른 선택이 없다는 듯 중립적이고 객관적인 사건으로 제시된다. 케인스는 자신이 활동하는 시기에 이미 이러한 경향이 출현하는 현상을 목격하고 이렇게 썼다. "자신이 어떤 지적 영향도 받지 않았다고 믿는 실용주의자들은 대개 이미 사망한 어떤 경제학자의 노예들이다."[23]

2008년 9월 15일 리먼 브라더스가 무너지고, 1930년대 이후 최대 경제 위기가 시작되었을 때 선택할 수 있는 진정한 대안은 전혀 없었다. 여러 해 동안 지식인, 언론인, 정치인은 이구동성으로 우리 사회가 "거대 서사" 시대의 종말에 도달했으므로 실용주의 이념을 받아들일 때가 되었다고 단호하게 주장했다.

당연히 우리는 앞선 세대가 싸워 자유를 획득한 것에 자부심을 가져야 한다. 하지만 문제는, 말할 가치가 있는 것이 더 이상 없는데 대체 언론의 자유에 무슨 가치가 있겠느냐는 것이다. 소속감을 전혀 느끼지 못하는데 단체 결사의 자유가 무슨 소용인가? 더 이상 아무것도 믿지 않는데 종교의 자유는 어떤 목적 달성에 기여하는가?

한편으로 세계는 여전히 더욱 부유해지고 안전해지고 건강해지고 있다. 코케뉴에 발을 내디디는 사람들도 매일 점점 늘어난다. 이것은 거대한 승리다. 다른 한편으로 지금 풍요의 땅에 거주하는 우리가 새 유토피아를 선언해야 하는 최적의 시기이기도 하다. 돛을 다시 올리자. 여러 해 전 오스카 와일드는 "진보는 유토피아를 깨달아가는 과정이다"라고 썼다.[24] 주당 15시간 노동, 보편적 기본소득, 국경 없는 세상 등은 모두 정신 나간 꿈이다. 하지만 얼마나 오랫동안 그럴 것인가?

신자유주의가 여전히 초기에 머물러 있을 때 하이에크가 주장했듯 사람들은 "인간의 아이디어와 신념은 역사를 움직이는 주동력"이라고 믿지 않는다. "우리 신념이 실제와 다를 수 있다고 상상하기는 매우 어렵다."[25] 하이에크는 새 아이디어가 널리 보급되려면 한 세대는 족히 걸릴 수 있다고 주장했다. 바로 이러한 이유로, 우리에게는 인내심이 있을 뿐 아니라 '유토피안'이 될 용기를 지닌 사상가가 필요하다.

이 주장을 몽 펠르랭 소사이어티의 교훈으로 삼자. 좀 더 나은 세상을 꿈꾸는 모든 사람이 외치는 주문으로 삼자. 그래서 다시는 자정을 치는 시계 소리를 들으면서 결코 오지 않을 외계인이 와서 자신을 구원해주기를 마냥 넋 놓고 기다리지 말자.

아무리 터무니없더라도 아이디어는 세상을 바꿔왔고 앞으로도 그럴 것이다. 케인스는 "세계는 소수의 지배를 받는다"[26]라고 썼다.

유토피아는 지평선 위에 있다. 내가 두 발자국 다가서면 유
토피아는 두 발자국 물러난다. 내가 열 발자국 다가서면 유
토피아는 열 발자국을 멀리 달아난다. 아무리 다가선다 하
더라도 절대 유토피아에 다다르지 못할 것이다. 그렇다면
유토피아는 왜 존재하는가? 바로 우리를 전진하게 만들기
때문이다.

    – 에두아르도 갈레아노Eduardo Galeano(1940~2015년)

에필로그

RUTGER BREGMAN

이제 마지막으로 생각해보자. 유토피아를 어떻게 실현할 수 있을까? 어떻게 이 아이디어를 채택해 실행하면 될까?

이상이 실현되는 과정을 지켜보면 나는 늘 가슴이 설렌다. 프로이센 정치인 오토 폰 비스마르크Otto von Bismarck는 "정치는 가능성의 예술이다"라는 유명한 말을 남겼다. 워싱턴과 웨스트민스터 등에서 나오는 뉴스를 추적해보면 확실히 그런 것 같다. 하지만 이보다 훨씬 중요한 형태의 정치가 존재한다. 이것은 대정치Politics로서 규칙이 아니라 혁명에 관한 정치이다. 가능성의 예술이 아니라 불가능한 것을 불가피하게 만드는 예술에 관한 정치이다.

대정치는 소정치politics에 상반되는 개념으로 더욱 많은 정치인, 환경미화원에서 은행가까지, 과학자에서 구두 장인까지, 작가에서 이 글을 읽는 독자까지 수용할 여유가 있다. 소정치는 현상을 재확인하지만 대정치는 현상을 탈피한다.

오버턴 윈도

1990년대 대정치의 구조를 최초로 설명한 사람은 미국 변호사 조지프 오버턴Joseph Overton이었다. 그는 무엇보다 먼저 다음과 같은 단순한 질문을 던졌다. '그토록 많은 좋은 아이디어가 진지하게 받아들여지지 않는 까닭은 무엇일까?'

오버턴의 인식에 따르면 재선출되고 싶은 정치인은 지나치게 극단적으로 보이는 관점을 채택할 수 없다. 권력을 획득하려면 자신의 아이디어가 대중에게 용인 가능한 범위에 들어가야 한다. 그래야 전문가들이 인가한 계획이 들어서고 통계 서비스로 취합되고 법률로 제정될 가능성이 높아지기 때문이다.

오버턴 윈도의 외부에서 급습하는 사람은 누구라도 험난한 길을 맞닥뜨리기 마련이다. 윈도 지기인 언론은 발 빠르게도 그들에게 "비현실적"이거나 "비이성적"이라는 낙인을 찍을 것이다. 예를 들어 텔레비전은 근본적으로 다른 견해를 제시할 시간이나 공간을 거의 제공하지 않는다. 토크쇼는 같은 말을 하는 같은 사람을 회전목마를 돌리듯 거듭 출연시킨다.

현실이 이렇더라도 사회는 몇십 년 안에 완전히 바뀔 수 있다. 오버턴 윈도가 움직일 수 있다는 뜻이다. 사회를 바꿀 수 있는 고전적인 전략은 덜 급진적인 아이디어가 갑자기 분별 있게 들릴 정도로 매우 충격적이고 체제 전복적인 아이디어를 선언하는 것이다. 달리 표현해서 급진적인 아이디어를 합리적으로 들리게 만들려면 매우 충격적인 아이디어의 경계를 확장해야 한다.

미국의 도널드 트럼프Donald Trump, 영국의 보리스 존슨Boris Johnson, 네덜란드의 이슬람 혐오주의자 헤이르트 빌더르스Geert Wilders는 이러

리얼리스트를 위한
유토피아 플랜

오버턴 윈도

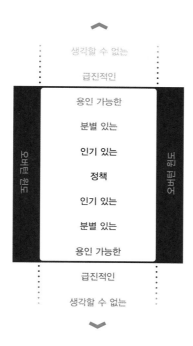

생각할 수 없는

급진적인

용인 가능한

분별 있는

인기 있는

정책

인기 있는

분별 있는

용인 가능한

급진적인

생각할 수 없는

출처: 하이드라저럼Hydrargyrum의 '오버턴 윈도'는 CC BY-SA 2.0으로 승인을 받았다.

한 기술을 훌륭하게 구사한다. 자신들의 말이 대중에게 늘 진지하게 받아들여지지는 않더라도 그들이 자기 쪽으로 오버턴 윈도를 끌어당기는 것만은 확실하다. 실제로 수십 년 동안 오버턴 윈도는 경제적·문화적 문제에 관해 우파 쪽으로 이동해왔다. 신자유주의 경제학자들이 경제적 토론을 장악하는 동안 우파는 종교와 이민에 관한 담론까지 장악하려고 손을 뻗었다.

그 과정에서 우리는 거대한 변화를 목격하고 있다. 역사적으로 정치는 좌파의 영역이었다. 1968년 파리 시위대는 "현실주의자가 돼라, 그러면서도 불가능한 꿈을 꿔라!Be realistic, demand the impossible"고 외쳤다. 노예제도 종식, 여성 해방, 복지국가의 부상 같은 진보적인 아이디어도 처음에는 정신 나가고 "비이성적"이라는 비판을 받았지만 결국 기본 상식으로 인정받았다.

하지만 오늘날 좌파는 대정치의 기술을 망각한 것 같다. 설상가상으로 많은 좌파 사상가와 정치인은 표를 잃을까 봐 두려워 일반 조직 구성원들의 급진적 견해를 억누르려 한다. 나는 최근 몇 년 동안 나타난 이러한 태도가 "언더독 사회주의underdog socialism" 현상이라는 생각이 들었다.

이것은 국제적인 현상으로 노동조합부터 정당까지, 칼럼니스트에서 대학 교수까지 전 세계 좌파 사상가 집단과 좌파 운동에서 목격할 수 있다. 언더독 사회주의자의 세계관은 신자유주의자가 이성과 판단, 통계학의 게임을 숙달하며 좌파에게 감성을 남겼다는 것이다. 그 의도는 좋다. 언더독 사회주의자들은 과도한 연민을 발휘하고 현재 통용되는 정책이 매우 부당하다고 생각한다. 복지국가가 허물어져 가루가 되는 현상을 보면서 자신의 능력으로 구할 수 있는 것을 구하려고 덤벼든다. 하지만 상황이 악화하면 늘 반대편의 주장에 굴복해 논쟁을 일으

리얼리스트를 위한
유토피아 플랜

키는 전제를 받아들인다.

그러면서 이렇게 시인한다. "국가 부채가 통제 불능 상태에 빠졌다. 하지만 우리는 더욱 많은 프로그램을 소득에 의존하도록 만들 수 있다."

또 다음과 같이 주장한다. "빈곤을 퇴치하는 비용은 끔찍하게 비싸지만 문명국가가 치러야 하는 대가의 일부이다."

그들은 세금이 많다고 한탄하면서 "하지만 각자 능력에 맞춰 납부해야 한다"고 강조한다.

하지만 언더독 사회주의자들은 국가 부채가 아니라 과도하게 지출하는 가정과 사업체가 진짜 문제라는 사실을 망각하고 있다. 빈곤 퇴치가 엄청나게 수지맞는 투자라는 사실을 망각하고 있다. 그리고 은행가와 변호사가 환경미화원과 간호사의 희생을 바탕으로 무임승차해 혜택을 누린다는 사실을 망각하고 있다.

반민영화, 반체제, 긴축 반대 등 반대 의견을 견제하고 억누르는 것이 언더독 사회주의자에게 유일하게 남은 사명이다. 그들이 모든 정책에 반대하는 것을 보면 '대체 언더독 사회주의자들이 실제로 추구하는 목표는 무엇일까?'라는 의문이 든다.

그들은 언제고 빈곤자, 학교 중퇴자, 난민, 장애인, 가난한 사람, 피차별인 등 사회 약자의 편에 선다. 이슬람 혐오주의, 동성애 혐오주의, 인종 차별주의를 공공연히 비난한다. 세계를 블루컬러와 화이트컬러, 빈자와 부자, 보통 사람과 소수 1%로 나누는 분열의 확산에 사로잡혀, 가방을 싼 지 오래된 유권자와 "다시 연결될 수 있는" 방법을 헛되이 찾는다.

하지만 언더독 사회주의자의 최대 문제는 그들의 생각이 틀린 것이 아니라 지극히 우둔하다는 것이다. 그들은 들려줄 이야기가 없을 뿐 아니라 이야기를 전달할 언어조차 갖추지 못했다.

그리고 좌파 인물들은 실제로 패배하고 싶어 하는 것처럼 보일 때가 너무나 많다. 마치 온갖 실패와 파멸, 잔혹행위가 자신들이 내내 옳았다는 사실을 입증한다고 생각하는 것 같다. 리베카 솔닛Rebecca Solnit은 저서 《어둠 속의 희망Hope in the Dark》에서 "결과를 달성하기보다는 정체성을 강화하는 경향이 짙은 행동주의가 있다"라고 언급했다. 도널드 트럼프는 대부분의 사람이 승리하는 편에 서고 싶어 한다는 사실을 매우 잘 파악했다("승리하는 것을 당신이 지겨워할 정도로 우리는 정말 많이 승리할 것이다"). 대부분의 사람은 선한 사마리아인의 온정주의와 연민을 싫어한다.

애석하게도 언더독 사회주의자는 좌파가 희망과 진보의 이야기를 해야 한다는 사실을 망각했다. 그렇다고 장황하고 두꺼운 책을 읽고 나서 "후기 자본주의"나 "교차성intersectionality"을 철학적으로 열렬하게 논하는 일부 힙스터hipster(주류 문화와 거리를 두며 독특한 문화적 코드와 패션을 추구하는 젊은이들—옮긴이)들을 흥미롭게 할 만한 이야기를 하라는 뜻이 아니다. 학계 좌파가 저지른 최대 과실은 근본적으로 귀족적 성향을 띠어서 별난 전문용어를 구사하며 단순한 문제를 현기증 날 정도로 복잡하게 만드는 것이다. 자신의 이상을 꽤나 지적인 12살짜리 아동에게 설명할 수 없다면 아마도 잘못은 자신에게 있을 것이다. 우리에게는 수백만 명의 평범한 사람들을 이해시킬 수 있는 이야기가 필요하다.

그러려면 우선 진보의 언어를 되찾아야 한다.

개혁? 그렇다. 금융 부문을 정밀하게 조사하라. 위기가 닥치자마자 휘청거리지 않도록 은행을 압박해 더욱 커다란 완충 기제를 구축하게 하라. "무너지게 놔두기에는 은행의 덩치가 너무 커서" 납세자들에게 손해액을 메우게 하는 사태가 다시 발생하지 않도록 필요하다면 은행을 해산시켜라. 모든 조세 피난처의 정체를 밝히고 파괴해서, 마침내 부자들이 합당한 몫만큼 내어놓고 그들의 재정을 담당하는 회계사들을 가치 있는 업무에 종사하게 하라.

실력 사회? 좋다, 진짜 기여도에 따라 보상하라. 환경미화원, 간호사, 교사의 임금을 대폭 인상하고, 상당히 많은 수의 로비스트, 변호사, 은행가들의 임금은 삭감하라. 대중에게 해를 끼치는 직업을 갖고 싶다면 그렇게 하라. 하지만 특권을 누리는 대가는 더욱 무거운 세금으로 치러야 한다.

혁신? 당연하다. 심지어 지금도 엄청난 재능이 낭비되고 있다. 과거에는 아이비리그 대학교 졸업생이 과학, 공공 서비스, 교육 분야 등에 진출했다면 현재는 은행, 법률, 구글이나 페이스북처럼 광고로 수익을 창출하는 기업에 진출하는 경향이 강하다. 잠시 멈춰 서서 생각해보라. 오늘날은 세금 수십억 달러를 쏟아부어 사회 최고 두뇌들을 훈련시켜서, 고작 다른 사람을 최대한 효율적으로 착취하는 방법을 습득하게 하지 않는가? 현 세대에서 가장 총명한 인재들이 시대가 요구하는 최대 난제, 예를 들어 기후변화, 불평등, 노령인구 등의 문제를 해결하려고 노력한다면 상황이 얼마나 달라질지 상상해보라. 이것이야말로 진정한 혁신이다.[1]

효율성? 정말 중요하다. 이렇게 생각해보라. 노숙자에게 들어가는 돈은 건강관리, 경찰, 법정 비용을 세 배 이상 아끼는 효과를 발휘한다. 아동 빈곤을 뿌리 뽑으면 어떤 성과를 거둘 수 있을지 생각해보라. 이러한 종류의 문제를 관리하는 것은 장기적으로 비용이 훨씬 많이 들기 때문에 해결하는 것이 훨씬 비용 효율적이다.

보모국가는 집어치워라? 맞다. 오히려 실업을 연장시킬 뿐이므로 실직자들을 위한 몰상식하고 거만한 재고용 과정을 없애고, 수당 수혜자들을 격하시키거나 훈련시키는 일을 집어치워라. 모두에게 기본소득을 제공해서 자기 삶을 스스로 개척할 수 있게 하라.

자유? 형제여, 외쳐라. 전체 노동인구의 3분의 1 이상은 일하면서도 스스로 의미가 없다고 생각하는 "망할 놈의 직업"에 매여 있다. 최근에 나는 컨설턴트 수백 명을 대상으로 무의미한 노동이 부상하는 현상을 주제로 강연했다. 놀랍게도 청중은 숨죽여 들었다. 그뿐만 아니라 강연이 끝나고 몇몇 사람이 털어놓은 사연에 따르면, 급료는 많지만 그다지 중요하지 않은 임무를 맡은 덕택에 실질적인 수익은 떨어지지만 가치 있는 업무를 수행할 수 있는 경제적 자유를 누렸다고 했다.

이러한 사연을 듣다 보니 프리랜서 저널리스트들에게 들었던 이야기가 생각났다. 자신들은 비판적인 조사 작업을 수행할 수 있도록 재정적 지원을 받으려고, 자신들이 몹시 싫어하는 회사를 홍보하는 작업을 했다고 언급했다. 세상이 거꾸로 돌아가고 있는 것일까? 현대 자본주의 체제 아래서 우리는 진정으로 성취감을 느끼는 일을 경제적으로 뒷받침하고 있는 것처럼 보이지만 모두 허튼 짓이다.

이제 "일"에 대한 개념을 다시 정의해야 할 때가 왔다. 주당 근무시간을 줄이자는 주장은 주말을 길게 무기력하게 보내자는 것이 아니라 자신에게 진정으로 중요한 일들에 좀 더 많은 시간을 투자하자는 뜻이다. 몇 년 전 오스트레일리아 작가 브로니 웨어Bronnie Ware는《내가 원하는 삶을 살았더라면The Top Five Regrets of the Dying》이라는 제목으로 자신이 호스피스 간호사로 일하면서 돌봤던 환자들에 대해 썼다.[2] 죽음을 앞둔 환자들은 어떤 말을 했을까? 동료들의 파워포인트 발표 내용을 좀 더 주의 깊게 듣거나, 네트워크 사회에서 공동 창조 활동에 관한 아이디어를 좀 더 많이 생각해냈다면 좋았으리라고 말하는 사람은 단 한 명도 없었다. 가장 큰 후회는 "다른 사람이 내게 기대하는 삶이 아니라 자신에게 충실한 삶을 살 수 있는 용기가 없었다"는 것이었다. 두 번째 후회는 "그렇게 열심히 일하지 말았어야 했다"였다.

주위 사람들은 이구동성으로 더 일을 해야 한다고 말한다. 대부분의 정치인과 경제학자에게 일자리는 많을수록 좋다. 하지만 이제 새 노동 운동을 일으킬 때가 되었다. 일자리와 임금을 증가시킬 뿐 아니라 더욱 중요하게는 본질적인 가치를 지닌 일을 증가시키는 노동운동을 전개해야 한다. 너무나 지루한 마케팅, 어리석은 행정, 환경오염 유발 물질에 시간을 쏟을수록 실업률은 올라가지만, 자기 역량을 발휘하는 일에 시간을 투자할수록 실업률은 떨어질 것이다.

마지막 두 가지 조언

하지만 무엇보다도 먼저 언더독 사회주의자들은 더 이상 윤리적 우월성과 구식 아이디어에 빠져 허우적대지 말아야 한다. 스스로 진보주의자라고 생각하는 사람은 너나없이 에너지만이 아니라 아이디어의 지표이고, 의분과 희망의 좌표이며, 동등한 역할과 끈질긴 노력의 상징이어야 한다. 궁극적으로 언더독 사회주의자들에게 없는 점은 정치 변화에 가장 필수적인 요소, 즉 정말 더 나은 길이 있으며 유토피아를 실현할 수 있다는 확신이다.

그렇다고 대정치를 완성해 유토피아를 달성하기가 쉽다는 뜻은 아니다. 오히려 정반대다. 가장 중요하고 넘기 힘든 장애물은 유토피아의 달성을 진지하게 생각하는 데 있다. 이것은 내가 보편적인 기본소득, 주당 근무시간 축소, 빈곤 퇴치를 강조하며 주장했듯 지난 3년 동안 직접 경험한 것이다. 나는 이러한 정책들이 현실적이지 않다거나,

비용이 너무 많이 들어 실행할 수 없다거나, 철저하게 어리석다는 말을 자주 들었다.

한참이 지나서야 나는 이른바 현실감각이 없다는 것과 내 논리에 실제로 결함이 있다는 것은 거의 관련이 없다는 사실을 깨달았다. 내 아이디어가 "비현실적"이라고 비판하는 것은 단지 현상에 들어맞지 않는다는 뜻을 돌려 말했을 뿐이다. 사람들의 입을 다물게 하는 최선의 방법은 스스로 어리석다고 느끼게 만드는 것이다. 자신이 어리석다고 느끼면 거의 확실하게 침묵을 지키기 때문에 이 방법이 검열보다 훨씬 낫다.

내가 기본소득에 관해 글을 쓰기 시작했을 때만 해도 대부분의 사람들은 기본소득 개념에 생소했다. 그때로부터 3년이 지났을 뿐인데도 지금은 사방에서 기본소득 개념을 말한다. 핀란드와 캐나다는 대규모 실험을 실시한다고 발표했다. 실리콘 밸리에서도 대단한 관심을 끌고 있다. 2장에서 언급한 기브다이렉틀리는 케냐에서 대규모로 기본소득 관련 연구를 출범했다. 내 조국인 네덜란드에서는 20곳이 넘는 지방 자치제 당국이 기본소득 정책을 실시하고 있다.

이렇듯 기본소득 개념에 급작스럽게 호응이 쏟아지게 된 계기는 2016년 6월 5일 스위스에 실시된 국민투표였다. 5년 전만 해도 기본소득 개념을 아는 스위스인은 많지 않았지만 요즘 상황은 다르다. 물론 상당히 많은 사람이 반대해서 제안은 부결되었지만, 1959년만 해도 여성에게 투표권을 주자는 괴상한 유토피아적 제안에 반대하는 투표를 한 남성이 훨씬 많았으나 1971년 다시 투표를 실시했을 때는 대부분의 남성이 찬성표를 던졌다.

내가 하려는 말의 핵심은 이렇다. 스위스 국민투표는 기본소득에 관한 토론의 결말이 아니라 시작이다. 이 책의 첫 네덜란드어 판을 출간하고 나서 나는 파리, 몬트리올, 뉴욕, 더블린, 런던에서 기본소득에 관해 강연했다. 가는 곳마다 정확하게 같은 요인으로 탄생한 기본소득을 향한 열정을 느낄 수 있었다. 2008년 세계 금융위기가 발생하고, 영국이 유럽연합을 탈퇴하고, 도널드 트럼프가 미국 대선에서 승리한 이후 외국인 혐오증과 불평등에 대항하는 진정하고 급진적인 수단을 요구하는 목소리가 더욱 거세지고 있다. 전적으로 새로운 세계 지도, 새로운 희망의 근원, 간단하게 말해 새 유토피아를 요구하는 사람이 늘어나고 있는 것이다.

따라서 이 책에서 제안한 아이디어를 실천에 옮길 준비가 되어 있는 사람 모두에게 마지막으로 두 가지 조언을 하고 싶다. 첫째, 당신과 같은 사람이 바깥에 더욱 많다는 사실을 인식하라. 정말 많다. 내가 만났던 수없이 많은 독자들은 이 책에 소개한 개념을 전적으로 믿으며 세상이 부패하고 탐욕스럽다고 말했다. 그들에게 나는 텔레비전을 끄고 주위를 돌아보고 조직을 결성하라고 촉구했다. 세상에는 진심으로 좋은 의도를 품고 있는 사람들이 대부분이다.

둘째, 낯이 두꺼워져라. 무엇이 중요한지 아무도 당신에게 명령하지 못하게 하라. 세상을 바꾸고 싶다면 비현실적이고 비이성적이어야 하고, 불가능에 도전해야 한다. 이 점을 기억하라. 노예제도를 폐지하고, 여성에게 참정권을 부여하고, 동성 결혼을 요구했던 사람들도 처음에는 미치광이라는 낙인이 찍혔었다. 그들의 주장이 옳다고 역사가 증명할 때까지는 그랬다.

어떤 책도 저자 혼자 쓸 수 없지만 이 책을 집필하면서 어느 때보다 많은 도움을 받았다. 저자로서 내 고향이기도 한 〈코레스폰던트Correspondent〉의 직원들에게 먼저 감사의 마음을 전한다. 그들은 많은 실수를 지적해주었을 뿐 아니라 기사들과 책에 관해 의견과 비결을 제공해주었다. 원고의 전부나 일부를 읽어준 동료 제시 프레더릭Jesse Frederick, 안드레아스 용커스Andreas Jonkers, 에리카 무어Erica Moore, 트래비스 머셋Travis Mushett, 롭 위즌버그Rob Wijnberg에게 엄청난 감사의 빚을 졌다.

몸카이Momkai 디자인 팀에게도 대단히 감사하다. 마티즌 밴 댐Martijn van Dam, 하랄드 던닌크Harald Dunnink, 섀넌 레아Shannon Lea, 신시아 머겔Cynthia Mergel, 리언 포스트마Leon Postma, 프레이저 스파르햄Frazer Sparham은 멋진 정보 그래픽을 제공해줬을 뿐 아니라 내가 조금씩 변화를 줄 때에도 무한한 인내심을 발휘했다.

리얼리스트를 위한
유토피아 플랜

이 책의 네덜란드어 원본을 다듬어준 빌 한센Wil Hansen을 편집자로 두고 함께 일할 수 있어서 크나큰 영광이었다. 그는 잘못된 논리에 빠지거나 문장 연결이 어색한 부분을 어김없이 다듬어주었다. 이 책을 영어로 번역한 엘리자베스 맨턴Elizabeth Manton의 언어 감각과 귀중한 의견 제시에 감사한다. 사람들이 영어 번역이 어땠는지 물을 때면 나는 망설이지 않고 원본보다 훨씬 나을지도 모른다고 털어놓곤 했다.

멋진 네덜란드 출판인인 밀루 클라인 랭크호르스트Milou Klein Lank- horst가 없었다면 이 책은 결코 성공을 거둘 수 없었을 것이다. 또 그녀는 후에 내 에이전트가 된 리베카 카터Rebecca Carter를 소개해주었다. 카터는 내 책에 성공 잠재력이 있다고 확신시켜주었을 뿐 아니라 리틀Little의 벤 조지Ben George, 블룸스베리Bloomsbury의 브라운 커슈바움Brown Kirschbaum과 알렉시스 커슈바움Alexis Kirschbaum을 소개해주었다. 이 편집자들의 통찰력이 이 책의 질을 더욱 향상시켰다.

게다가 가족과 친구와 무엇보다 아내 마르체Maartje의 지원을 받는 축복을 누렸다. 아내는 내가 때로 받아들이기 힘든 비판도 서슴없이 해주었고, 대체로 그녀의 생각이 옳았으므로 책의 완성도를 높일 수 있었다.

그럼에도 잘못된 논리, 어색한 표현, 달성할 수 없는 환상이 이 책에 남아 있다면 그 책임은 전적으로 내 몫이다.

1장 유토피아의 귀환

1. 극도의 빈곤은 생활비가 겨우 생존할 수준인 하루 1.25달러 미만인 상태를 가리킨다. François Bourguignon and Christian Morrisson, "Inequality among World Citizens: 1820–1992," *American Economic Review* (September 2002). http://piketty.pse.ens.fr/files/BourguignonMorrisson2002.pdf.

2. 네덜란드에서 노숙자는 사회복지 보조금으로 연간 약 1만 달러를 받는다. 1950년대 네덜란드에서 구매력과 인플레이션을 감안한 일인당 국민총생산은 gapminder.org 의 자료에 따르면 7,408달러였다. 1600~1800년에는 2,000~2,500달러였다.

3. 다음 역사가들이 제시한 수치를 참조하라. Angus Maddison, J. Bolt, and J. L. van Zanden, "The First Update of the Maddison Project: Re-Estimating Growth Before 1820," *Maddison Project Working Paper 4* (2013). http://www.ggdc.net/maddison/maddison-project/home.htm.

4. Herman Pleij, *Dromen van Cocagne. Middeleeuwse fantasieën over het volmaakte leven* (1997), p. 11.

5. World Health Organization, "Obesity and overweight," Fact sheet No. 311

(March 2013). http://www.who.int/mediacentre/factsheets/fs311/en/.

6. Manuel Eisner, "Long-Term Historical Trends in Violent Crime," University of Chicago (2003), table 2. http://www.vrc.crim.cam.ac.uk/vrcresearch/paper download/manuel-eisner-historical-trends-in-violence.pdf.

7. World Bank, "An update to the World Bank's estimates of consumption poverty in the developing world" (2012). http://siteresources.worldbank.org/INTPOVCALNET/Resources/Global_Poverty_Update_2012_02-29-12.pdf.

8. J.O.'s, "Development in Africa: Growth and other good things," *Economist* (May 1, 2013). http://www.economist.com/blogs/baobab/2013/05/development-africa.

9. UN News Centre, "Deputy UN chief calls for urgent action to tackle global sanitation crisis" (March 21, 2013). http://www.un.org/apps/news/story.asp?NewsID=44452.

10. 인터넷 라이브 스태츠Internet Live Stats가 발표한 수치를 참조하라. http://www.internetlivestats.com.

11. 세계보건기구에 따르면 아프리카에서 2000년 출생한 인구의 평균 기대수명은 50세였고, 2012년에는 58세였다. http://www.who.int/gho/mortality_burden_disease/life_tables/situation_trends_text/en/.

12. 세계은행이 발표한 수치를 참조하라. http://apps.who.int/gho/data/view.main.700?lang=en.

13. 개인이 하루에 섭취하는 평균 열량은 1990년 2,600칼로리에서 2012년 2,840칼로리로 증가했다. 사하라 사막 이남 아프리카에서는 2,180칼로리에서 2,380칼로리로 증가했다. Miina Porka et al., "From Food Insufficiency towards Trade Dependency: A Historical Analysis of Global Food Availability," *Plos One* (December 18, 2013). http://www.ncbi.nlm.nih.gov/pubmed/24367545.

14. Bjørn Lomborg, "Setting the Right Global Goals," *Project Syndicate* (May 20, 2014). https://www.project-syndicate.org/commentary/bj-rn-lomborg-identifies-the-areas-in-which-increased-development-spending-can-do-the-most-good.

15. 이렇게 주장한 과학자 중 한 명은 케임브리지대학교 소속으로 이 주제로 TED 강연

을 했던 오드리 데 그레이Audrey de Grey이다. http://www.ted.com/talks/aubrey_de_grey_says_we_can_avoid_aging.

16. Peter F. Orazem, "Challenge Paper: Education," Copenhagen Consensus Center (April 2014). http://copenhagenconsensus.com/publication/education.

17. "Where have all the burglars gone?" *Economist* (July 18, 2013). http://www.economist.com/news/briefing/21582041-rich-world-seeing-less-and-less-crime-even-face-high-unemployment-and-economic.

18. Francis Fukuyama, "The End of History?" *National Interest* (Summer 1989). http://ps321.community.uaf.edu/files/2012/10/Fukuyama-End-of-history-article.pdf.

19. Andrew Kohut et al., *Economies of Emerging Markets Better Rated During Difficult Times. Global Downturn Takes Heavy Toll; Inequality Seen as Rising, Pew Research* (May 23, 2013), p. 23. http://www.pewglobal.org/files/2013/05/Pew-Global-Attitudes-Economic-Report-FINAL-May-23-20131.pdf.

20. Lyman Tower Sargent, *Utopianism. A Very Short Introduction* (2010), p. 12. 풍요의 땅에 대한 불교의 해석을 보자. "음식을 먹고 싶으면 이 쌀알을 커다란 돌 위에 얹기만 하면 된다. 그러면 돌에서 즉시 불꽃이 일어나면서 음식을 내줄 것이다."

21. Ian C. Storey (trans.), *Fragments of Old Comedy*, Vol. III: *Philonicus to Xenophon. Adespota*. Loeb Classical Library, 515 (2011), p. 291. https://www.loebclassics.com/view/telecides-testimonia_fragments/2011/pb_LCL515.291.xml.

22. Russell Jacoby, *Picture Imperfect. Utopian Thought for an Anti-Utopian Age* (2005). 필자의 네덜란드어 책 *De geschiedenis van de vooruitgang* (2013)도 참조하라. 이 책에서는 제이코비가 주장한 두 가지 유토피아식 사고방식의 구분 방법에 관해 썼다.

23. 다음 책에서 인용한 조지 카텝George Kateb을 가리킨다. Lyman Tower Sargent, *Utopianism. A Very Short Introduction* (2010), p. 107. 그렇더라도 토머스 모어가 주장하는 유토피아 개념에 빠진 사람은 누구라도 불쾌하게 놀라서 뒷걸음칠 것이다. 철저하게 권위주의적인 사회의 주민은 상대적으로 사소한 실수를 저지르더라도 노예로 팔려나갔다. 하지만 중세 농부들에게는 이 모든 개념이 한 줄기 신선한 공기와

리얼리스트를 위한
유토피아 플랜

같았으리라고 인식해야 한다. 관습적으로 자행되었던 교수형, 능지처참, 화형 등과 비교하면 노예화는 관대한 처벌이었다. 하지만 모어가 의도한 아이러니를 포착하지 못한 학자가 많았다는 사실에도 주목해야 한다. 모어가 쓴 책을 원전 언어인 라틴어로 읽지 않았기 때문이다. 예를 들어 모어의 유토피아를 독자에게 안내해주는 역할을 맡은 히슬로다에우스Hythlodaeus의 이름을 번역하면 "터무니없는 생각을 말하는 자speaker of nonsense"이다.

24. Branko Milanovic, "Global Inequality: From Class to Location, from Proletarians to Migrants," World Bank Policy Research Working Paper (September 2011). http://elibrary.worldbank.org/doi/book/10.1596/1813-9450-5820.

25. 미국에 관해서는 다음을 참조하라. Bryan Caplan, "How Dems and Reps Differ: Against the Conventional Wisdom," *Library of Economics and Liberty* (September 7, 2008). http://econlog.econlib.org/archives/2008/09/how_dems_and_re.html. 영국에 관해서는 다음을 참조하라. James Adams, Jane Green, and Caitlin Milazzo, "Has the British Public Depolarized Along with Political Elites? An American Perspective on British Public Opinion," *Comparative Political Studies* (April 2012). http://cps.sagepub.com/content/45/4/507.

26. Alain de Botton, *Religion for Atheists* (2012), Chapter 3.

27. 이것은 선택이 아니다. 연구를 거듭한 결과에 따르면, 선진국 인구의 대다수는 물질주의, 개인주의, 거친 현대 문화를 우려한다. 전역에 걸쳐 실시한 여론 조사에서 미국인 대부분은 "탐욕과 무절제한 사회에서 벗어나, 가치와 공동체와 가정을 중심으로 생활방식이 돌아가는 사회로 발전해가기를" 바란다. Richard Wilkinson and Kate Pickett, *The Spirit Level: Why Equality Is Better for Everyone* (2010), p. 4.

28. 영국 지속가능개발위원회Sustainable Development Commission 교수 팀 잭슨Tim Jackson이 영화 〈파이트 클럽Fight Club〉의 대사를 바꾸어 표현했다. 이 인용문과 취지는 같지만 표현이 다른 문장이 상당히 많다.

29. 다음 책에서 인용됐다. Don Peck, "How a New Jobless Era Will Transform America," *Atlantic* (March 2010). http://www.theatlantic.com/magazine/archive/2010/03/how-a-new-jobless-era-will-transform-america/307919/.

30. Wilkinson and Pickett, *The Spirit Level*, p. 34.

31. World Health Organization, "Health for the World's Adolescents. A second

chance in the second decade' (June 2014). http://apps.who.int/iris/bitstream/
10665/112750/1/WHO_FWC_MCA_14.05_eng.pdf?ua=1.

32. Wilkinson and Pickett, *The Spirit Level*, p. 36. 이 책은 특히 북아메리카 대륙의 젊
    은 성인을 대상으로 삼지만, 다른 선진국에서도 같은 경향이 나타난다.

33. 다음 책에서 인용됐다. Ashlee Vance, "This Tech Bubble Is Different," *Bloomberg
    Businessweek* (April 14, 2011). http://www.businessweek.com/magazine/
    content/11_17/b4225060960537.htm.

34. John Maynard Keynes, "Economic Possibilities for our Grandchildren" (1930),
    Essays in Persuasion. http://www.econ.yale.edu/smith/econ116a/keynes1.pdf.

35. Bertrand Russell, *Philosophy and Politics* (1947), p. 14.

36. Bertrand Russell, *Political Ideals* (1917), Chapter 1.

2장 모든 국민에게 현금을 무상으로 지급해야 하는 이유

1. 이것은 매우 보수적인 추산이다. 영국 정부가 실시한 한 연구에서는 사회복지 서비스,
   경찰 동원 비용, 법정 비용 등으로 노숙자 1인당 연간 3만 파운드를 지급했다. 대상이
   악명 높은 부랑자라면 이 금액은 훨씬 높을 것이다. 해당 연구에서는 정부 보조금 합
   계가 노숙자 1인당 연간 40만 파운드까지 올라갈 수 있다고 주장한다. Department
   for Communities and Local Government, "Evidence Review of the Costs of
   Homelessness" (August 2012). https://www.gov.uk/government/uploads/
   system/uploads/attachment_data/file/7596/2200485.pdf.

2. 브로드웨이 보고서에 따르면 수혜자에게는 일반적으로 개인 예산에 따른 정확한 액
   수를 알려주지 않았다. 하지만 한 노숙자는 현금 지원금을 3,000파운드에서 2,000파
   운드로 줄였을 때 변화를 분명히 인식했다.

3. 노숙자에게는 돈을 직접 주지 않았다. 모든 지출은 먼저 "노숙자 담당 관리자"의 신
   속한 승인을 받아야 한다. 〈이코노미스트〉와 인터뷰한 사회복지사도 지출 상황을 감
   독 받아야 한다는 사실을 밝혔다. "우리는 '당신 삶이므로 이 돈을 당신 뜻대로 사용
   하십시오. 하지만 당신이 원한다면 우리가 언제든 돕겠습니다'라고 말했습니다." 또
   보고서는 이렇게 주장했다. "자신이 받은 개인 예산에 대해 말하면서 많은 사람이 인
   터뷰 내내 '내가 선택했어요'나 '내가 결정을 내렸어요'라는 표현을 사용해 스스로
   선택하고 통제할 수 있다는 점을 강조했다."

리얼리스트를 위한
유토피아 플랜

4. 조지프 라운트리 재단Joseph Rowntree Foundation이 해당 실험에 관해 출간한 포괄적인 보고서가 이 책에서 인용한 모든 글의 출처이다. Juliette Hough and Becky Rice, *Providing Personalised Support to Rough Sleepers. An Evaluation of the City of London Pilot* (2010). http://www.jrf.org.uk/publications/support-rough-sleepers-london. 다른 평가는 다음을 참조하라. Liz Blackender and Jo Prestidge, "Pan London Personalised Budgets for Rough Sleepers," *Journal of Integrated Care* (January 2014). http://www.emeraldinsight.com/journals.htm?articleid=17104939&.

5. 2013년 해당 프로젝트는 런던 시에 거주하는 노숙자 28명에게까지 확대됐다. 그중 20명은 이미 거주할 곳을 마련했다.

6. "Cutting out the middle men," *Economist* (November 4, 2010). http://www.economist.com/node/17420321.

7. 다음 기사에서 인용됐다. Jacob Goldstein, "Is It Nuts to Give to the Poor Without Strings Attached?" *New York Times* (August 13, 2013). http://www.nytimes.com/2013/08/18/magazine/is-it-nuts-to-give-to-the-poor-without-strings-attached.html.

8. Johannes Haushofery and Jeremy Shapiroz, "Policy Brief: Impacts of Unconditional Cash Transfers." https://www.princeton.edu/.~joha/publications/Haushofer_Shapiro_Policy_Brief_2013.pdf

9. 명성 높은 자선단체 평가기관인 기브웰GiveWell은 자선단체 500곳 이상을 조사하고 기브다이렉틀리를 4위로 선정했다.

10. Christopher Blattman, Nathan Fiala, and Sebastian Martinez, "Generating Skilled Self-Employment in Developing Countries: Experimental Evidence from Uganda," *Quarterly Journal of Economics* (November 14, 2013). http://papers.ssrn.com/sol3/papers.cfm?abstract_id=2268552

11. Christopher Blattman et al., *Building Women's Economic and Social Empowerment Through Enterprise. An Experimental Assessment of the Women's Income Generating Support* (WINGS) *Program in Uganda* (April 2013). https://open knowledge.worldbank.org/bitstream/handle/10986/17862/860590NWP0Box30ySeriesNo10Uganda0hr.pdf?sequence=1&isAllowed=y.

또 다음을 참조하라. Isobel Coleman, "Fighting Poverty with Unconditional Cash," *Council on Foreign Relations* (December 12, 2013). http://blogs.cfr.org/development-channel/2013/12/12/fighting-poverty-.with-unconditional-cash/

12. Christopher Blattman et al., "The Returns to Cash and Microenterprise Support Among the Ultra-Poor: A Field Experiment." http://sites.bu.edu/neudc/files/2014/10/paper_15.pdf.

13. 조건부와 무조건부 "현금지원"의 영향을 다룬 일련의 연구물들을 소개한다.

남아프리카: Jorge M. Agüero and Michael R. Carter, "The Impact of Unconditional Cash Transfers on Nutrition: The South African Child Support Grant," *University of Cape Town* (August 2006). http://www.ipc-undp.org/pub/IPCWorkingPaper39.pdf.

말라위: W. K. Luseno et al., "A multilevel analysis of the effect of Malawi's Social Cash Transfer Pilot Scheme on school-age children's health," *Health Policy Plan* (May 2013). http://www.ncbi.nlm.nih.gov/pmc/articles/PMC4110449/.

또 말라위: Sarah Baird et al., "The Short-Term Impacts of a Schooling Conditional Cash Transfer Program on the Sexual Behavior of Young Women." http://cega.berkeley.edu/assets/cega_research_projects/40/Short_Term_Impacts_of_a_Schooling_CCT_on_Sexual_Behavior.pdf

14. Charles Kenny, "For Fighting Poverty, Cash Is Surprisingly Effective," *Bloomberg Businessweek* (June 3, 2013). http://www.bloomberg.com/bw/articles/2013-06-03/for-fighting-poverty-cash-is-surprisingly-effective.

15. Joseph Hanlon et al., *Just Give Money to the Poor* (2010), p. 6.

16. Armando Barrientos and David Hulme, "Just Give Money to the Poor. The Development Revolution from the Global South," Presentation for the OECD. http://www.oecd.org/dev/pgd/46240619.pdf

17. Christopher Blattman and Paul Niehaus, "Show Them the Money. Why Giving Cash Helps Alleviate Poverty," *Foreign Affairs* (May/June 2014).

18. David McKenzie and Christopher Woodruf, "What Are We Learning from

278

리얼리스트를 위한
유토피아 플랜

Business Training and Entrepreneurship Evaluations around the Developing World?" World Bank Policy Research Working Paper (September 2012). http://ftp.iza.org/dp6895.pdf.

19. Hanlon et al., *Just Give Money to the Poor*, p. 4. 물론 현금지원이 만병통치는 아니어서 다리가 되지도 평화를 가져오지도 않을 것이다. 하지만 변화를 일으킬 수 있다. 워싱턴 소재 국제개발센터Center for Global Development 회장인 낸시 버드설Nancy Birdsall은 현금지원이 "개발에서 마법의 탄환이 될 수 있다"고 주장했다. 다음 글에서 인용됐다. ibid., p. 61.

20. 이러한 감소현상은 통계상으로는 의미가 없으므로 대부분의 사례에서 현금지원은 담배와 알코올의 소비 정도에 전혀 영향을 미치지 않는다. David K. Evans and Anna Popova, "Cash Transfers and Temptation Goods. A Review of Global Evidence," *World Bank Policy Research Working Papers* (May 2014). http://documents.worldbank.org/curated/en/2014/05/19546774/cash-transfers-temptation-goods-review-global-evidence.

21. Blattman and Niehaus, "Show Them the Money."

22. 2009년 〈란셋〉은 이렇게 서술했다. "조건 여부를 막론하고 현금지원을 실시하고 얻은 자료를 보면 이러한 프로그램은, 일자리를 찾지 못하게 하거나 의존적 문화를 형성해 세대 간 빈곤을 영속화한다는 반대주장을 일소한다." The Lancet Editorial, "Cash Transfers for Children. Investing into the Future," *Lancet* (June 27, 2009).

23. Claudia Haarmann et al., "Making the Difference! The BIG in Namibia," *Assessment Report* (April 2009), p. VII. http://www.bignam.org/Publications/big_Assessment_report_08b.pdf.

24. 토머스 페인, 존 스튜어트 밀, H.G. 웰스H. G. Wells, 조지 버나드 쇼, 존 케네스 갤브레이스, 얀 틴베르헨Jan Tinbergen, 마틴 루터 킹, 버트런드 러셀 등이다.

25. 다음을 예로서 참조하라. Matt Zwolinski, "Why Did Hayek Support a Basic Income?" Libertarianism.org (December 23, 2013). http://www.libertarianism.org/columns/why-did-hayek-support-basic-income.

26. Robert van der Veen and Philippe van Parijs, "A Capitalist Road to Communism," *Theory & Society* (1986). https://www.ssc.wisc.edu/~wright/ERU_files/PVP-cap-road.pdf.

27. 기본소득을 지지하는 보수주의자 찰스 머레이의 글을 인용했다. Annie Lowrey, "Switzerland's Proposal to Pay People for Being Alive," *New York Times* (November 12, 2013). http://www.nytimes.com/2013/11/17/magazine/switzerlands-proposal-to-pay-people-for-being-alive.html.

28. 다음 기사에서 인용됐다. Zi-Ann Lum, "A Canadian City Once Eliminated Poverty and Nearly Everyone Forgot About It", *Huffington Post*. http://www.huffingtonpost.ca/2014/12/23/mincome-in-dauphin-manitoba_n_6335682.html.

29. 다음 기사에서 인용됐다. Lindor Reynolds, "Dauphin's Great Experiment," *Winnipeg Free Press* (March 12, 2009). http://www.winnipegfreepress.com/local/dauphins-great-experiment.html.

30. 이곳과 이후 문장에서 금액의 단위는 모두 미국 달러이다.

31. 다음 기사에서 인용됐다. Vivian Belik, "A Town Without Poverty?" *Dominion* (September 5, 2011). http://www.dominionpaper.ca/articles/4100. 역시 민컴 프로젝트를 연구해온 캐나다 경제학자 웨인 심슨Wayne Simpson은 이렇게 주장했다. "많은 경제학자들은 일할 의욕이 감소하리라고 주장했다. 증거를 살펴보면 일부 문헌이 주장한 만큼 결과가 나쁘지 않았다." 다음 글에서 인용됐다. Lowrey, "Switzerland's Proposal to Pay People for Being Alive."

32. 비메오Vimeo의 다음 강연에서 인용했다. http://vimeo.com/56648023.

33. Evelyn Forget, "The town with no poverty," University of Manitoba (February 2011). http://public.econ.duke.edu/~erw/197/forget-.cea%282%29.pdf

34. Allan Sheahen, *Basic Income Guarantee. Your Right to Economic Security* (2012), p. 108.

35. Dylan Matthews, "A Guaranteed Income for Every American Would Eliminate Poverty – And It Wouldn't Destroy the Economy," *Vox.com* (July 23, 2014). http://www.vox.com/2014/7/23/5925041/guaranteed-.income-basic-poverty-gobry-labor-supply.

36. 다음 글에서 인용됐다. Allan Sheahen, "Why Not Guarantee Everyone a Job? Why the Negative Income Tax Experiments of the 1970s Were Successful", *USBIG Discussion Paper* (February 2002). http://www.usbig.net/papers/013-

Sheahen.doc. 연구자들은 정부가 추가로 일자리를 창출할 것이므로 종국에 가서는 사람들의 일자리가 훨씬 늘어날 수 있다고 생각했다. "현금지원으로 감소한 노동량은 공공 서비스 분야의 일자리에서 고용 기회가 늘어나면서 거뜬히 상쇄될 것이다."

37. Matthews, "A Guaranteed Income for Every American Would Eliminate Poverty."

38. "Economists Urge Assured Income," *New York Times* (May 28, 1968).

39. Brian Steensland, *The Failed Welfare Revolution. America's Struggle over Guaranteed Income Policy* (2008), p. 123.

40. 다음 글에서 인용됐다. Sheahen, *Basic Income Guarantee*, p. 8.

41. 다음 글에서 인용됐다. Steensland, *The Failed Welfare Revolution*, p. 69.

42. 다음 기사에서 인용됐다. Peter Passell and Leonard Ross, "Daniel Moynihan and President-Elect Nixon: How Charity Didn't Begin at Home," *New York Times* (January 14, 1973). http://www.nytimes.com/books/98/10/04/specials/moynihan-income.html.

43. 다음 글에서 인용됐다. Leland G. Neuberg, "Emergence and Defeat of Nixon's Family Assistance Plan," *USBIG Discussion Paper* (January 2004). http://www.usbig.net/papers/066-Neuberg-FAP2.doc.

44. Bruce Bartlett, "Rethinking the Idea of a Basic Income for All," *New York Times Economix* (December 10, 2013). http://economix.blogs.nytimes.com/2013/12/10/rethinking-the-idea-of-a-basic-income-for-all

45. Steensland, *The Failed Welfare Revolution*, p. 157.

46. Glen G. Cain and Douglas Wissoker, "A Reanalysis of Marital Stability in the Seattle-Denver Income Maintenance Experiment," *Institute for Research on Poverty* (January 1988). http://www.irp.wisc.edu/publications/dps/pdfs/dp85788.pdf.

47. 1969년 해리스Harris가 실시한 조사에 따른다. Mike Alberti and Kevin C. Brown, "Guaranteed Income's Moment in the Sun," *Remapping Debate*. http://www.remappingdebate.org/article/guaranteed-income's-moment-sun.

48. Matt Bruenig, "How a Universal Basic Income Would Affect Poverty," *Demos* (October 3, 2013). http://www.demos.org/blog/10/3/13/how-universal-basic-

income-would-affect-poverty.

49. Linda J. Bilmes, "The Financial Legacy of Iraq and Afghanistan: How Wartime Spending Decisions Will Constrain Future National Security Budgets," *Faculty Research Working Paper Series* (March 2013), https://research.hks.harvard.edu/publications/getFile.aspx?Id=923.

50. 다음 사실을 고려해 사고실험을 해보자. 전 세계 인구에서 매일 1.25달러의 기본소득을 제공하면 총 지원금액은 연간 3조 달러로 세계 국내총생산의 3.5%에 이를 것이다. 같은 금액을 세계 최빈곤층 13억 명에게 제공하면 합계는 6,000억 달러로 세계 국내총생산의 약 0.7%가 되고, 극도의 빈곤을 완전히 제거할 수 있다.

51. Walter Korpi and Joakim Palme, "The Paradox of Redistribution and Strategies of Equality: Welfare State Institutions, Inequality and Poverty in the Western Countries," *American Sociological Review* (October 1998), http://citeseerx.ist.psu.edu/viewdoc/download?doi=10.1.1.111.2584&rep=rep1&type=pdf.

52. Wim van Oorschot, "Globalization, the European Welfare State, and Protection of the Poor," in: A. Suszycki and I. Karolewski (eds), *Citizenship and Identity in the Welfare State* (2013), pp. 37 – 50.

53. 알래스카가 가장 좋은 예이다. 알래스카는 원유 판매 수익금으로 재정 지원을 받아 연간 1,000달러를 약간 넘게 보편적이고 무조건적인 기본소득을 제공하는 유일한 정치 실체이다. 현금지원에 대해서는 실제로 반대가 없다. 알래스카 앵커리지 대학교 교수인 스콧 골드스미스Scott Goldsmith에 따르면, 정치인이 현금지원 프로그램에 이의를 제기하는 것은 정치적 자살 행위와 마찬가지다. 알래스카가 미국 주를 통틀어 불평등 비율이 최저를 기록하고 있는 것도 부분적으로는 소액의 기본소득을 제공한 덕택이다. Scott Goldsmith, "The Alaska Permanent Fund Dividend: An Experiment in Wealth Distribution," *9th International Congress BIEN* (September 12, 2002), http://www.basicincome.org/bien/pdf/2002Goldsmith.pdf.

54. 복권당첨자의 행동을 연구한 결과, 크게 돈을 벌더라도 일을 그만두는 사람은 거의 없고, 설사 일을 그만 두더라고 그 이유는 자녀들과 좀 더 많은 시간을 함께 보내거나 다른 일자리를 알아보기 위해서다. 다음의 유명한 연구를 참조하라. Roy Kaplan, "Lottery Winners: The Myth and Reality," *Journal of Gambling Behavior* (Fall 1987), pp. 168 – 178.

리얼리스트를 위한
유토피아 플랜

55. 교도소 수감자들이 좋은 예이다. 거주지와 음식을 지원받으면 그냥 늘어져서 쉬리라 생각할지 모르겠다. 하지만 교도소에서는 노동을 금지하는 것이 실질적인 처벌 방법일 수 있다. 적절하게 행동하지 않는 수감자는 작업 현장이나 부엌에 출입을 금지당한다. 비록 "일"과 "실업"의 의미가 달라지기는 하지만 거의 모든 사람이 일종의 기여를 하고 싶어 한다. 사회는 사람들이 이미 하고 있는 엄청난 양의 무보수 작업을 터무니없이 무시하고 있다.

56. 캐나다 텔레비전에서 이렇게 말했다. 방송을 참조하라. https://youtu.be/EPRTUZsiDYw?t=45m30s.

3장 빈곤의 종말

1. Jessica Sedgwick, "November 1997: Cherokee Casino Opens" (November 1, 2007). https://blogs.lib.unc.edu/ncm/index.php/2007/.11/01/this_month_nov_1997/

2. James H. Johnson Jr., John D. Kasarda, and Stephen J. Appold, "Assessing the Economic and Non-Economic Impacts of Harrah's Cherokee Casino, North Carolina" (June 2011). https://www.kenan-flagler.unc.edu/~/media/Files/kenaninstitute/UNC_Kenan.Institute_Cherokee.pdf.

3. 18세 미만 아동에게는 돈이 일종의 펀드 형태로 지급돼 아동이 성년이 도달해서 쓸 수 있다.

4. Jane Costello et al., "Relationships Between Poverty and Psychopathology. A Natural Experiment," *Journal of the American Medical Association* (October 2003). http://jama.jamanetwork.com/article.aspx?articleid=197482.

5. 다음 기사에서 인용됐다. Moises Velasquez-Manoff, "What Happens When the Poor Receive a Stipend?" *New York Times* (January 18, 2014). http://opinionator.blogs.nytimes.com/2014/01/18/what-happens-when-the-poor-receive-a-stipend/.

6. William Copeland and Elizabeth J. Costello, "Parents' Incomes and Children's Outcomes: A Quasi-Experiment," *American Economic Journal: Applied Economics* (January 2010). http://www.ncbi.nlm.nih.gov/pmc/articles/pmc2891175/.

7. 다음 글에서 인용됐다. Velasquez-Manoff, "What Happens When the Poor Receive a Stipend?" 코스텔로에 따르면 진정한 변화를 가져온 것은 학교와 병원 등 새 시설이 아니라 현금지원이었다. 체로키 부족의 삶이 향상된 것은 새 시설을 사용할 수 있기 오래 전에 지원금이 지급된 순간부터 눈에 띄었다.

8. Costello et al., "Relationships Between Poverty and Psychopathology," p. 2029.

9. Richard Dowden, "The Thatcher Philosophy," *Catholic Herald* (December 22, 1978). http://www.margaretthatcher.org/document/.103793.

10. Sendhil Mullainathan and Eldar Shafir, *Scarcity: Why Having Too Little Means So Much* (2013).

11. Velasquez-Manoff, "What Happens When the Poor Receive a Stipend?"

12. Donald Hirsch, "An estimate of the cost of child poverty in 2013," Centre for Research in Social Policy. http://www.cpag.org.uk/sites/default/files/Cost of child poverty research update (2013).pdf.

13. Donald Hirsch, "Estimating the costs of child poverty," *Joseph Rowntree Foundation* (October 2008). http://www.jrf.org.uk/sites/files/jrf/2313.pdf.

14. 다음을 예로서 참조하라. See for example: Harry J. Holzer et al., "The Economic Costs of Poverty in the United States. Subsequent Effects of Children Growing Up Poor," *Center for American Progress* (January 2007). https://www.americanprogress.org/issues/poverty/report/2007/01/24/2450/the-economic-costs-of-poverty

15. 이 수치들을 반올림했다. Greg J. Duncan, "Economic Costs of Early Childhood Poverty," *Partnership for America's Economic Success*, Issue Brief #4 (February 2008). http://readynation.s3.amazonaws.com/wp-content/uploads/Economic-Costs-Of-Early-Childhood-Poverty-Brief.pdf.

16. Valerie Strauss, "The cost of child poverty: $500 billion a year," *Washington Post* (July 25, 2013). http://www.washingtonpost.com/blogs/answer-sheet/wp/2013/07/25/the-cost-of-child-poverty-500-billion-a-year/.

17. Daniel Fernandes, John G. Lynch Jr., and Richard G. Netemeyer, "Financial Literacy, Financial Education and Downstream Financial Behaviors,"

Management Science (January 2014). http://papers.ssrn.com/sol3/papers.cfm?abstract_id=2333898.

18. 즉, 평균 기대수명을 뜻한다. 어떤 국가에서도 부유층과 빈곤층의 건강은 상당히 차이가 있다. 그렇더라도 경제 성장으로 평균 국민 기대수명에 미치는 영향이 매우 신속하게 멈춘다는 사실은 바뀌지 않는다.

19. 다음 기사에서 인용됐다. Rutger Bregman, "99 problemen, 1 oorzaak," *De Correspondent*. https://decorrespondent.nl/388/99-problemen-1oorzaak/14916660-5a5eee06.

20. 또 다음을 참조하라. Brian Nolan et al., *Changing Inequalities and Societal Impacts in Rich Countries: Thirty Countries' Experiences* (2014). 이 보고서는 유럽, 미국, 오스트레일리아, 캐나다, 일본, 한국 등에서 200명 이상의 연구자들이 수행한 주요 연구의 결과를 바탕으로 작성됐고 불평등과 행복 감소, 사회 이동, 투표율과 신분상승 욕구 사이에 강한 연관성이 있다고 밝혔다. 범죄와 사회 참여의 상관관계는 덜 분명하다. 전반에 걸친 악영향을 따져 보면 빈곤이 불평등보다 크다.

21. 얄궂게도 독일과 노르웨이처럼 불평등 수준이 높은 국가의 국민들은 성공을 개인의 공으로 돌리지 않는 경향이 매우 강하다. 하지만 세계가치관조사World Values Survey에 따르면 미국 국민은 대부분 자신의 성공이 운이나 행운의 결과라고 믿지 않는다.

22. Jonathan D. Ostry, Andrew Berg, and Charalambos G. Tsangarides, "Redistribution, Inequality, and Growth," IMF (April 2014). http://www.imf.org/external/pubs/ft/sdn/2014/sdn1402.pdf.

23. 윌킨슨과 피켓이 발견한 사항은 상당한 관심을 불러일으켰고,《영혼의 수준*The Spirit Level*》을 출간한 이후로 두 사람의 논문 결과가 옳다고 입증하는 연구가 10여 건 이상 수행되었다. 2011년 조지프 라운트리 재단은 연구 결과가 제시한 증거를 자체적으로 분석하고 나서, 불평등과 사회 문제 사이에 상관관계가 있다는 사실에 많은 과학자가 동의한다는 결론을 내렸다. 그리고 매우 중요하게는 인과관계가 있다는 사실을 뒷받침하는 자료가 상당량 존재한다. 다음을 참조하라. Karen Rowlingson, "Does income inequality cause health and social problems?" (September 2011). http://www.jrf.org.uk/sites/files/jrf/inequality-income-social-problems-full.pdf. 이와 정반대로 좀 더 광범위한 복지 프로그램을 구비한 국가에서 부유층과 빈곤층의 행복지수는 더 높고 사회 문제를 경험하는 빈도는 낮다. 이 점을 좀 더 깊이 검토하려

면 다음을 참조하라. Patrick Flavin, Alexander C. Pacek, and Benjamin Radcliff, "Assessing the Impact of the Size and Scope of Government on Human Well-Being," *Social Forces* (June 2014). http://sf.oxfordjournals.org/content/92/4/1241.

24. Jan-Emmanuel De Neve and Nattavudh Powdthavee, "Income Inequality Makes Whole Countries Less Happy," *Harvard Business Review* (January 12, 2016). https://hbr.org/2016/01/income-inequality-makes-whole-countries-less-happy.

25. 〈마태복음〉 26장 11절, 〈마가복음〉 14장 7절, 〈요한복음〉 12장 8절을 참조하라.

26. 다음 기사에서 인용됐다. Emily Badger, "Hunger Makes People Work Harder, and Other Stupid Things We Used to Believe About Poverty," *Atlantic Cities* (July 17, 2013). http://www.theatlanticcities.com/jobs-andeconomy/2013/07/hunger-makes-people-work-harder-and-other-stupid-things-we-used-believe-about-poverty/6219/.

27. Bernard de Mandeville, *The Fable of the Bees, or, Private Vices, Publick Benefits* (1714).

28. Samuel Johnson, Letter to James Boswell, 7th December 1782.

29. 다음 기사에서 인용됐다. Kerry Drake, "Wyoming can give homeless a place to live, and save money," *Wyofile* (December 3, 2013). http://www.wyofile.com/column/wyoming-homelessness-place-live-save-money/.

30. 플로리다 주에서 실시한 연구에 따르면, 노숙자 한 명에게 집과 사회사업가를 제공하는 비용은 1만 달러에 불과했지만 주에서 지불하는 전체 비용은 연간 3만 1,000달러였다. 콜로라도 주에서 실시한 연구에서는 1만 7,000달러 대비 4만 3,000달러였다. 다음을 참조하라. Kate Santich, "Cost of homelessness in Central Florida? $31K per person," *Orlando Sentinel* (May 21, 2014). http://articles.orlando.sentinel.com/2014-05-21/news/os-cost-of-homelessness-orlando-20140521_1_homeless-individuals-central-florida-commission-tulsa. And Scott Keyes, "Colorado Proves Housing the Homeless Is Cheaper Than Leaving Them on the Streets," *Think Progress* (September 5, 2013). http://thinkprogress.org/economy/2013/09/05/2579451/coloradohomeless-shelter

31. 맬컴 글래드웰Malcolm Gladwell은 이 점에 관해 탁월한 내용의 글을 썼다. 다음을 참조하라. http://gladwell.com/million-dollar-murray.

32. Birgit Kooijman, "Rotterdam haalt daklozen in huis," *Binnenlands Bestuur* (August 28, 2009). http://www.binnenlandsbestuur.nl/sociaal/achtergrond/achtergrond/rotterdam-haalt-daklozen-inhuis..127589.lynkx

33. Plan van aanpak Maatschappelijke Opvang Fase II, "Van de straat naar een thuis." http://www.utrecht.nl/fileadmin/uploads/documenten/5.sociaal-maatschappelijk/Zorg_voor_sociaal_kwetsbaren/ocw_Plan_van_Aanpak_MO_fase2_samenvatting_1_.pdf.

34. 액션 플랜Action Plan이 보고한 내용에 따르면, 2006년 주요 도시 네 곳에 사는 노숙자는 약 1만 명이었다. 2009년 노숙자의 수는 약 6,500명으로 감소했지만, 2012년이 되자 1만 2,400명으로 다시 증가했다. 다음을 참조하라. Statistics Netherlands Statline, "Daklozen; persoonskenmerken." http://statline.cbs.nl/StatWeb/publication/?VW=T&DM=SLNL&PA=80799NED&LA=NL.

35. Cebeon, "Kosten en baten van Maatschappelijke opvang. Bouwstenen voor effectieve inzet van publieke middelen" (2011). http://www.opvang.nl/site/item/kosten-en-baten-van-maatschappelijke-opvang-bouwstenen-voor-effectieve.

36. Ruper Neate, "Scandal of Europe's 11m empty homes," *Guardian* (February 23, 2014). http://www.theguardian.com/society/2014/feb/23/europe-11m-empty-properties-enough-house-homeless-continent-twice.

37. Richard Bronson, "Homeless and Empty Homes – An American Travesty," *Huffington Post* (August 24, 2010). http://www.huffingtonpost.com/richard-skip-bronson/post_733_b_692546.html.

38. 다음 기사에서 인용됐다. John Stoehr, "The Answer to Homelessness," *American Conservative* (March 20, 2014). http://www.theamericanconservative.com/articles/the-answer-to-homelessness.

39. 다음 글에서 인용됐다. Velasquez-Manoff, "What Happens When the Poor Receive a Stipend?"

1. 소설 《중개자*The Go-Between*(1953)》에서 영국 작가 L. P. 하틀리Hartley(1895 – 1972).

2. Brian Steensland, *The Failed Welfare Revolution. America's Struggle Over Guaranteed Income Policy* (2008), p. 93.

3. Ibid., p. 96.

4. Ibid., p. 115.

5. Peter Passell and Leonard Ross, "Daniel Moynihan and President-elect Nixon: How charity didn't begin at home," *New York Times* (January 14, 1973). http://www.nytimes.com/books/98/10/04/specials/moynihan-income.html.

6. Ibid.

7. 존스홉킨스대학교에서 최근 실시한 연구에 따르면, 지난 30년 동안 미국 복지국가는 정책의 초점을 "부유한 빈곤층"에 맞췄다. 부유한 빈곤층은 직업이 있거나, 결혼했거나, 나이가 들었고 더욱 많은 지원을 받을 자격이 있다고 생각되는 사람을 가리킨다. 결과적으로 대부분 아버지가 없는 매우 가난한 가정의 생활여건은 1983년 이래 35% 악화됐다. 2012년에는 아동 280만 명을 포함한 거의 150만 가구가 하루 1인당 2달러 미만의 생활비에 의존하는 "극도의 빈곤" 상태로 살아가고 있다. 다음을 참조하라. Gabriel Thompson, "Could You Survive on $2 a Day?", *Mother Jones* (December 13, 2012). http://www.motherjones.com/politics/2012/12/extreme-poverty-unemployment-recession-economy-fresno

8. *Reading Mercury* (May 11, 1795). http://www1.umassd.edu/ir/resources/poorlaw/p1.doc.

9. 다음을 참조하라. Thomas Malthus, "An Essay on the Principle of Population" (1798). http://www.esp.org/books/malthus/population/malthus.pdf.

10. 편의상 데이비드 리카도를 경제학자라고 부르지만 당대에 리카도는 "정치경제학자"로 생각됐다. 국내총생산을 다룬 장에서 설명하듯 현대 경제학자들은 20세기가 낳은 발명품이다.

11. *Report from His Majesty's Commissioners for Inquiring into the Administration and Practical Operation of the Poor Laws* (1834), pp. 257 – 261. http://www.victorianweb.org/history/poorlaw/endallow.html.

12. 하지만 폴라니는 스핀햄랜드의 실패에 대해 전임자들과 다른 견해를 내세웠다. 스핀

햄랜드 제도가 근로자의 집단적인 행동을 약화시켜 임금을 떨어뜨렸다고 추정했다.

13. Boyd Hilton, *A Mad, Bad & Dangerous People? England 1783–1846* (2006), p. 594.

14. Fred Block and Margaret Somers, "In the Shadow of Speenhamland: Social Policy and the Old Poor Law," *Politics & Society* (June 2003) p. 287.

15. 예를 들어 1970년 방글라데시에서 여성은 평균적으로 자녀를 7명 출산하고, 그중 4분의 1은 5세 이전에 사망했다. 오늘날 벵골 여성은 자녀를 2명만 출산하고, 유아사 망률은 4%까지 낮아졌다. 전 세계적으로 빈곤이 감소하는 동시에 유아사망률도 따라서 줄어들고 인구 증가는 둔화하고 있다.

16. Frances Coppola, "An Experiment With Basic Income," *Pieria* (January 12, 2014). http://www.pieria.co.uk/articles/an_experiment_with_basic_income. Alsosee: WalterI. Trattner, *From Poor Law to Welfare State. A History of Social Welfare in America* (1999), pp. 48 – 49.

17. Hilton, *A Mad, Bad & Dangerous People?*, p. 592.

18. 금본위 제도는 금의 정해진 양에 따라 돈의 가치가 결정되는 통화 제도이다. 파운드화 가치를 전쟁 전으로 되돌리면서 파운드 가치가 상승해 디플레이션이 발생했다. 이 사건은 이미 돈을 많이 소유한 사람들에게는 멋진 소식이었지만 나머지 영국인에게는 그렇지 않았다. 밀 가격이 계속 하락하고 농부들은 대출을 받기가 점점 어려워졌으며 실업률은 급상승했다. 100년 후 케인스는 서구 정부들이 대공황 이후 금본위 제도를 계속 지지하면서 리카도와 같은 실수를 반복하고 있다고 인식했다. 유럽이 금본위 제도와 같은 유로화를 고수하면서 2008년 금융위기가 불어닥친 이후에 남부 국가들에도 같은 현상이 발생했다(당시 남부 국가들은 자국 화폐를 평가 절하할 수 없자 경쟁력이 저하되고 실업률이 급증했다). 1834년과 매우 흡사하게 1930년과 2010년 상당히 많은 정치인들은 빈곤과 실업 같은 거시경제 정책의 결과가 근로자의 나태와 지나치게 관대한 복지국가 탓이라고 주장했다.

19. B. A. Holderness, "Prices, Productivity and Output," in *The Agrarian History of England and Wales*, vol. 6: 1750 – 1850, ed. G.E. Mingay (1989), p. 140.

20. Joseph Hanlon et al., *Just Give Money to the Poor* (2010), pp. 17 – 18.

21. Block and Somers, "In the Shadow of Speenhamland," p. 312.

22. Mark Blaug, "The Poor Law Report Reexamined," *Journal of Economic History*

(June 1964), pp. 229 – 245. http://journals.cambridge.org/action/displayAbstract
?fromPage=online&aid=7548748.

23. Hanlon et al., *Just Give Money to the Poor*, pp. 16 – 17.

24. 같은 해에 역사가 거트루드 힘멜파브Gertrude Himmelfarb는《빈곤의 개념*The Idea of Poverty*》을 출간하고, 스핀햄랜드에 대한 맬서스, 벤담, 데 토크빌의 비판을 부활시켰다.

25. Matt Bruenig, "When pundits blamed white people for a 'culture of poverty,'" *The Week* (April 1, 2014). http://theweek.com/article/index/259055/when-pundits-blamed-white-people-for-a-culture-of-poverty.

26. 모이니핸은 의회에서 "실험 결과를 접하고 충격을 받았으며 우리 과학자들의 판단이 잘못되었다고 생각한다"라고 진술했다. 보수주의 공화당원인 모이니핸이 기본소득 제도를 실시해야 한다고 변함없이 믿었던 이유의 하나는 해당 제도가 결혼제도를 강화하리라 판단했기 때문이다. 다음을 참조하라. R. A. Levine, "A Retrospective on the Negative Income Tax Experiments: Looking Back at the Most Innovative Field Studies in Social Policy," *USBIG Discussion Paper* (June 2004). http://www.usbig.net/papers/086-Levine-et-al-NIT-session.doc.

27. 다음 글에서 인용됐다. Steensland, *The Failed Welfare Revolution*, p. 216.

28. Barbara Ehrenreich, "Rediscovering Poverty: How We Cured 'The Culture of Poverty,' Not Poverty Itself," *Economic Hardship Project* (March 15, 2012). http://www.tomdispatch.com/blog/175516/tomgram%3A_barbara_ehrenreich_american_poverty_50_years_later/.

29. Austin Stone, "Welfare: Moynihan's Counsel of Despair," *First Things* (March 1996). http://www.firstthings.com/article/1996/03/001-welfare-moynihans-counsel-of-despair.

30. Daniel Patrick Moynihan, "Speech on Welfare Reform" (September 16, 1995). http://www.j-bradford-delong.net/politics/danielpatrick.moynihansspee.html.

31. 이 밖에도 닉슨의 계획이 일단 실행하면 급속하게 광범위한 지지를 얻을 것이므로 철회하기 어려웠을 것이다. 스틴스랜드는 "새 정책은 새 정치를 창출한다"고 썼다. Steensland, *The Failed Welfare Revolution*, p. 220.

리얼리스트를 위한
유토피아 플랜

32. Ibid., p. 226.

33. Ibid., p. x.

34. 유럽 프로그램 93가지를 대규모로 메타분석해보면 최소한 절반의 경우에서는 영향이 전혀 없거나 부정적 영향이 발생했다. 다음을 참조하라. Frans den Butter and Emil Mihaylov, "Activerend arbeidsmarktbeleid is vaak niet effectief," *ESB* (April 2008). http://personal.vu.nl/f.a.g.den.butter/activerend arbmarktbeleid2008.pdf.

35. Stephen Kastoryano and Bas van der Klaauw, "Dynamic Evaluation of Job Search Assistance," *IZA Discussion Papers* (June 15, 2011). http://www.roa.nl/seminars/pdf2012/BasvanderKlaauw.pdf.

36. 얄궂게도 청구인들은 급여가 더 적어질 수 있으므로 자신이 받는 혜택을 포기하고 의미 있는 일을 할 수 없다.

37. Deborah Padfield, "Through the eyes of a benefits adviser: a plea for a basic income," *Open Democracy* (October 5, 2011). http://www.opendemocracy.net/ourkingdom/deborah-padfield/through-eyes-of-benefits-adviser-plea-for-basic-income.

38. David Graeber, "On the Phenomenon of Bullshit Jobs," *Strike! Magazine* (August 17, 2013). http://www.strikemag.org/bullshit-job.

5장 새 시대를 위한 새 수치

1. Tim Webb, "Japan's economy heads into freefall after earthquake and tsunami," *Guardian* (March 13, 2011). http://www.theguardian.com/world/2011/mar/13/japan-economy-recession-earthquake-tsunami.

2. Merijn Knibbe, "De bestedingsgevolgen van de watersnoodramp: een succesvolle 'Keynesiaanse' schok," *Lux et Veritas* (April 1, 2013). http://www.luxetveritas.nl/blog/?p=3006.

3. Frédéric Bastiat, "Ce qu'on voit et ce qu'on ne voit pas" (1850). http://bastiat.org/en/twisatwins.html.

4. 다음 글에서 인용됐다. Diane Coyle, *GDP. A Brief But Affectionate History* (2014), p. 106.

5. OECD (2011), "Cooking and Caring, Building and Repairing: Unpaid Work

around the World," *Society at a Glance 2011*, p. 25. http://www.oecd-ilibrary. org/social-issues-migration-health/society-at-a-glance-2011/cooking-and-caring-building-and-repairing_soc_glance-2011-3-enAlsosee:Coyle, *GDP*, p. 109.

6. Coyle, *GDP*, p. 108.

7. J. P. Smith, "'Lost milk?': Counting the economic value of breast milk in gross domestic product," *Journal of Human Lactation* (November 2013). http://www. ncbi.nlm.nih.gov/pubmed/23855027.

8. 국제전략연구소International Institute for Strategic Studies에 따르면 2013년 중국은 군사비로 1,120억 달러를 썼다.

9. 통계학자들은 제품 향상을 감안하려 하지만 그렇게 하기는 극도로 어렵다. 램프와 컴퓨터 같은 일부 기술 장비의 향상은 국내총생산에만 부분적으로 반영된다. 다음을 참조하라. Diane Coyle, *The Economics of Enough. How to Run the Economy as if the Future Matters* (2012), p. 37.

10. Robert Quigley, "The Cost of a Gigabyte Over the Years," *Geekosystem* (March 8, 2011). http://www.geekosystem.com/gigabyte-cost-over-years.

11. Erik Brynjolfsson and Andrew McAfee, *The Second Machine Age* (2014), p. 112.

12. Clifford Cobb, Ted Halstead, and Jonathan Rowe, "If the GDP is Up, Why is America Down?" *Atlantic Monthly* (October 1995). http://www.theatlantic.com/ past/politics/ecbig/gdp.htm.

13. Jonathan Rowe, "The Gross Domestic Product." 2008년 3월 12일 미국 상원 상업·과학·교통 위원회에서 진술한 내용이다. http://jonathanrowe.org/the-gross-domestic-product.

14. 이 점을 고려해 국내총생산을 수정하면 금융 산업의 몫은 5분의 1만큼 감소해 절반으로 떨어질 것이다. 다음을 참조하라. Coyle, *GDP*, p. 103.

15. David Pilling, "Has GDP outgrown its use?" *Financial Times* (July 4, 2014). http://www.ft.com/intl/cms/s/2/dd2ec158-023d-11e4-ab5b-00144feab7de. html - axzz39szhgwni.

16. 다음 글에서 인용됐다. European Systemic Risk Board, "Is Europe Overbanked?" (June 2014), p. 16.

17. Oscar Wilde, 'The Soul of Man under Socialism' (1891).

18. 다음 글에서 인용됐다. Coyle, *GDP*, p. 10.

19. 다음 글에서 인용됐다. J. Steven Landefeld, "GDP: One of the Great Inventions of the 20th Century," Bureau of Economic Analysis. http://www.bea.gov/scb/account_articles/general/0100od/maintext.htm.

20. Maarten van Rossem, *Drie Oorlogen. Een kleine geschiedenis van de 20e eeuw* (2008), p. 120.

21. 다음 글에서 인용됐다. Landefeld, "GDP: One of the Great Inventions of the 20th Century."

22. Timothy Shenk, "The Long Shadow of Mont Pèlerin," *Dissent* (Fall 2013). http://www.dissentmagazine.org/article/the-long-shadow-of-mont-pelerin.

23. 다음 기사에서 인용됐다. Jacob Goldstein, "The Invention of 'The Economy,'" *Planet Money* (February 28, 2014). http://www.npr.org/blogs/money/2014/02/28/283477546/the-invention-of-the-economy.

24. Coyle, *GDP*, p. 25.

25. 케네디가 이 발언을 했던 연설을 참조하라. https://www.youtube.com/watch?v=5P6b9688K2g.

26. John Stuart Mill, *Utilitarianism* (1863) Chapter 2.

27. Oscar Wilde, *A Woman of No Importance* (1893) Act II.

28. 다음을 참조하라. William Baumol, *The Cost Disease. Why Computers Get Cheaper and Health Care Doesn't* (2012).

29. 물론 시도는 하고 있다. 예를 들어 교육에서는 선다형 질문을 사용한 표준화 시험, 온라인 강의, 대형 수업 등을 활용한다. 하지만 이렇게 획득한 효율성은 품질을 희생시켜 도출된 결과이다.

30. Susan Steed and Helen Kersley, "A Bit Rich: Calculating the Real Value to Society of Different Professions," *New Economics Foundation* (December 14, 2009). http://www.neweconomics.org/publications/entry/a-bit-rich.

31. Kevin Kelly, "The Post-Productive Economy," *Technium* (January 1, 2013). http://kk.org/thetechnium/2013/01/the-post-produc.

32. Simon Kuznets, "National Income, 1929–1932," National Bureau of Economic

Research (June 7, 1934). http://www.nber.org/chapters/c2258.pdf.

33. Coyle, *GDP*, p. 14.

34. Simon Kuznets, "How to Judge Quality," *New Republic* (October 20, 1962).

6장 주당 15시간 노동

1. John Maynard Keynes, "Economic Possibilities for our Grandchildren" (1930), *Essays in Persuasion*. http://www.econ.yale.edu/smith/econ116a/keynes1.pdf.

2. John Stuart Mill, *Principles of Political Economy with Some of Their Applications to Social Philosophy* (1848), Book IV, Chapter VI. http://www.econlib.org/library/Mill/mlP61.html.

3. 다음 글에서 인용됐다. Bertrand Russell's essay, "In Praise of Idleness" (1932). http://www.zpub.com/notes/idle.html.

4. Benjamin Kline Hunnicutt, "The End of Shorter Hours," *Labor History* (Summer 1984), pp. 373 – 404.

5. Ibid.

6. Samuel Crowther, "Henry Ford: Why I Favor Five Days' Work With Six Days' Pay," *World's Work*. https://en.wikisource.org/wiki/HENRY_FORD:_Why_I_Favor_Five_Days'_Work_With_Six_Days'_Pay.

7. Andrew Simms and Molly Conisbee, "National Gardening Leave," in: Anna Coote and Jane Franklin (eds), *Time on Our Side. Why We All Need a Shorter Workweek* (2013), p. 155.

8. "Nixon Defends 4-Day Week Claim," *Milwaukee Sentinel* (September 25, 1956).

9. Jared Cohen, *Human Robots in Myth and Science* (1966).

10. Hillel Ruskin (ed.), *Leisure. Toward a Theory and Policy* (1984), p. 152.

11. Isaac Asimov, "Visit to the World's Fair of 2014," *New York Times* (August 16, 1964). http://www.nytimes.com/books/97/03/23/lifetimes/asi-v-fair.html.

12. 다음 기사에서 인용됐다. Daniel Akst, "What Can We Learn from Past Anxiety Over Automation?" *Wilson Quarterly* (Summer 2013). http://wilsonquarterly.com/quarterly/summer-2014-where-have-all-the-jobs-gone/theres-much-learn-from-past-anxiety-over-automation/.

13. 이 장면은 〈우주 가족 젯슨The Jetsons〉 시리즈 1, 19화에 등장한다.

14. 다음 글에서 인용됐다. Matt Novak, '50 Years of the Jetsons: Why the Show Still Matters,' *Smithsonian* (September 19, 2012). http://www.smithsonianmag.com/history/50-years-of-the-jetsons-why-the-show-still-matters-43459669/.

15. Sangheon Lee, Deirdre McCann, and Jon C. Messenger, *Working Time Around the World. Trends in Working Hours, Laws and Policies in a Global Comparative Perspective* (2007). http://www.ilo.org/wcmsp5/groups/public/@dgreports/@dcomm/@publ/documents/publication/wcms_104895.pdf.

16. Rasmussen Reports, "Just 31% Work a 40-Hour Week" (December 13, 2013). http://www.rasmussenreports.com/public_content/lifestyle/general_lifestyle/december_2013/just_31_work_a_40_hour_week.

17. Wall Street Journal Staff, *Here Comes Tomorrow! Living and Working in the Year 2000* (1967).

18. Hanna Rosin, "The End of Men," *Atlantic* (July/August 2010). http://www.theatlantic.com/magazine/archive/2010/07/the-end-of-men/308135/2/.

19. New Economics Foundation, *21 Hours. Why a Shorter Working Week Can Help Us All to Flourish in the 21st Century*, p. 10. http://www.neweconomics.org/publications/entry/21-hours.

20. 다음 기사에서 인용됐다. Mirjam Schöttelndreier, "Nederlanders leven vooral om te werken," *De Volkskrant* (January 29, 2001).

21. D'Vera Cohn, "Do Parents Spend Enough Time With Their Children?", *Population Reference Bureau* (January 2007). http://www.prb.org/Publications/Articles/2007/DoParentsSpendEnoughTimeWithTheirChildren.aspx.

22. Rebecca Rosen, "America's Workers: Stressed Out, Overwhelmed, Totally Exhausted," *Atlantic* (March 2014). http://www.theatlantic.com/business/archive/2014/03/americas-workers-stressed-out-overwhelmed-totally-exhausted/284615/.

23. Netherlands Institute for Social Research, *Nederland in een dag. Tijdsbesteding in Nederland vergeleken met die in vijftien andere Europese landen* (2011).

24. Dutch National Working Conditions Survey (Nationale Enquête Arbeidsomstandig heden) 2012. http://www.monitorarbeid.tno.nl/dynamics/modules/SFIL0100/view.php?fil_Id=53.

25. Derek Thompson, "Are We Truly Overworked? An Investigation – In 6 Charts," *Atlantic* (June 2013). http://www.theatlantic.com/magazine/archive/2013/06/are-we-truly-overworked/309321/.

26. Yoon Ja-young, "Smartphones leading to 11 hours' extra work a week," *Korea Times*. http://www.koreatimes.co.kr/www/news/biz/2016/06/488_207632.html.

27. 다음을 사용해 계산했다. http://www.gapminder.org website.

28. 다음 글에서 인용됐다. Herman Pleij, *Dromen van Cocagne. Middeleeuwse fantasieën over het volmaakte leven* (1997), p. 49.

29. Juliet Schor, *The Overworked American. The Unexpected Decline of Leisure* (1992), p. 47. 수렵인과 채집인의 노동량이 훨씬 적었으리라는 점을 고려해야 한다. 고고학자들은 그들의 주당 근로시간이 기껏해야 20시간이었으리라 추산한다.

30. Benjamin Kline Hunnicutt, *Kellogg's Six-Hour Day* (1996), p. 35.

31. 애덤 스미스는 대표작《국부론*The Wealth of Nations*》에서 이렇게 썼다. "꾸준히 일 목적으로 적절하게 일하는 사람은 건강을 오랫동안 유지할 뿐 아니라 최고 품질의 일을 수행한다."

32. Kline Hunnicutt, *Kellogg's Six-Hour Day* (1996), p. 62.

33. 켈로그가 부과한 하루 근로시간은 2차 세계대전 동안 잠시 8시간으로 돌아갔지만 전쟁이 끝난 후에 대다수의 직원은 투표를 실시해 하루 6시간 근무 제도를 다시 채택했다. 켈로그의 콘플레이크 공장 관리자들은 직접 시간을 정할 수 있게 되면서 하루 근로시간을 다시 8시간까지 차츰 늘렸다. 하지만 아이오와대학교 교수 벤저민 클라인 허니컷Benjamin Kline Hunnicutt에 따르면, 하루 6시간 근무 제도를 가장 훼손시킨 원인은 같은 속도로 일하면서 소비하라는 외부 압력이었다. 하지만 1985년이 돼서야 마지막 남은 콘플레이크 근로자 530명이 하루 6시간 근무를 포기했다.

34. New Economics Foundation, *21 Hours*, p. 11.

35. 20세기 초 이래 실시한 독립적인 근로에 관한 실험을 최근에 분석한 결과, 자율과 통제가 근로시간 수보다 훨씬 중요하다. 자기 시간을 조절할 수 있는 사람은 일할 동기

부여가 잘 되어 있고 좀 더 나은 결과를 달성할 수 있다. 다음을 참조하라. M. Travis Maynard, Lucy L. Gilson, and John E. Mathieu, "Empowerment – Fad or Fab? A Multilevel Review of the Past Two Decades of Research," *Journal of Management* (July 2012). http://jom.sagepub.com/content/38/4/1231.

36. Sara Robinson, "Bring back the 40-Hour work week," *Salon* (March 14, 2012). http://www.salon.com/2012/03/14/bring_back_the_40_hour_work_week.

37. 개괄적으로 살펴보려면 다음을 참조하라. Nicholas Ashford and Giorgos Kallis, "A Four-day Workweek: A Policy for Improving Employment and Environmental Conditions in Europe," *European Financial Review* (April 2013). http://www.europeanfinancialreview.com/?p=902.

38. Christian Kroll and Sebastian Pokutta, "Just a Perfect Day? Developing a Happiness Optimised Day Schedule," *Journal of Economic Psychology* (February 2013). http://www.sciencedirect.com/science/article/pii/S0167487012001158.

39. David Rosnick, *Reduced Work Hours as a Means of Slowing Climate Change* (Center for Economic and Policy Research). http://www.cepr.net/documents/publications/climate-change-workshare-2013-02.pdf.

40. Kyle Knight, Eugene A. Rosa, and Juliet B. Schor, "Reducing Growth to Achieve Environmental Sustainability: The Role of Work Hours." http://www.peri.umass.edu/fileadmin/pdf/working_papers/working_papers_301-350/4.2KnightRosaSchor.pdf.

41. 한 연구 결과에 따르면, 병원 인턴이 정상적인 주당 근무시간을 과도로 초과해 근무하는 경우에는 진단 실수를 평소보다 5배 많이 한다. Christopher P. Landrigan et al., "Effect of Reducing Interns' Work Hours on Serious Medical Errors in Intensive Care Units," *New England Journal of Medicine* (October 2004). http://www.nejm.org/doi/full/10.1056/nejmoa041406. 게다가 지나치게 열심히 일하는 것이 건강에 좋지 않다고 밝힌 연구 결과가 매우 많다. 다음 메타분석 자료를 참조하라. Kate Sparks et al.,"The Effects of Hours of Work on Health: A Meta-Analytic Review," *Journal of Occupational and Organizational Psychology* (August 2011). http://onlinelibrary.wiley.com/doi/10.1111/j.2044-8325.1997.

tb00656.x/abstract.

42. Jon C. Messenger and Naj Ghosheh, "Work Sharing during the Great Recession" (International Labour Organization). http://www.ilo.org/wcmsp5/groups/public/---dgreports/---dcomm/---publ/documents/publication/wcms_187627.pdf.

43. 나머지 유럽 국가보다 위기 극복 능력이 뛰어났던 독일은 이 방법을 사용해 일자리 수십만 개를 살렸다. 다음을 참조하라. Nicholas Ashford and Giorgos Kallis, "A Four-day Workweek." http://www.europeanfinancialreview.com/?p=902.

44. Andreas Kotsadam and Henning Finseraas, "The State Intervenes in the Battle of the Sexes: Causal Effects of Paternity Leave," *Social Science Research* (November 2011). http://www.sciencedirect.com/science/article/pii/S0049089 X11001153.

45. Ankita Patnaik, 'Merging Spheres: The Role of Policy in Promoting Dual-Earner Dual-Carer Households,' Population Association of America 2014 Annual Meeting. https://www.researchgate.net/publication/255698124_Merging_Separate_Spheres_The_Role_of_Policy_in_Promoting_'Dual-Earner_Dual-Carer'_Households.

46. Rutger Bregman, 'Zo krijg je mannen achter het aanrecht,' De Correspondent. https://decorrespondent.nl/685/Zo-krijg-je-mannen-achter-het-aanrecht/26334825-a492b4c6.

47. Niels Ebdrup, "We Should Only Work 25 Hours a Week, Argues Professor," *Science Nordic* (February 3, 2013). http://sciencenordic.com/we-should-only-work-25-hours-week-argues-professor.

48. Erik Rauch, "Productivity and the Workweek." http://groups.csail.mit.edu/mac/users/rauch/worktime.

49. 다양한 국가의 태도를 개괄적으로 살펴보려면 다음을 참조하라. Robert Skidelsky and Edward Skidelsky, *How Much Is Enough? The Love of Money and the Case for the Good Life* (2012), pp. 29–30.

50. 개괄적으로 살펴보려면 다음을 참조하라. Jonathan Gershuny and Kimberly Fisher, "Post-Industrious Society: Why Work Time Will Not Disappear for Our

Grandchildren," *Sociology Working Papers* (April 2014). http://www.sociology. ox.ac.uk/working-papers/post-industrious-society-why-work-time-will-not-disappear-for-our-grandchildren.html.

51. Richard Layard, *Happiness* (2005), p. 64. 또 다음을 참조하라. Don Peck, "How a New Jobless Era Will Transform America," *Atlantic* (March 2010). http://www. theatlantic.com/magazine/archive/2010/03/how-a-new-jobless-era-will-transform-america/307919/.

52. Juliet Schor, "The Triple Dividend," in: Anna Coote and Jane Franklin (eds), *Time on Our Side. Why We All Need a Shorter Workweek* (2013), p. 14.

53. Carl Honoré, *In Praise of Slow* (2004), Chapter 8.

54. Schor, *The Overworked American*, p. 66.

55. 교육, 은퇴 계획, 실업보험, 특히 미국에서 건강관리 등에 들어가는 비용을 생각해보자. 대부분의 국가에서 이러한 "시간 불변 비용"은 최근 몇 년 동안 증가했다. 다음을 참조하라. Schor, "The Triple Dividend," p. 9.

56. Nielsen Company, "Americans Watching More TV Than Ever." http://www. nielsen.com/us/en/insights/news/2009/americans-watching-more-tv-than-ever.html. See also:http://www.statisticbrain.com/television-watching-statistics.

57. Bertrand Russell, *In Praise of Idleness* (1935, 2004), p. 14.

7장 어째서 은행가에게는 대가를 치르게 하지 않는가?

1. 〈뉴욕 타임스〉에 실렸던 시위 내용을 재구성했다.

2. 'Fragrant Days in Fun City', *Time* (2/16/1968).

3. 2014년 공식적으로 워싱턴에 등록되어 있는 로비스트들은 1만 2,281명에 불과하지만 비밀리에 활동하는 로비스트들이 점차 늘어나고 있으므로 이 숫자는 현재 상황을 정확하게 나타내지 못한다. Lee Fang, "Where Have All the Lobbyists Gone?" *Nation* (February 19, 2014). http://www.thenation.com/article/shadow-lobbying-complex/.

4. Jean-Louis Arcand, Enrico Berkes, and Ugo Panizza, "Too Much Finance?" *IMF Working Paper* (June 2012).

5. Scott L. Cummings (ed.), *The Paradox of Professionalism. Lawyers and the Possibility of Justice* (2011), p. 71.

6. Aalt Dijkhuizen, "Hoogproductieve en efficiënte landbouw: een duurzame greep!?" (March 2013). https://www.wageningenur.nl/upload_mm/a/3/9/351079e2-0a56-41ff-8f9c-ece427a42d97_NVTL maart 2013.pdf.

7. Umair Haque, "The Irish Banking Crisis: A Parable," *Harvard Business Review* (November 29, 2010).

8. Ann Crotty, "How Irish pubs filled the banks' role in 1970," *Business Report* (September 18, 2013).

9. Antoin Murphy, "Money in an Economy Without Banks – The Case of Ireland," *Manchester School* (March 1978), pp. 44–45.

10. Donal Buckley, "How six-month bank strike rocked the nation," *Independent* (December 29, 1999).

11. Haque, "The Irish Banking Crisis: A Parable."

12. Roger Bootle, "Why the economy needs to stress creation over distribution," *Telegraph* (October 17, 2009).

13. John Maynard Keynes, "Economic Possibilities for our Grandchildren," (1930), Essays in Persuasion. http://www.econ.yale.edu/smith/econ116a/keynes1.pdf

14. David Graeber, "On the Phenomenon of Bullshit Jobs," *Strike! Magazine* (August 17, 2013). http://www.strikemag.org/bullshit-job.

15. Alfred Kleinknecht, Ro Naastepad, and Servaas Storm, "Overdaad schaadt: meer management, minder productiviteitsgroei," ESB (September 8, 2006).

16. 다음을 참조하라. Tony Schwartz and Christine Poratz, "Why You Hate Work," *New York Times* (May 30, 2014). http://www.nytimes.com/2014/06/01/opinion/sunday/why-you-hate-work.html?_r=1.

17. Will Dahlgreen, "37% of British workers think their jobs are meaningless," YouGov (August 12, 2015). https://yougov.co.uk/news/2015/08/12/british-jobs-meaningless.

18. 4장에서 살펴봤듯 유럽의 '적극적인 노동시장' 프로그램 93가지를 대규모로 메타분석하면 최소한 절반의 경우에서는 영향이 전혀 없거나 부정적 영향이 발생했다. 다

음을 참조하라. Frans den Butter and Emil Mihaylov, "Activerend arbeidsmarkt beleid is vaak niet effectief," ESB (April 2008). http://personal.vu.nl/f.a.g.den. butter/activerendarbmarktbeleid2008.pdf.

19. Peter Thiel, "What happened to the future?" *Founders Fund*. http://www. foundersfund.com/the-future.

20. William Baumol, "Entrepreneurship: Productive, Unproductive, and Destructive," *Journal of Political Economy* (1990), pp. 893–920.

21. Sam Ro, "Stock Market Investors Have Become Absurdly Impatient," Business Insider (August 7, 2012). http://www.businessinsider.com/stock-investor-holding-period-2012-8.

22. Benjamin Lockwood, Charles Nathanson, and E. Glen Weyl, "Taxation and the Allocation of Talent." http://papers.ssrn.com/sol3/papers.cfm?abstract_id=1324424.

23. Stijn Hustinx, "Iedereen in New York wil vuilnisman worden," *Algemeen Dagblad* (November 12, 2014).

8장 기계에 맞서는 경주

1. 말의 범주는 농업 센서스 'A Vision of Britain through Time'에서 보고됐다. http://www.visionofbritain.org.uk/unit/10001043/cube/AGCEN_HORSES_1900.

2. 다음 글에서 인용됐다. Erik Brynjolfsson and Andrew McAfee, *The Second Machine Age* (2014), p. 175.

3. 다음 글에서 인용됐다. *Leeds Mercury* (March 13, 1830).

4. Michael Greenstone and Adam Looney, "Trends," *Milken Institute Review* (Fall 2011). http://www.milkeninstitute.org/publications/review/2011_7/08-16MR51.pdf.

5. Gordon Moore, "Cramming more components onto integrated circuits," *Electronics Magazine* (April 19, 1965). http://web.eng.fiu.edu/npala/eee6397ex/Gordon_Moore_1965_Article.pdf.

6. Intel, "Excerpts from a Conversation with Gordon Moore: Moore's Law" (2005). http://large.stanford.edu/courses/2012/ph250/lee1/docs/Excepts_A_

Conversation_with_Gordon_Moore.pdf.

7. 1965년 무어는 트랜지스터의 수가 12개월마다 2배로 증가한다고 추정했다. 1970년에는 이 기간을 24개월로 조정했다. 현재 인정되고 있는 기간은 18개월이다.

8. Arthur Donovan and Joseph Bonner, *The Box That Changed the World: Fifty Years of Container Shipping* (2006).

9. 〈애틀랜틱〉에 실린 기사를 읽고 나는 칩과 컨테이너가 나란히 출현한 현상에 대해 생각해봤다. 기술이 발전하기 때문에 세계화가 일어날 수 있으므로 세계화와 기술 발달은 분리할 수 없다. 다음을 참조하라. Charles Davi, "The Mystery of the Incredible Shrinking American Worker," *Atlantic* (February 11, 2013). http://www.theatlantic.com/business/archive/2013/02/the-mystery-of-the-incredible-shrinking-american-worker/273033/.

10. OECD는 국내총생산에서 임금이 차지하는 몫의 감소량 80%는 기술, 주로 정보통신기술 때문이라고 추정했다. 이러한 경향은 노동의 몫이 역시 줄어들고 있는 중국과 인도 같은 국가에서도 분명하게 나타나고 있다. 다음을 참조하라. Loukas Karabarbounis and Brent Neiman, "The Global Decline of the Labor Share," *Quarterly Journal of Economics* (February 2014). http://qje.oxfordjournals.org/content/129/1/61.abstract.

11. Robert H. Frank and Philip J. Cook, *The Winner-Take-All Society: Why the Few at the Top Get So Much More Than the Rest of Us* (1996).

12. Walter Scheidel and Steven J. Friesen, "The Size of the Economy and the Distribution of Income in the Roman Empire," *Journal of Roman Studies* (November 2009). http://journals.cambridge.org/action/displayAbstract?fromPage=online&aid=7246320&fileId=S0075435800000071.

13. Kaja Bonesmo Fredriksen, "Income Inequality in the European Union," *OECD Working Papers* (April 16, 2012). http://search.oecd.org/officialdocuments/displaydocumentpdf/?cote=eco/wkp(2012)29&docLanguage=En.

14. Derek Thompson, "This Is What the Post-Employee Economy Looks Like," *Atlantic* (April 20, 2011). http://www.theatlantic.com/business/archive/2011/04/this-is-what-the-post-employee-economy-looks-like/237589/.

15. 방사선 전문의를 예로 들어보자. 그들은 10년 이상 교육을 받은 후에 의학 전문가들

중에서도 최고 연봉을 받는다. 하지만 이러한 상황이 얼마나 지속될까? 그들은 같은 일을 100분의 1 비용으로 더욱 능숙하게 처리할 수 있는 첨단 스캐너에게 곧 밀려날지 모른다. 변호사들은 이미 비슷한 문제에 직면해 있다. 산적한 법률 문서를 검토하려면 고연봉의 법률 전문가가 필요했지만, 지금은 그 일을 컴퓨터가 두통도 눈의 피로도 느끼지 않고 해낼 수 있다. 한 대형 화학 회사는 1980년대와 1990년대 자사 법률팀이 수행했던 작업을 다룬 소프트웨어를 내놓으면서 정확도가 60%에 불과했다고 폭로했다. 예전 변호사 중 한 명은 이렇게 회상했다. "동전을 던져서 결정하는 것보다 약간 낫게 사업을 수행하려고 소비한 돈이 얼마일지 생각해보라." 다음을 참조하라. John Markoff, "Armies of Expensive Lawyers, Replaced by Cheaper Software," *New York Times* (March 4, 2011). http://www.nytimes.com/2011/03/05/science/05legal.html.

16. Warren G. Bennis first said this. Cited in: Mark Fisher, *The Millionaire's Book of Quotations* (1991), p. 15.

17. Carl Benedikt Frey and Michael A. Osborne, "The Future of Employment: How Susceptible Are Jobs to Computerisation?" *Oxford Martin School* (September 17, 2013). http://www.oxfordmartin.ox.ac.uk/downloads/academic/The_Future_of_Employment.pdf. ForthecalculationforEurope, see:http://www.bruegel.org/nc/blog/detail/article/1399-chart-of-the-week-54-percent-of-eu-jobs-atrisk-of-computerisation.

18. Gary Marcus, "Why We Should Think About the Threat of Artificial Intelligence," *New Yorker* (October 24, 2013). http://www.newyorker.com/online/blogs/elements/2013/10/why-we-should-think-about-the-threat-of-artificial-intelligence.html.

19. Susan B. Carter, "Labor Force for Historical Statistics of the United States, Millennial Edition" (September 2003). http://economics.ucr.edu/papers/papers04/04-03.pdf.

20. Yale Brozen, "Automation: The Retreating Catastrophe," *Left & Right* (September 1966). https://mises.org/library/automation-retreating-catastrophe.

21. David Rotman, "How Technology Is Destroying Jobs," *MIT Technology Review* (June 12, 2013). http://www.technologyreview.com/featuredstory/515926/how-

technology-is-destroying-jobs.

22. 다음 글에서 인용됐다. Brynjolfsson and McAfee, *The Second Machine Age*, p. 27.

23. Ian Morris, *Why the West Rules – For Now* (2010), p. 495.

24. Ibid., p. 497.

25. Diane Coyle, *GDP. A Brief But Affectionate History* (2014), p. 79.

26. Frank Levy and Richard Murnane, *The New Division of Labor* (2004).

27. 고도의 기술을 소유한 사람들조차도 2000년 이후 직업 축소의 압박을 받고 있으므로 기술 정도가 떨어지는 직업에 몰릴 징조가 보인다. 고용인들의 수준이 직업에서 요구하는 기준을 초과하고 있다. 다음을 참조하라. Paul Beaudry, David A. Green, and Ben Sand, "The Great Reversal in the Demand for Skill and Cognitive Tasks," *National Bureau of Economic Research* (January 2013). http://www.economics.ubc.ca/files/2013/05/pdf_paper_paul-beaudry-great-reversal.pdf.

28. Bas ter Weel, "Banen in het midden onder druk," CPB Netherlands Bureau for Economic Policy Analysis Policy Brief (June 2012). http://www.cpb.nl/sites/default/files/publicaties/download/cpb-policy-brief-2012-06-loonongelij kheid-nederland-stijgt.pdf.

29. 심지어 세계화는 기술 발전에도 제동을 걸지 모른다. 어쨌거나 지금 잠깐 동안 옷을 생산하는 것은 로봇의 강철 손이나 지적인 사이보그가 아니라 베트남과 중국에 사는 연약한 아동의 손가락이다. 많은 기업의 입장에서는 아시아로 작업을 외주 주는 것이 로봇을 사용하는 것보다 여전히 유리하다. 이것은 우리가 20세기에 꿈꿨던 많은 기술 발전이 여전히 실현되기를 기다리는 이유이기도 하다. 다음을 참조하라. David Graeber, "Of Flying Cars and the Declining Rate of Profit," *The Baffler* (2012).

30. Andrew McAfee, "Even Sweatshops Are Getting Automated. So What's Left?" (May 22, 2014). http://andrewmcafee.org/2014/05/mcafee-nike-automation-labor-technology-globalization/.

31. Steven E. Jones, *Against Technology. From the Luddites to Neo-Luddism* (2006), Chapter 2.

32. "Leeds Woollen Workers Petition, 1786," *Modern History Sourcebook*. http://www.fordham.edu/halsall/mod/1786machines.asp.

리얼리스트를 위한
유토피아 플랜

33. 다음 글에서 인용됐다. Robert Skidelsky, "Death to Machines?" *Project Syndicate* (February 21, 2014). http://www.project-syndicate.org/commentary/robert-skidelsky-revisits-the-luddites--claim-that-automation-.depresses-real-wages.

34. Oscar Wilde, 'The Soul of Man under Socialism' (1891).

35. Tyler Cowen, *Average Is Over. Powering America Beyond the Age of the Great Stagnation* (2013), p. 23.

36. Ibid., p. 172.

37. 다음 글에서 인용됐다. Daron Acemoglu and James A. Robinson, *Why Nations Fail. The Origins of Power, Prosperity and Poverty* (2012), p. 226.

38. Oscar Wilde, 'The Soul of Man under Socialism' (1891).

39. Thomas Piketty, "Save capitalism from the capitalists by taxing wealth," *Financial Times* (March 28, 2014). http://www.ft.com/intl/cms/s/0/decdd76e-b50e-11e3-a746-00144feabdc0.html-axzz44qTtjlZN.

9장 풍요의 땅 너머

1. OECD, "Aid to developing countries rebounds in 2013 to reach an all-time high" (April 8, 2014). http://www.oecd.org/newsroom/aid-to-developing-countries-rebounds-in-2013-to-reach-an-all-time-high.htm.

2. Owen Barder, "Is Aid a Waste of Money?" Center for Global Development (May 12, 2013). http://www.cgdev.org/blog/aid-waste-money.

3. Linda J. Bilmes, "The Financial Legacy of Iraq and Afghanistan: How Wartime Spending Decisions Will Constrain Future National Security Budgets," *Faculty Research Working Paper Series* (March 2013). https://research.hks.harvard.edu/publications/getFile.aspx?Id=923(2장도 참조).

4. 내가 2009년에 했던 계산이다. 다음을 참조하라. OECD, "Agricultural Policies in OECD Countries" (2009). http://www.oecd.org/tad/agricultural-policies/43239979.pdf.

5. Dambisa Moyo, *Dead Aid* (2009), p. 39.

6. 듀플로의 TED 강연을 참조하라. http://www.ted.com/talks/esther_duflo_social_

experiments_to_fight_poverty.

7. 〈다니엘서〉에서는 이러한 "무작위 추출"을 볼 수 없다. 현대 연구에서는 주로 "이중 은폐double blind" 방식을 사용하는데, 누가 어떤 약을 복용하는지 의사도 환자도 모른 다는 뜻이다.

8. Alfredo Morabia, "Pierre-Charles-Alexandre Louis and the evaluation of bloodletting," *Journal of the Royal Society of Medicine* (March 2006). http:// www.ncbi.nlm.nih.gov/pmc/articles/pmc1383766/pdf/0158.pdf.

9. Jessica Benko, "The Hyper-Efficient, Highly Scientific Scheme to Help the World's Poor," *Wired* (December 11, 2013). http://www.wired.com/2013/11/ jpal-randomized-trials/.

10. Paul Glewwe, Michael Kremer, and Sylvie Moulin, "Textbooks and Test Scores: Evidence from a Prospective Evaluation in Kenya" (December 1, 1998). http://www.econ.yale.edu/~egcenter/infoconf/kremer_paper.pdf.

11. 다음 글에서 인용됐다. "The Poverty Lab," *New Yorker* (May 17, 2010). http:// www.newyorker.com/reporting/2010/05/17/100517fa_fact_parker.

12. Jessica Cohen and Pascaline Dupas, "Free Distribution or Cost-Sharing? Evidence from a Malaria Prevention Experiment," *NBER Working Paper Series* (October 2008). http://www.nber.org/papers/w14406.pdf.

13. 다음 글에서 인용됐다. Abhijit Banerjee, Esther Duflo, Rachel Glennerster, and Cynthia Kinnan, "The miracle of microfinance? Evidence from a randomized evaluation" (May 30, 2009). http://economics.mit.edu/files/4162. 제프리 삭스도 듀플로에게 타격을 입었다. 몇 년 전 삭스는 듀플로에게 자신의 "밀레니엄 마을" 프 로젝트를 평가해달라고 부탁했다. 해당 프로젝트에서는 사하라 사막 이남 아프리카 에 있는 13개 지역이 아이디어를 실현하기 위한 시험장이 되었다. 듀플로는 철저한 무작위 비교연구를 수행하기에는 지나치게 늦었다고 대답했고 그 후로 삭스와 연락 이 끊겼다. 그러고 나서 밀레니엄 마을을 여러 해 동안 연구해온 저널리스트 니나 멍 크Nina Munk는 2013년 책을 출간하고 광범위하게 명성을 얻었다. 그녀가 내린 결론 을 무엇이었을까? 프로젝트는 엄청난 돈이 들고 달성하는 것은 거의 없다는 것이 었다.

14. Christopher Blattman and Paul Niehaus, "Show Them the Money: Why Giving

리얼리스트를 위한
유토피아 플랜

Cash Helps Alleviate Poverty," *Foreign Affairs* (May/June 2014). https://www.foreignaffairs.com/articles/show-them-money.

15. 다음 글에서 인용됐다. Parker, "The Poverty Lab."

16. Angel Gurría, "The global dodgers," *Guardian* (November 27, 2008). http://www.theguardian.com/commentisfree/2008/nov/27/comment-aid-development-tax-havens.

17. Michael Clemens, "Economics and Emigration: Trillion-Dollar Bills on the Sidewalk?" *Center for Global Development*, p. 85. http://www.cgdev.org/sites/default/files/1425376_file_Clemens_Economics_and_Emigration_FINAL.pdf.

18. Ibid.

19. John Kennan, "Open Borders," *National Bureau of Economic Research*. http://www.nber.org/papers/w18307.pdf.

20. World Trade Organisation, "Tariff Download Facility." http://tariffdata.wto.org/Default.aspx?culture=en-us.

21. Kym Anderson and Will Martin, "Agricultural Trade Reform and the Doha Development Agenda," *World Bank* (May 2005). http://elibrary.worldbank.org/doi/abs/10.1596/1813-9450-3607.

22. Francesco Caselli and James Feyrer, "The Marginal Product of Capital," *IMF*. http://personal.lse.ac.uk/casellif/papers/MPK.pdf. Also see: Lant Pritchett, "The Cliff at the Border," in: Ravi Kanbur and Michael Spence, *Equity and Growth in a Globalizing World* (2010), p. 263. http://www.hks.harvard.edu/fs/lpritch/Labor Mobility-docs/cliff at the borders_submitted.pdf.

23. 존에 관한 원래 이야기를 살펴보려면 다음을 참조하라. Michael Huemer, "Citizenism and open borders." http://openborders.info/blog/citizenism-and-open-borders.

24. Branko Milanovic, "Global Income Inequality by the Numbers: in History and Now," World Bank Policy Research Working Paper. http://heymancenter.org/files/events/milanovic.pdf.

25. Richard Kersley, "Global Wealth Reaches New All-Time High," Credit Suisse. https://publications.credit-suisse.com/tasks/render/file/?fileID=F2425415-

DCA7-80B8-EAD989AF9341D47E.

26. United Nations Sustainable Development Knowledge Platform, "A New Global Partnership: Eradicate Poverty and Transform Economies Through Sustainable Development" (2013), p. 4. http://www.un.org/sg/management/pdf/HLP_P2015_Report.pdf.

27. 다음 웹사이트에 있는 도구를 사용해서 계산했다. www.givingwhatwecan.org. 이 웹사이트를 이용하면 개인의 부를 세계 인구와 비교하는 방법을 알 수 있다.

28. Branko Milanovic, "Global income inequality: the past two centuries and implications for the next century" (Autumn, 2011). http://www.cnpds.it/documenti/milanovic.pdf.

29. "62 people own same as half world," Oxfam (January 20, 2014). http://www.oxfam.org.uk/media-centre/press-releases/2016/01/62-people-own-same-as-half-world-says-oxfaminequality-report-davos-world-economic-forum.

30. Nicholas Hobbes, *Essential Militaria. Facts, Legends, and Curiosities About Warfare Through the Ages* (2004).

31. Milanovic, "Global Income Inequality by the Numbers."

32. 2015년 미국 1인 가구의 빈곤선은 한 달에 약 980달러였다. 세계은행이 적용하는 빈곤선은 한 달에 57달러를 겨우 넘는 수준으로, 미국의 빈곤선은 극도의 빈곤선보다 거의 17배나 높다.

33. Michael A. Clemens, Claudio E. Montenegro, and Lant Pritchett, "The Place Premium: Wage Differences for Identical Workers Across the US Border," Harvard Kennedy School (January 2009). https://dash.harvard.edu/bitstream/handle/1/4412631/Clemens Place Premium. pdf?sequence=1.

34. 가난한 국가에서 "부유한" 사람의 대다수는 실제로 고국에 거주하지 않는다. 하루에 10달러 이상을 벌면서 아이티 통계에 속한 아이티인 5명 중 4명은 미국에 거주한다. 이주는 빈곤을 손쉽게 탈피할 수 있는 최고의 방법이다. 심지어 고국에 남아 있는 사람들도 혜택을 받는다. 2012년 이민자들이 조국에 송금한 돈은 4,000억 달러였다. 이 금액은 외국 원조금을 모두 합한 금액의 거의 4배다.

35. Alex Nowrasteh, "Terrorism and Immigration: A Risk Analysis," *Policy Analysis Cato Institute*. https://www.cato.org/publications/policy-analysis/terrorism-

immigration-risk-analysis.

36. Nicola Jones, "Study indicates immigration not to blame for terrorism". http://www2.warwick.ac.uk/newsandevents/pressreleases/study_indicates_immigration/.

37. Walter Ewing, Daniel E. Martínez and Rubén G. Rumbaut, "The Criminalization of Immigration in the United States," *American Immigration Council Special Report* (July 2015). https://www.americanimmigrationcouncil.org/research/criminalization-immigration-united-states.

38. Brian Bell, Stephen Machin and Francesco Fasani, "Crime and Immigration: Evidence from Large Immigrant Waves," *CEP Discussion Paper No. 984*. http://eprints.lse.ac.uk/28732/1/dp0984.pdf.

39. F.M.H.M. Driessen, F. Duursma and J. Broekhuizen, "De ontwikkeling van de criminaliteit van Rotterdamse autochtone en allochtone jongeren van 12 tot 18 jaar," *Politie & Wetenschap* (2014). https://www.piresearch.nl/files/1683/driessen+e.a.+(2014)+de+ontwikkeling+van+de+criminaliteit+van.pdf.

40. Godfried Engbersen, Jaco Dagevos, Roel Jennissen, Linda Bakker and Arjen Leerkes, "Geen tijd verliezen: van opvang naar integratie van asielmigranten," *WRR Policy Brief* (December 2015). http://www.wrr.nl/publicaties/publicatie/article/geen-tijd-verliezen-van-opvang-naar-integratie-van-asielmigranten-4/.

41. Michael Jonas, "The downside of diversity," *The Boston Globe* (August 15, 2007). http://archive.boston.com/news/globe/ideas/articles/2007/08/05/the_downside_of_diversity/.

42. Tom van der Meer and Jochem Tolsma, "Ethnic Diversity and Its Effects on Social Cohesion," *Annual Review of Sociology* (July, 2014). http://www.annualreviews.org/doi/abs/10.1146/annurev-soc-071913-043309.

43. Maria Abascal and Delia Baldassarri, "Don't Blame Diversity for Distrust," *The New York Times* (May 20, 2016). http://www.nytimes.com/2016/05/22/opinion/sunday/dont-blame-diversity-for-distrust.html?_r=1.

44. 이민자들은, 해당 국가의 본토박이 시민이 자신들 밑에 있다고 생각하는 직업에 종

사하는 경우가 많다. 인구가 노령화되고 있으므로 얼마 지나지 않아 풍요의 땅에서
는 수많은 일자리를 채울 사람을 구하는 데 어려움을 겪을 것이다. 그렇다면 외국 근
로자의 도움을 요청할 수 있는데, 무엇 때문에 이 생산적인 사업가, 엔지니어, 과학자,
학자를 간병인, 청소부, 토마토 농부로 탈바꿈시키는가? 어떤 이동도 일시적이고 지
엽적일 뿐이다. 더욱이 이민자들은 대개 과거에 다른 이민자들이 종사했던 직업을
물려받는다.

45. George Borjas, "Immigration and the American Worker. A Review of the Academic Literature," *Center for Immigration Studies* (April 2013). http://cis.org/sites/cis.org/files/borjas-economics.pdf.

46. Heidi Shierholz, "Immigration and Wages: Methodological advancements confirm modest gains for native workers," *Economic Policy Institute* (February 4, 2010). http://epi.3cdn.net/7de74ee0cd834d87d4_a3m6ba9j0.pdf. 또 다음을 참조하라. Gianmarco I. P. Ottaviano and Giovanni Peri, "Rethinking the Effect of Immigration on Wages." http://www.nber.org/papers/w12497.

47. Frederic Docquiera, Caglar Ozden, and Giovanni Peri, "The Wage Effects of Immigration and Emigration," *OECD* (December 20, 2010). http://www.oecd.org/els/47326474.pdf.

48. Tyler Cowen, *Average Is Over. Powering America Beyond the Age of the Great Stagnation* (2013), p. 169.

49. Corrado Giulietti, Martin Guzi, Martin Kahanec, and Klaus F. Zimmermann, "Unemployment Benefits and Immigration: Evidence from the EU," *Institute for the Study of Labor* (October 2011). http://ftp.iza.org/dp6075.pdf.
미국에 관해서는 다음을 참조하라. Leighton Ku and Brian Bruen, "The Use of Public Assistance Benefits by Citizens and Non-Citizen Immigrants in the United States," *Cato Institute* (February 19, 2013). http://object.cato.org/sites/cato.org/files/pubs/pdf/workingpaper-13_1.pdf.

50. OECD, "International Migration Outlook," p. 147. http://www.global.migration group.org/sites/default/files/Liebig_and_Mo_2013.pdf.

51. Mathias Czaika and Hein de Haas, "The Effect of Visa Policies on International Migration Dynamics," *DEMIG project paper* (April 2014). http://www.imi.ox.ac.

리얼리스트를 위한
유토피아 플랜

uk/publications/wp-89-14.

52. Doug Massey, "Understanding America's Immigration 'Crisis,'" *Proceedings of the American Philosophical Society* (September 2007). https://www.amphilsoc. org/sites/default/files/proceedings/1510304.pdf.

53. Gallup, "700 Million Worldwide Desire to Migrate Permanently." http://www. gallup.com/poll/124028/700-million-worldwide-desiremigrate-permanently. aspx.

54. Dick Wittenberg, "De terugkeer van de Muur," De Correspondent. https:// decorrespondent.nl/40/de-terugkeer-van-de-muur/1537800098648e4.

55. Dylan Matthews, "Americans already think a third of the budget goes to foreign aid. What if it did?" *Washington Post* (November 8, 2013). https://www. washingtonpost.com/news/wonk/wp/2013/11/08/americans-already-think-a-third-of-the-budget-goes-to-foreign-aid-what-if-it-did/.

56. Terrie L. Walmsley, L. Alan Winters, S. Amer Ahmed, and Christopher R. Parsons, "Measuring the Impact of the Movement of Labour Using a Model of Bilateral Migration Flows," *World Bank*. https://www.gtap.agecon.purdue. edu/resources/download/2398.pdf.

57. Joseph Carens, "Aliens and Citizens: The Case for Open Borders," *Review of Politics* (Spring 1987). http://philosophyfaculty.ucsd.edu/faculty/rarneson/ phil267fa12/aliens and citizens.pdf.

10장 아이디어는 어떻게 세상을 바꾸는가?

1. Joe Keohane, "How facts backfire," *Boston Globe* (July 11, 2010). http:// archive.boston.com/bostonglobe/ideas/articles/2010/07/11/how_facts_ backfire/. See also: Leon Festinger, Henry Riecken, and Stanley Schachter, *When Prophecy Fails: A Social and Psychological Study of a Modern Group That Predicted the Destruction of the World* (1956).

2. 연구 집단의 웹사이트는 다음과 같다. http://www.culturalcognition.net.

3. Ezra Klein, "How politics makes us stupid," *Vox* (April 6, 2014). http://www. vox.com/2014/4/6/5556462/brain-dead-how-politics-makes-us-stupid.

4. Nicholas Bakalar, "Shorter Workweek May Not Increase Well-Being," *New York Times* (August 28, 2013). http://well.blogs.nytimes.com/2013/08/28/shorter-workweek-may-not-increase-well-being/.

5. Katie Grant, "Working Shorter Hours May Be 'Bad For Health,'" *Telegraph* (August 22, 2013).

6. 물론 그때 이후로 연구 내용을 죽 살펴봤다. 발췌문에서 인용하면 이렇다. "근로시간에 대한 만족은 증가한 반면 근로시간 단축은 직업과 생활의 만족에 전혀 영향을 미치지 않았다. … 더욱이 긍정적으로 나타나는 주관적인 행복 효과는 일의 강도가 증가하면서 상쇄될지 모른다." 달리 표현하자면 한국 사람들은 주당 근무시간을 줄였지만 더욱 열심히 일하고 있다.

7. James H. Kuklinski et al., "Misinformation and the Currency of Democratic Citizenship," *Journal of Politics* (August 2010), p. 810. http://richarddagan.com/framing/kuklinski2000.pdf. 충격이 경이로운 효과를 발휘할 수 있다는 사실이 1954년 12월 밤에 입증됐다. 비행물체가 도착하지 않자 한 종파 구성원은 기다릴 만큼 기다렸다고 결론을 내렸다. 페스팅거의 기록에 따르면, 그는 한밤중에 "부당성"을 경험하고 나서 더 이상 믿지 않기로 결심했다(예상하지 못한 것은 아니지만 그는 자신의 신념에 최소한을 투자했다. 그날 밤 자리를 지키기 위해 애리조나 주로 떠날 예정이었던 크리스마스 여행을 취소했던 것이다).

8. Solomon Asch, "Opinions and Social Pressure," *Scientific American* (November 1955). http://kosmicki.com/102/Asch1955.pdf.

9. Alan Greenspan, "Speech at the American Bankers Association Annual Convention, New York" (October 5, 2004). http://www.federalreserve.gov/boarddocs/Speeches/2004/20041005/default.htm.

10. 다음 기사에서 인용됐다. Edmund L. Andrews, "Greenspan Concedes Error on Regulation," *New York Times* (October 23, 2008). http://www.nytimes.com/2008/10/24/business/economy/24panel.html.

11. ABC 뉴스에서 언급했다. http://abcnews.go.com/ThisWeek/video/ interview-alan-greenspan-10281612.

12. Edward Krudy, "Wall Street cash bonuses highest since 2008 crash: report," *Reuters* (March 12, 2014). http://www.reuters.com/article/us-usa-bonuses-

리얼리스트를 위한
유토피아 플랜

idUSBREA2B0WA20140312.

13. Jurgen Tiekstra, "Joris Luyendijk: 'Dit gaat helemaal fout,'" *Volzin* (September 2013). http://www.duurzaamnieuws.nl/joris-luyendijk-dit-gaat-helemaal-fout/.

14. 예를 참조하라. Milton Friedman, "Neo-Liberalism and its Prospects," *Farmand* (February 17, 1951). http://0055d26.netsolhost.com/friedman/pdfs/other_commentary/Farmand.02.17.1951.pdf.

15. F. A. Hayek, "The Intellectuals and Socialism," *University of Chicago Law Review* (Spring 1949). https://mises.org/etexts/hayekintellectuals.pdf.

16. 다음 글에서 인용됐다. Angus Burgin, *The Great Persuasion. Reinventing Free Markets Since the Depression* (2012), p. 13.

17. 다음 글에서 인용됐다. ibid., p. 169.

18. Ibid., p. 11.

19. Ibid., p. 221.

20. Francis Fukuyama, *The End of History and the Last Man* (1992).

21. 말년에 프리드먼은 자신이 진정한 의미에서 깊이 연구했던 철학자는 오스트리아인 칼 포퍼뿐이었다고 말했다. 포퍼의 주장에 따르면, 좋은 과학은 '반증가능성 falsifiability'을 중심으로 순환하고, 증거만 찾기보다는 자신의 이론에 맞지 않는 현상을 지속적으로 찾아야 한다. 하지만 우리가 살펴보았듯 대부분의 사람들은 이론에 거꾸로 접근한다. 이것도 신자유주의와 프리드먼의 생각이 잘못되었던 점으로 보인다.

22. Stephanie Mudge, "The Social Bases of Austerity. European Tunnel Vision & the Curious Case of the Missing Left," *SPERI Paper No. 9* (February 2014). http://speri.dept.shef.ac.uk/wp-content/uploads/2013/01/SPERI-Paper-No.9-The-Social-Bases-of-Austerity-PDF-579KB.pdf.

23. John Maynard Keynes, *The General Theory of Employment, Interest and Money* (1936), last paragraph.

24. Oscar Wilde, 'The Soul of Man under Socialism' (1891).

25. 다음 글에서 인용됐다. Burgin, *The Great Persuasion*, p. 217.

26. Keynes, *General Theory*, last paragraph.

에필로그

1. 이제 주제에 관해 말할 때가 됐다. 해당 주제는 우리가 행동을 시작하는 출발점으로 역사의 최대 벤처 투자가인 정부보다 낫다. 결국 거의 모든 획기적인 혁신을 재정적으로 뒷받침하는 것은 납세자이다. 예를 들어 용량성 근접 센서, 반도체 기억 장치, GPS, 인터넷, 이동 통신, 음성인식 서비스인 시리Siri, 마이크로칩, 터치스크린 등 아이폰에 들어가는 근본적인 온갖 기술은 정부에서 급여를 받는 연구자들이 고안했다. 다음을 참조하라. Mariana Mazzucato, *The Entrepreneurial State: Debunking Public vs. Private Sector Myths* (2013).

2. Bronnie Ware, *The Top Five Regrets of the Dying. A Life Transformed by the Dearly Departing* (2012).

리얼리스트를 위한
유토피아 플랜

리얼리스트를 위한
유토피아 플랜

리얼리스트를 위한
유토피아 플랜